共に学ぶ

特別支援教育の基礎と実践

杉野 学 著

はじめに

　今日、全ての保育所、認定こども園、幼稚園、小学校、中学校、高等学校、特別支援学校等において、特別支援教育の充実が求められています。大学の教職課程新カリキュラムでは、幼稚園教諭、小学校教諭、中学校教諭、高等学校教諭の各免許状を取得するに当たり、特別支援教育に関する新科目（１単位）を履修することが必修となりました。様々な障害のある子どもの保育・教育や子育て支援などに携わる保育士や教師などは、特別支援教育の基本的な考えや実践への学びを深めるとともに、適切な指導や必要な支援をどのように行えばよいのかについて研究と修養を重ねていかなければなりません。

　本書は、新しい保育所保育指針、幼保連携型認定こども園教育・保育要領、幼稚園教育要領、小・中・高等学校学習指導要領、特別支援学校学習指導要領に基づき、共生社会を形作るインクルーシブ教育システムの構築に向けた特別支援教育の基礎と実践について述べました。

　まず、新しい教育要領や学習指導要領などで示されている３つの資質・能力の育成、カリキュラム・マネジメント、主体的・対話的な深い学びに向けた授業改善や、知的障害教育における各教科の目標・内容、自立活動の指導、個別の教育支援計画・個別の指導計画の作成・活用などを解説しました。

　次に、就学前の幼児教育、小・中学校等の通常の学級、特別支援学級、通級による指導、特別支援学校における障害のある幼児児童生徒の理解と支援、個別の教育支援計画、個別の指導計画、授業改善、学習評価、校内支援などについて実際的に述べました。

　本書を活用することによって、保育所、認定こども園、幼稚園、小・中学校、高等学校、特別支援学校等における特別支援教育について、幅広く実践的に学ぶことができます。特別支援教育への理解を深めながら、実践的指導力を身に付けていただければ幸いです。

　本書の執筆に当たっては、㈱ジアース教育新社加藤勝博氏に構成等の相談にのっていただきました。ここに深く感謝の意を表します。

令和３（2021）年７月吉日　執筆者　**杉野　学**

目　次

はじめに

第12章　校内支援体制の実際　―小学校の支援例―

第1章

教育要領・学習指導要領における特別支援教育の特色

本章では、幼稚園、小学校、中学校、高等学校、特別支援学校の教育要領・学習指導要領における特別支援教育への理解を深める。

◆ **Keywords** ◆

①教育要領・学習指導要領の主な改訂
②幼稚園、小・中・高等学校、特別支援学校における特別支援教育

1　多様な学びの場における特別支援教育の指導の充実

　障害者の権利に関する条約等を踏まえ、我が国では共生社会の形成に向けて、インクルーシブ教育システムの構築が推進されている。学校教育においては、障害のある子どもと障害のない子どもが可能な限り同じ場で共に学ぶことができるようにしつつ、一人一人の教育的ニーズに応じた指導を提供できる、多様で柔軟な学びの場が整備されている。

　平成29（2017）年4月、文部科学省は新特別支援学校小学部・中学部学習指導要領、令和元（2019）年2月に新特別支援学校高等部学習指導要領を公示した。そして、重複障害や知的障害のある子どもの学びの連続性、障害の特性等に応じた指導上の配慮の充実、キャリア教育の充実、生涯学習への意欲向上などの自立と社会参加に向けた教育が推進されている。

2　特別支援教育に関する教育要領、学習指導要領の改訂

　文部科学省は、平成29（2017）年3月31日に幼稚園教育要領、小学校学習指導要領及び中学校学習指導要領を、4月28日に特別支援学校幼稚部教育要領及び小学部・中学部学習指導要領を公示した。高等学校については、平成30（2018）年3月30日に、高等学校学習指導要領を公示するとともに、学校教育法施行規則の関係規定について改正を行った。平成

表1　学校教育の法的な枠組み

教育基本法	教育の目的及び目標、義務教育の目的、学校教育の基本的な性格などについて規定
学校教育法 同施行規則	・義務教育の目標、幼稚園、小学校、中学校、高等学校、特別支援学校の目的及び目標について規定 ・各学校の教育課程は、教育課程の基準として文部科学大臣が公示する学習指導要領によらなければならないことについて規定
教育要領 学習指導要領	・教育課程編成、各教科の目標及び内容などについて規定 ※幼稚園は教育要領、小学校、中学校、高等学校、特別支援学校は学習指導要領

31 年（2019）2 月に新特別支援学校高等部学習指導要領を公示した。

　学校教育の法的な枠組みは、教育基本法、学校教育法、学習指導要領等において規定されている（**表1**）。

3　教育要領・学習指導要領の改訂の趣旨

　教育要領・学習指導要領において、押さえておくべき改訂の柱として、次の点が挙げられる。学校においては、これらの改訂の趣旨を踏まえて教育を充実する必要がある。

（1）社会に開かれた教育課程

　社会に開かれた教育課程とは、教育課程の内容が学校で完結することではなく、社会や世界と繋がりを持つことを意味している。具体的に、より良い社会を創るという目標を社会と共有した上で、育むべき資質・能力を明確化すること、地域社会との連携のもとで実施することなどが求められている。

（2）カリキュラム・マネジメントの推進

　総則では、カリキュラム・マネジメントについて、PDCA サイクルを踏まえて、児童・学校・地域の実態を適切に把握し、教育の目的や目標の実現に必要な教育の内容等を教科等横断的な視点で組み立てていくこと、教育課程の実施状況を評価してその改善を図っていくこと、教育課程の実施に必要な人的又は物的な体制を確保するとともに、その改善を図っていくことなどを通して、教育課程に基づき組織的かつ計画的に各学校の教育活動の質の向上を図ることが示された。学校全体として、児童生徒や学校、地域の実態を適切に把握し、教育内容や時間の配分、必要な人的・物的体制の確保、教育課程の実施状況に基づく改善などを通して、教育活動の質を向上させ、学習の効果の最大化を図るカリキュラム・マネジメントに努めることが求められる。

（3）「主体的・対話的で深い学び」の実現に向けた授業改善

　総則では、「主体的・対話的で深い学び」の実現に向けた授業改善を進める際の指導上の配慮事項が示された。また、各教科等の「第3　指導計画の作成と内容の取扱い」では、単元や題材など内容や時間のまとまりを見通して、その中で育む資質・能力の育成に向けて授業改善を進めること

が示された。解説では、「アクティブ・ラーニング」が、使われている。

（4）育成をめざす資質・能力の三つの柱

　育成をめざす資質・能力の三つの柱として、「知識・技能」、「思考力・判断力・表現力」、「学びに向かう力、人間性等」が示された。知・徳・体にわたる「生きる力」を児童生徒等に育むために「何のために学ぶのか」という各教科等を学ぶ意義を共有しながら、授業の創意工夫や教科書等の教材の改善を引き出していくことができるようにするため、全ての教科等の目標及び内容が、「知識及び技能」、「思考力、判断力、表現力等」、「学びに向かう力、人間性等」の三つの柱で整理された。

　　ア「何を理解しているか、何ができるか（生きて働く「知識・技能」の習得）」

　　イ「理解していること・できることをどう使うか（未知の状況にも対応できる「思考力・判断力・表現力等」の育成）」

　　ウ「どのように社会・世界と関わり、よりよい人生を送るか（学びを人生や社会に生かそうとする「学びに向かう力・人間性等」の涵養）」

※学力の三要素は、知識・技能、思考力・判断力・表現力、学ぶ意欲である。

（5）教育内容の主な改善事項

　言語能力の確実な育成、理数教育の充実、伝統や文化に関する教育の充実、体験活動の充実、外国語教育の充実などについて総則や各教科等において、その特質に応じて内容やその取扱いの充実が示された。

（6）育てる子ども像と方策

　育てる子ども像とその方策は、次の6点である。

①「何ができるようになるか」（育成をめざす資質・能力）

②「何を学ぶか」（教科等を学ぶ意義と教科等間・学校段階間の繋がりを踏まえた教育課程の編成）

③「どのように学ぶか」（各教科等の指導計画の作成と実施、学習・指導の改善・充実）

④「子ども一人一人の発達をどのように支援するか」（子どもの発達を踏まえた指導）

⑤「何が身に付いたか」（学習評価の充実）

⑥「実施するために何が必要か」（学習指導要領等の理念を実現するために必要な方策）

（7）幼稚園、小・中学校、高等学校における特別支援教育に関する改訂

　幼稚園教育要領、小学校学習指導要領及び中学校学習指導要領、高等学校学習指導要領では、以下の特別支援教育に関する記述が充実された。

- 個々の児童生徒の障害の状態等に応じた指導内容や指導方法の工夫を組織的かつ継続的に行う。
- 特別支援学級及び通級による指導に関する教育課程編成の基本的な考え方を示す。
- 家庭、地域及び医療や福祉、保健、労働等の業務を行う関係機関との連携を図り、長期的な視点での児童生徒への教育的支援を行うために、個別の教育支援計画を作成、活用に努める。
- 各教科等の指導に当たって、個々の児童生徒の実態を的確に把握し、個別の指導計画を作成、活用に努める。
- 特別支援学級に在籍する児童生徒や通級による指導を受ける児童生徒については、個別の教育支援計画及び個別の指導計画を全員作成する。
- 各教科等で学習上の困難に応じた指導内容や指導方法を工夫する。
- 障害者理解教育、心のバリアフリーのための交流及び共同学習を推進する。
- 平成30（2018）年度からの高等学校における通級による指導の制度化に伴い、通級による指導における単位の修得の認定などについて規定する。

4　幼稚園

　幼稚園は、適切な環境の下で幼児が教師や多くの幼児と集団で生活することを通して、幼児一人一人に応じた指導を行うことにより、将来にわたる生きる力の基礎を培う経験を積み重ねていく場である。また、さまざまな人々との出会いを通して、家庭では味わうことのできない多様な体験をする場でもある。障害のある幼児などを指導する場合には、幼稚園教育の機能を十分生かして、幼稚園生活の場の特性と人間関係を大切にし、その幼児の障害の状態や特性及び発達の程度等に応じて、発達を全体的に促していくことが大切である。

（1）特別支援教育に関する幼稚園教育要領改訂のポイント

- 集団の中で生活することを通して全体的な発達を促す。
- 障害の状態などに応じた指導内容・方法の工夫を組織的かつ計画的に行う。

- 個別の教育支援計画及び個別の指導計画を作成し活用することに努める。
- 障害のある幼児児童生徒との交流及び共同学習の機会を設ける。

（2）幼稚園教育要領（抄）（平成 29 年 3 月告示）

第 1 章　総則

第 5　特別な配慮を必要とする幼児への指導

1　障害のある幼児などへの指導

　障害のある幼児などへの指導に当たっては、集団の中で生活することを通して全体的な発達を促していくことに配慮し、特別支援学校などの助言又は援助を活用しつつ、個々の幼児の障害の状態などに応じた指導内容や指導方法の工夫を組織的かつ計画的に行うものとする。また、家庭、地域及び医療や福祉、保健等の業務を行う関係機関との連携を図り、長期的な視点で幼児への教育的支援を行うために、個別の教育支援計画を作成し活用することに努めるとともに、個々の幼児の実態を的確に把握し、個別の指導計画を作成し活用することに努めるものとする。

第 6　幼稚園運営上の留意事項

3　地域や幼稚園の実態等により、幼稚園間に加え、保育所、幼保連携型認定こども園、小学校、中学校、高等学校及び特別支援学校などとの間の連携や交流を図るものとする。特に、幼稚園教育と小学校教育の円滑な接続のため、幼稚園の幼児と小学校の児童との交流の機会を積極的に設けるようにするものとする。また、障害のある幼児児童生徒との交流及び共同学習の機会を設け、共に尊重し合いながら協働して生活していく態度を育むよう努めるものとする。

（3）幼稚園における特別支援教育に関する指導内容・方法の工夫

　幼稚園における特別支援教育において大切な視点は、一人一人の障害の状態等により、生活上などの困難が異なることに十分留意し、個々の幼児の障害の状態等に応じた指導内容・方法の工夫を検討し、適切な指導を行うことである。そのため、障害の種類や程度を十分に理解して指導方法の工夫を行うことが大切である。ただし、障害の種類や程度によって一律に指導内容や指導方法が決まるわけではないことに留意する必要がある。例えば、幼稚園における個に応じた指導内容・方法の工夫については、次のようなものが考えられる。

- 弱視の幼児がぬり絵をするときには輪郭を太くする、難聴の幼児に絵本を読むときには教師が近くに座るようにして声がよく聞こえるようにす

る、肢体不自由の幼児が興味や関心をもって進んで体を動かそうとする気持ちがもてるようにするなど、その幼児の障害の種類や程度に応じた配慮をする。

- 自分の身体各部位を意識して動かすことが難しい場合、さまざまな遊びに安心して取り組むことができるよう、当該幼児が容易に取り組める遊具を活用した遊びで、より基本的な動きから徐々に複雑な動きを体験できるよう活動内容を用意し、成功体験が積み重ねられるようにするなどの配慮をする。

- 幼稚園における生活の見通しがもちにくく、気持ちや行動が安定しにくい場合、自ら見通しをもって安心して行動ができるよう、当該　幼児が理解できる情報（具体物、写真、絵、文字など）を用いたり、教師や仲の良い友達をモデルにして行動を促したりするなどの配慮をする。

- 集団の中でざわざわした声などを不快に感じ、集団活動に参加することが難しい場合、集団での活動に慣れるよう、最初から全ての時間に参加させるのではなく、短い時間から始め、徐々に時間を延ばして参加させたり、イヤーマフなどで音を遮断して活動に参加させたりするなどの配慮をする。

5　小学校

　小学校学習指導要領では、総則の第4章児童の発達の支援の中で、特別な配慮を必要とする児童への指導として、障害のある児童などへの指導が示された。この他、各教科等においても、指導計画の作成と内容の取扱いで、障害のある児童などに対する学習活動を行う場合に生じる困難さに応じた指導内容・方法の工夫を、計画的、組織的に行うことが示されたことに留意する必要がある。

（1）特別支援教育に関する小学校学習指導要領改訂のポイント
- 障害による困難を克服し自立を図るため自立活動を取り入れる。
- 各教科等と通級による指導との関連を図るなど、教師間の連携に努める。
- 特別の教育課程を編成する場合には、共に尊重し合いながら協働して生活していく態度を育む。
- 障害のある児童などについては、個別の教育支援計画や個別の指導計画を作成し活用することに努める。
- 特別支援学級や通級による指導を受ける児童については、個別の教育支

援計画や個別の指導計画を作成し、効果的に活用する。

• 困難さに応じた指導内容や指導方法の工夫を計画的、組織的に行う。

（2）小学校学習指導要領（抄）（平成29年3月告示）

第1章　総則

第4　児童の発達の支援

2　特別な配慮を必要とする児童への指導

（1）　障害のある児童などへの指導

ア　障害のある児童などについては、特別支援学校等の助言又は援助を活用しつつ、個々の児童の障害の状態等に応じた指導内容や指導方法の工夫を組織的かつ計画的に行うものとする。

イ　特別支援学級において実施する特別の教育課程については、次のとおり編成するものとする。

（ア）　障害による学習上又は生活上の困難を克服し自立を図るため、特別支援学校小学部・中学部学習指導要領第7章に示す自立活動を取り入れること。

（イ）　児童の障害の程度や学級の実態等を考慮の上、各教科の目標や内容を下学年の教科の目標や内容に替えたり、各教科を、知的障害者である児童に対する教育を行う特別支援学校の各教科に替えたりするなどして、実態に応じた教育課程を編成すること。

ウ　障害のある児童に対して、通級による指導を行い、特別の教育課程を編成する場合には、特別支援学校小学部・中学部学習指導要領第7章に示す自立活動の内容を参考とし、具体的な目標や内容を定め、指導を行うものとする。その際、効果的な指導が行われるよう、各教科等と通級による指導との関連を図るなど、教師間の連携に努めるものとする。

エ　障害のある児童などについては、家庭、地域及び医療や福祉、保健、労働等の業務を行う関係機関との連携を図り、長期的な視点で児童への教育的支援を行うために、個別の教育支援計画を作成し活用することに努めるとともに、各教科等の指導に当たって、個々の児童の実態を的確に把握し、個別の指導計画を作成し活用することに努めるものとする。特に、特別支援学級に在籍する児童や通級による指導を受ける児童については、個々の児童の実態を的確に把握し、個別の教育支援計画や個別の指導計画を作成し、効果的に活用するものとする。

第5　学校運営上の留意事項

2　家庭や地域社会との連携及び協働と学校間の連携

イ　他の小学校や、幼稚園、認定こども園、保育所、中学校、高等学校、特別支援学

校などとの間の連携や交流を図るとともに、障害のある幼児児童生徒との交流及び共同学習の機会を設け、共に尊重し合いながら協働して生活していく態度を育むようにすること。

第2章　各教科

第3　指導計画の作成と内容の取扱い

1　指導計画の作成に当たっては、次の事項に配慮するものとする。

（9）障害のある児童などについては、学習活動を行う場合に生じる困難さに応じた指導内容や指導方法の工夫を計画的、組織的に行うこと。

（3）小学校における特別支援教育に関する指導内容・方法の工夫

　障害のある児童などの指導に当たっては、担任を含む全ての教師間において、個々の児童に対する配慮等の必要性を共通理解するとともに、教師間の連携に努める必要がある。また、集団指導において、障害のある児童など一人一人の特性等に応じた必要な配慮等を行う際は、教師の理解の在り方や指導の姿勢が、学級内の児童に大きく影響する。担任は、このことに十分留意し、学級内において温かい人間関係づくりに努めながら、「特別な支援の必要性」の理解を進め、互いの特徴を認め合い、支え合う関係を築いていくことが大切である。

　児童の障害の状態や特性及び心身の発達の段階などの障害の状態等に応じて、以下のような個別的に特別な配慮が必要である。

- 弱視の児童についての体育科におけるボール運動の指導
- 理科における観察・実験の指導
- 難聴や言語障害の児童の国語科における音読の指導、音楽科における歌唱の指導
- 肢体不自由の児童の体育科における実技の指導や家庭科における実習の指導
- 病弱・身体虚弱の児童の図画工作科や体育科におけるアレルギー等に配慮した指導など
- 読み書きや計算などに困難がある学習障害（LD）の児童の国語科における書き取りや、算数科における筆算や暗算の指導などの際に、活動の手順を示したシートを手元に配付するなど
- 注意欠陥多動性障害（ADHD）や自閉症の児童に対して、話して伝えるだけでなくメモや絵などを付加する指導などの配慮

（4）特別支援学級

　小学校学習指導要領では、特別支援学級において実施する特別の教育課程の編成に係る基本的な考え方について新たに示された。第1章第4の2の（1）のイで、特別支援学級における特別の教育課程は、（ア）特別支援学校小学部・中学部学習指導要領第7章に示す自立活動を取り入れること。（イ）各教科の目標や内容を下学年の教科の目標や内容に替えたり、各教科を特別支援学校（知的障害）の各教科に替えたりするなどして、実態に応じた教育課程を編成することが示された。

　（ア）では、児童が自立をめざし、障害による学習上又は生活上の困難を主体的に改善・克服するために必要な知識及び技能、態度及び習慣を養い、もって心身の調和的発達の基盤を培うことをねらいとした、特別支援学校小学部・中学部学習指導要領第7章に示す自立活動を取り入れることを規定している。この自立活動については、特別支援学校小学部・中学部学習指導要領では、自立活動の内容として、「健康の保持」、「心理的な安定」、「人間関係の形成」、「環境の把握」、「身体の動き」及び「コミュニケーション」の6区分の下に27項目を設けている。自立活動の内容は、各教科等のようにその全てを取り扱うものではなく、個々の児童の障害の状態等の的確な把握に基づき、障害による学習上又は生活上の困難を主体的に改善・克服するために必要な項目を選定して取り扱うものである。したがって、児童一人一人に個別の指導計画を作成し、それに基づいて指導を展開する必要がある。

　（イ）では、学級の実態や児童の障害の状態等を考慮の上、特別支援学校小学部・中学部学習指導要領第1章の第8節「重複障害者等に関する教育課程の取扱い」を参考にし、各教科の目標や内容を下学年の教科の目標に替えたり、学校教育法施行規則第126条の2を参考にして、各教科を、知的障害者である児童に対する教育を行う特別支援学校の各教科に替えたりするなどして、実態に応じた教育課程を編成することが規定されている。なお、中学校学習指導要領も同様である。

（5）通級による指導
1）通級による指導とは

　学校教育法施行規則第140条に基づき、通常の学級に在籍する障害のある児童生徒に対して、ほとんどの授業を通常の学級で行いながら、一部の授業について、障害に基づく種々の困難の改善・克服に必要な指導を特別の教育課程を編成して特別の場で行う教育形態である。

その対象とする障害の種類は、「言語障害、自閉症、情緒障害、弱視、難聴、学習障害（LD）、注意欠陥多動性障害（ADHD）、肢体不自由及び病弱・身体虚弱」である。なお、平成18（2006）年度からLDとADHDは、新たに通級による指導の対象として学校教育法施行規則に規定された。また、自閉症は、平成17（2005）年度以前は、主に「情緒障害」の通級指導教室で対応していたが、平成18（2006）年度から対象として明示された。

2）通級による指導の指導内容

通級による指導は、障害による学習上又は生活上の困難を改善し、又は克服することを目的とする、特別支援学校の自立活動に相当する活動である。そして、特に、必要があるときは、障害の状態に応じて各教科の内容を取り扱いながら行えることとなっている。

旧学習指導要領では、教科の補充について「特に必要があるときは、障害の状態に応じて各教科の内容を補充するための特別の指導を含むものとする」と規定されていた。しかし、教科の補充については、障害による学習上又は生活上の困難の克服とは直接関係のない単なる各教科の補充指導が行えるとの誤解を招いているという指摘がなされていた。このことから、学習指導要領では、「教科の補充」の文言は削除され、第1章第4の2の（1）のウで、通級による指導における特別の教育課程が示された。通級による指導を行い特別の教育課程を編成する場合は、「特別支援学校小学部・中学部学習指導要領第7章に示す自立活動の内容を参考として、具体的な目標や内容を定め、指導を行うものとする。」という規定が新たに加わった。そして、「特に必要があるときは、障害の状態に応じて各教科の内容を取り扱いながら行うことができる」と改正された。

このように、通級による指導の内容については、各教科の内容を取り扱う場合であっても、障害による学習上又は生活上の困難を改善し、又は克服を目的とする「自立活動」の指導であるとの位置付けが明確化された。したがって、指導に当たっては、特別支援学校小学部・中学部学習指導要領第7章に示す自立活動の6区分27項目の内容を参考とし、児童生徒一人一人に、障害の状態等の的確な把握に基づいた自立活動における個別の指導計画を作成し、具体的な指導目標や指導内容を定め、それに基づいて指導を展開する必要がある。なお、中学校学習指導要領も同様である。

この自立活動は、個々の児童生徒が自立をめざし、障害による学習上又は生活上の困難を主体的に改善・克服するために必要な知識、技能、態度及び習慣を養い、もって心身の調和的発達の基盤を培う指導である。例えば、弱視の児童生徒に対しては、主として視覚認知、目と手の協応、視覚

補助具の活用等の指導、ADHD の児童生徒に対しては、刺激を調整し注意力を高める指導や、ソーシャルスキルトレーニング等が考えられる。

通級による指導においては、今後は、障害の状態に応じて教科の内容を取り扱う際の指導内容・方法を適切に取り扱う必要がある。

3）通級による指導を受ける児童生徒の増加

小・中学校においては、平成 5（1993）年に通級による指導が制度化された。それ以来、平成 29（2017）年 5 月 1 日現在、全国で約 11 万人が通級による指導を受けている。この通級による指導を受ける児童生徒数は、年々増加しており、平成 19（2007）年比で 2.4 倍となっている（**図 1**）。

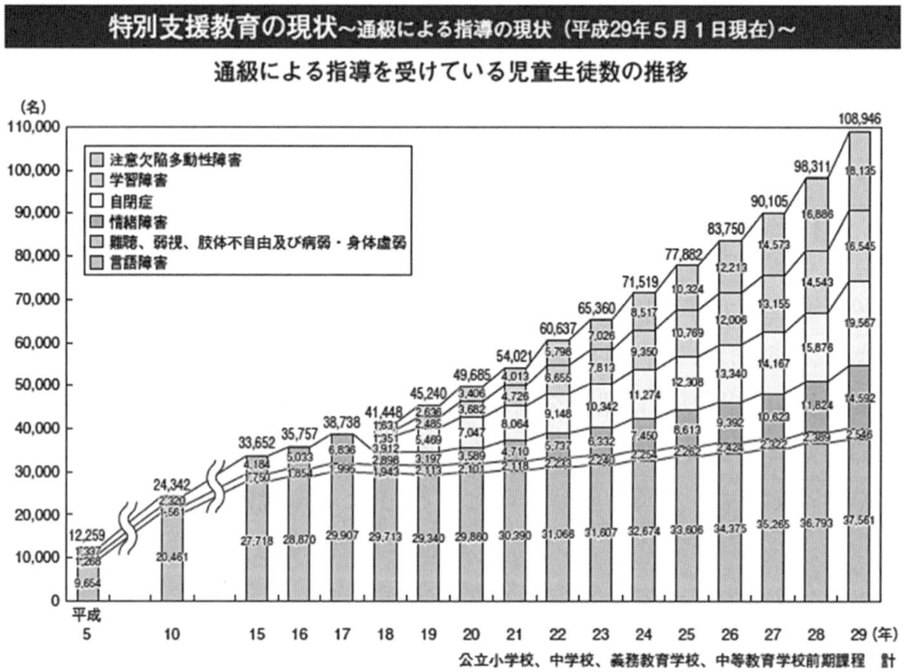

特別支援教育の現状〜通級による指導の現状（平成29年5月1日現在）〜

通級による指導を受けている児童生徒数の推移

公立小学校、中学校、義務教育学校、中等教育学校前期課程　計

出典：文部科学省ホームページより

図1　通級による指導を受ける児童生徒の増加

（6）小学校学習指導要領における特別支援教育に関する改訂（概要）

ここで、小学校学習指導要領における特別支援教育に関する改訂（概要）を整理する（**表 2**）。

表2　小学校学習指導要領における特別支援教育に関する改訂（概要）

特別支援教育に関する改訂（概要）
【総則　第4　児童の発達の支援　特別な配慮を必要とする児童への指導　（1）障害のある児童等への指導】 • 障害のある児童等については、特別支援学校等の助言や援助を活用し、個々の児童の障害の状態等に応じた指導内容や指導方法の工夫を組織的・計画的に行う。
【特別支援学級において実施する特別の教育課程について】 • 障害による学習上または生活上の困難を克服し自立を図るため、特別支援学校学習指導要領に示す自立活動を取り入れること。なお、自立活動の内容である6区分（健康の保持、心理的な安定、人間関係の形成、環境の把握、身体の動き、コミュニケーション）27項目は、各教科等のように全てを取り扱うものではない。個々の児童の障害の状態等の的確な把握に基づき、障害による学習上または生活上の困難を主体的に改善・克服するために必要な項目を選定し取り扱うものであるため、児童一人一人に対して個別の指導計画を作成し指導を展開する。 • 児童の障害の程度や学級の実態等を考慮の上、特別支援学校学習指導要領「重複障害者等に関する教育課程の取扱い」を参考にし、各教科の目標や内容を下学年の教科の目標や内容に替えたり、各教科を知的障害者である児童に対する教育を行う特別支援学校の各教科に替えたりする等して、実態に応じた教育課程を編成する。
【障害のある児童に対して、通級による指導を行い特別の教育課程を編成する場合】 • 特別支援学校学習指導要領に示す自立活動を参考として、児童一人一人に障害の状態等の的確な把握に基づいた自立活動における個別の指導計画を作成し具体的な目標や内容を定め指導を行う。
【個別の教育支援計画、個別の指導計画の作成と活用】 • 個々の児童の実態を的確に把握し、個別の教育支援計画や個別の指導計画を作成し、効果的に活用する。 • 通常の学級においては、障害のある児童等が在籍しているため、通級による指導を受けていない障害のある児童等の指導に当たっては、個別の教育支援計画及び個別の指導計画を作成し、活用に努めること。
【各教科の指導計画の作成と内容の取扱い】 • 障害のある児童等については、学習活動を行う場合に生じる困難さに応じた指導内容や指導方法の工夫を計画的、組織的に行う。
【児童の障害の状態や特性及び心身の発達の段階等の障害の状態等に応じた個別的に特別な配慮】 ○例示…読み書きや計算等に困難がある学習障害児の国語科における書き取りや、算数科における筆算や暗算の指導等の際に活動の手順を示したシートを手元に配付する、注意欠陥多動性障害や自閉症児に対して話して伝えるだけでなくメモや絵等を付加する指導等の配慮した指導、弱視児の体育科でのボール運動、理科の観察・実験指導、難聴や言語障害児の国語科での音読指導、音楽科での歌唱指導、肢体不自由児の体育科での実技指導や家庭の実習指導、病弱・身体虚弱児の図画工作科や体育科でのアレルギー等に配慮した指導等

【学級における障害のある児童等への指導】
・担任を含む全ての教師間において、個々の児童に対する配慮等の必要性を共通理解し、教師間の連携に努める。 ・集団指導においては、障害のある児童等一人一人の特性等に応じた必要な配慮等を行う際は、教師の理解の在り方や指導の姿勢が学級内の児童に大きく影響するため、学級内において温かい人間関係づくりに努めながら、学級内の児童に対して「特別な支援の必要性」の理解を進め、互いの特徴を認め合い支え合う関係を、学級経営で築いていく。
【家庭や地域社会との連携及び協働と学校間の連携】
・他の小学校、幼稚園、認定こども園、保育所、中学校、高等学校、特別支援学校等との間の連携や交流を図る。 ・障害のある幼児児童生徒との交流及び共同学習の機会を設け、共に尊重し合いながら協働して生活していく態度を育む。

※小学校学習指導要領・同解説を基に筆者作成

6　中学校

（1）特別支援教育に関する中学校学習指導要領改訂のポイント

・障害による困難を克服し自立を図るため、自立活動を取り入れる。

・各教科等と通級による指導との関連を図るなど、教師間の連携に努める。

・特別の教育課程を編成する場合には、共に尊重し合いながら協働して生活していく態度を育む。

・障害のある生徒などについては、個別の教育支援計画や個別の指導計画を作成し活用することに努める。

・特別支援学級や通級による指導を受ける生徒については、個別の教育支援計画や個別の指導計画を作成し、効果的に活用する。

・困難さに応じた指導内容や指導方法の工夫を計画的、組織的に行う。

（2）中学校学習指導要領（抄）（平成29年3月告示）

第1章　総則

第4　生徒の発達の支援

2　特別な配慮を必要とする生徒への指導

（1）　障害のある生徒などへの指導

イ　特別支援学級において実施する特別の教育課程については、次のとおり編成するものとする。

（ア）　障害による学習上又は生活上の困難を克服し自立を図るため、特別支援学校小学部・中学部学習指導要領第7章に示す自立活動を取り入れること。

（イ）　生徒の障害の程度や学級の実態等を考慮の上、各教科の目標や内容を下学年の

　　教科の目標や内容に替えたり、各教科を、知的障害者である生徒に対する教育を行う特別支援学校の各教科に替えたりするなどして、実態に応じた教育課程を編成すること。

ウ　障害のある生徒に対して、通級による指導を行い、特別の教育課程を編成する場合には、特別支援学校小学部・中学部学習指導要領第7章に示す自立活動の内容を参考とし、具体的な目標や内容を定め、指導を行うものとする。その際、効果的な指導が行われるよう、各教科等と通級による指導との関連を図るなど、教師間の連携に努めるものとする。

エ　障害のある生徒などについては、家庭、地域及び医療や福祉、保健、労働等の業務を行う関係機関との連携を図り、長期的な視点で生徒への教育的支援を行うために、個別の教育支援計画を作成し活用することに努めるとともに、各教科等の指導に当たって、個々の生徒の実態を的確に把握し、個別の指導計画を作成し活用することに努めるものとする。特に、特別支援学級に在籍する生徒や通級による指導を受ける生徒については、個々の生徒の実態を的確に把握し、個別の教育支援計画や個別の指導計画を作成し、効果的に活用するものとする。

第5　学校運営上の留意事項
2　家庭や地域社会との連携及び協働と学校間の連携
イ　他の中学校や、幼稚園、認定こども園、保育所、小学校、高等学校、特別支援学校などとの間の連携や交流を図るとともに、障害のある幼児児童生徒との交流及び共同学習の機会を設け、共に尊重し合いながら協働して生活していく態度を育むようにすること。

第2章　各教科
第3　指導計画の作成と内容の取扱い
1　指導計画の作成に当たっては、次の事項に配慮するものとする。
（8）　障害のある生徒などについては、学習活動を行う場合に生じる困難さに応じた指導内容や指導方法の工夫を計画的、組織的に行うこと。

7　高等学校

（1）特別支援教育に関する高等学校学習指導要領改訂のポイント

・障害の状態等に応じた指導内容や指導方法の工夫を組織的かつ計画的に行う。
・通級による指導を行う場合には、特別支援学校高等部自立活動の内容を参考とする。

- 障害のある生徒などについては、個別の教育支援計画や個別指導計画を作成し活用することに努める。
- 通級による指導を受ける生徒については、個別の教育支援計画や個別の指導計画を作成し、効果的に活用する。
- 障害のある幼児児童生徒との交流及び共同学習等の機会を設ける。

（2）高等学校における通級による指導

　特別支援教育に関する新たな動きとして、平成30（2018）年度から高等学校における通級による指導が開始された。小・中学校等で実施している通級による指導は、高等学校においてまだ制度化されていなかったため、高等学校における特別支援教育の推進に関する調査研究協力者会議において、通級による指導の制度化に向けた検討を行い、平成28（2016）年に学校教育法施行規則等の関係する省令改正等を行った上で、平成30（2018）年度から開始された。

　次に、高等学校における通級による指導の実施までの経過をたどる。従来、高等学校では、障害のある生徒に対する指導や支援は、通常の授業の範囲内での配慮や学校設定教科・科目等により実施されており、特別の教育課程を編成して、通級による指導を実施することは可能となっていなかった。

　平成21（2009）年8月、特別支援教育の推進に関する調査研究協力者会議に置かれた高等学校ワーキング・グループが取りまとめた「高等学校における特別支援教育の推進について（報告）」において、高等学校における通級による指導についての将来の制度化を視野に入れた種々の実践を進める必要性などが示された。その後、平成24（2012）年7月、中央教育審議会初等中等教育分科会が取りまとめた「共生社会の形成に向けたインクルーシブ教育システム構築のための特別支援教育の推進（報告）」等において、高等学校で自立活動等の指導の必要性が指摘された。そして、文部科学省は、平成26（2014）年度以降、教育課程の編成・実施や指導方法の工夫・改善について研究開発を行う「高等学校における個々の能力・才能を伸ばす特別支援教育充実事業」を実施した。

　これらを受けて、平成28（2016）年3月、高等学校における特別支援教育の推進に関する調査研究協力者会議が取りまとめた「高等学校における通級による指導の制度化及び充実方策について（報告）」において、高等学校における通級による指導の制度化が提言され、平成30（2018）年度から高等学校における通級による指導が開始された。

（3）高等学校学習指導要領（抄）（平成 30 年 3 月告示）

第1章　総則

第5款　生徒の発達の支援

2　特別な配慮を必要とする生徒への指導

（1）　障害のある生徒などへの指導

ア　障害のある生徒などについては、特別支援学校等の助言又は援助を活用しつつ、個々の生徒の障害の状態等に応じた指導内容や指導方法の工夫を組織的かつ計画的に行うものとする。

イ　障害のある生徒に対して、学校教育法施行規則第 140 条の規定に基づき、特別の教育課程を編成し、障害に応じた特別の指導（以下「通級による指導」という。）を行う場合には、学校教育法施行規則第 129 条の規定により定める現行の特別支援学校高等部学習指導要領第 6 章に示す自立活動の内容を参考とし、具体的な目標や内容を定め指導を行うものとする。その際、通級による指導が効果的に行われるよう、各教科・科目等と通級による指導との関連を図るなど、教師間の連携に努めるものとする。

ウ　障害のある生徒などについては、家庭、地域及び医療や福祉、保健、労働等の業務を行う関係機関との連携を図り、長期的な視点で生徒への教育的支援を行うために、個別の教育支援計画を作成し活用することに努めるとともに、各教科・科目等の指導に当たって、個々の生徒の実態を的確に把握し、個別の指導計画を作成し活用することに努めるものとする。特に、通級による指導を受ける生徒については、個々の生徒の障害の状態等の実態を的確に把握し、個別の教育支援計画や個別の指導計画を作成し、効果的に活用するものとする。

第6款　学校運営上の留意事項

2　家庭や地域社会との連携及び協働と学校間の連携

教育課程の編成及び実施に当たっては、次の事項に配慮するものとする。

イ　他の高等学校や、幼稚園、認定こども園、保育所、小学校、中学校、特別支援学校及び大学などとの間の連携や交流を図るとともに、障害のある幼児児童生徒との交流及び共同学習の機会を設け、共に尊重し合いながら協働して生活していく態度を育むようにすること。

8　個別の教育支援計画、個別の指導計画の作成と活用

　幼稚園、小・中学校、高等学校における特別支援教育については、教育要領や学習指導要領において、個別の教育支援計画や個別の指導計画を作

成するなどして、個々の児童生徒等の障害の状態等に応じた指導内容・方法の工夫を計画的・組織的に行うことが示されている。

　平成30（2018）年8月には、「学校教育法施行規則」（昭和22年文部省令第11号）を一部改正し、特別支援学校に在籍する幼児児童生徒、小・中学校の特別支援学級の児童生徒及び小・中学校、高等学校において通級による指導を受けている児童生徒全員分の個別の教育支援計画を作成することと示された。このことについては、例えば、小学校学習指導要領第1章第4の2の（1）のエで、特別支援学級に在籍する児童や通級による指導を受ける児童全員について個別の教育支援計画や個別の指導計画を作成することが示された。また、通常の学級においては障害のある児童などが在籍しているため、通級による指導を受けていない障害のある児童などの指導に当たっては、個別の教育支援計画及び個別の指導計画を作成し、活用に努めることと示された。そして、計画の作成に当たっては、当該児童生徒等や保護者の意向を十分に踏まえつつ、医療・福祉・保健・労働等の関係機関等と当該児童生徒等の支援に関する必要な情報の共有を図らなければならないこととしている。

9　特別支援学校

（1）特別支援学校教育要領・学習指導要領の主な特徴と改訂のポイント

　幼稚園、小・中学校の学習指導要領の改訂の方向性や教育課程の連続性を重視した特別支援学校学習指導要領の改訂がされた。また、障害の重度・重複化、多様化への対応、卒業後の自立と社会参加に向けた充実も改訂の柱となっている。

　次に、特別支援学校学習指導要領の主な特徴点と、改訂のポイントについて述べる。

（2）特別支援学校学習指導要領の主な特徴点

1）障害種ごとの指導計画の作成に当たっての各配慮事項

　表3は、障害種ごとの指導計画の作成に当たっての配慮事項である。

表3　障害種ごとの指導計画の作成に当たっての配慮事項

特別支援学校（視覚障害）
• 的確な概念形成と言葉の活用、点字等の読み書きの指導、指導内容の精選等、コンピュータ等の情報機器や教材等の活用、見通しをもった学習活動の展開

特別支援学校（聴覚障害）
• 学習の基盤となる言語概念の形成と思考力の育成、読書に親しみ書いて表現する態度の育成、言葉等による意思の相互伝達、保有する聴覚の活用、指導内容の精選等、教材・教具やコンピュータ等の活用

特別支援学校（知的障害）
• 各教科等の改訂の要点、各教科等の構成と履修、段階の考え方、学習上の特性、教育的対応の基本、指導の形態、指導内容の設定と授業時数の配当、学習評価、各教科等に係る具体的な配慮事項（目標の示し方、内容の改訂、指導計画の作成と内容の取扱い、総則における共通的事項の改訂）

特別支援学校（肢体不自由）
• 「思考力、判断力、表現力等」の育成、指導内容の設定等、姿勢や認知の特性に応じた指導の工夫、補助具や補助的手段、コンピュータ等の活用、自立活動の時間における指導との関連

特別支援学校（病弱）
• 指導内容の精選等、自立活動の時間における指導との関連、体験的な活動における指導方法の工夫、補助用具や補助的手段、コンピュータ等の活用、負担過重とならない学習活動、病状の変化に応じた指導上の配慮

2）自立活動

　自立活動の内容（6区分27項目）の詳細は、本書「自立活動の指導」を参照のこと。

　なお自立活動は、幼稚園、小・中学校、高等学校の教育課程にはない特別の領域である。

3）特別支援学校（知的障害）における教科等

①小学部の教育課程（平成29年告示学習指導要領）

各教科	生活、国語、算数、音楽、図画工作、体育
	特別の教科　道徳、外国語活動、特別活動、自立活動 ※外国語活動を設けることができる

②中学部の教育課程（平成29年告示学習指導要領）

各教科	国語、社会、数学、理科、音楽、美術、保健体育、職業・家庭、外国語*　　※外国語を設けることができる
	特別の教科道徳、総合的な学習の時間、特別活動、自立活動

③高等部の教育課程（平成31年告示学習指導要領）

各学科に共通する各教科	国語、社会、数学、理科、音楽、美術、保健体育、職業・家庭、外国語*、情報*、特別の教科　道徳、総合的な探究の時間、特別活動、自立活動 ※外国語、情報を設けることができる
主として専門学科において開設される各教科	家政、農業、工業、流通・サービス、福祉

4）年間の総授業時数

学　　年	時　　間
小学部 1	850
小学部 2	910
小学部 3	980
小学部 4 ～ 6	1,015
中学部 1 ～ 3	1,015
高等部 1 ～ 3	1,050

※ 1 単位時間は小段階で 45 分、中・高段階では 50 分となっている。
※各教科等の授業時数は適切に定める。

5）重複障害者等に関する教育課程の取扱い

①児童生徒の障害の状態により特に必要がある場合

- 各教科の目標及び内容の一部を取り扱わないことができる
- 各教科の各学年の目標及び内容の一部又は全部を、当該学年より前の学年の目標及び内容の一部又は全部によって替えることができる
- 中学部の各教科等の目標及び内容に関する事項の一部又は全部を、小学部の各教科等の目標及び内容に関する事項の一部又は全部によって替えることができる

②特別支援学校（知的障害）

- 小学部に就学する児童のうち、小学部の3段階に示す各教科等の目標を達成している者については、小学校学習指導要領に示す各教科等の目標及び内容の一部を取り入れることができる

③特別支援学校（視覚障害）等

- 特別支援学校（視覚障害）等に就学する児童生徒のうち、知的障害を併せ有する者については、各教科の目標及び内容に関する事項の一部又は全部を、特別支援学校（知的障害）の各教科の目標及び内容の一部又は全部によって替えることができる

④重複障害者

- 重複障害者のうち、障害の状態により特に必要がある場合、各教科等の目標及び内容に関する事項の一部又は各教科、外国語活動、総合的な学習の時間に替えて、自立活動を主として指導を行うことができる

⑤通学が困難な児童生徒

- 障害のために通学して教育を受けることが困難な児童生徒に対して、教員を派遣して教育を行う場合には、上記①から④に示すところによるこ

とができる

※学習指導要領に定める各教科、道徳科、外国語活動、特別活動及び自立
活動の内容に関する事項は、特に示す場合を除き、いずれの学校におい
ても取り扱わなければならない。

6）訪問教育

　障害のため通学して教育を受けることが困難な児童生徒等に対しては、
教師を家庭、児童福祉施設や医療機関等に派遣して訪問教育を行っている。

（3）特別支援学校学習指導要領の改訂のポイント

1）改訂の基本的な考え方

- 社会に開かれた教育課程の実現、育成をめざす資質・能力、主体的・対話的で深い学びの実現に向けた授業改善、各学校におけるカリキュラム・マネジメントの確立など、初等中等教育全体の改善・充実の方向性を重視
- 障害のある子どもの学びの場の柔軟な選択を踏まえ、幼稚園・小・中学校・高等学校の教育課程との連続性を重視
- 障害の重度・重複化、多様化への対応と卒業後の自立と社会参加に向けた充実

2）教育内容等の主な改善事項

○学びの連続性を重視した対応

- 子どもの学びの連続性を確保する視点から、「重複障害者等に関する教育課程の取扱い」において、当該学年の各教科及び外国語活動の目標及び内容に関する事項の一部を取り扱わないことができることや、各教科及び道徳科の目標及び内容に関する事項を前各学年の目標及び内容に替えたりすることができるなどの基本的な考え方を規定
- 育成をめざす資質・能力の三つの柱に基づいて、知的障害のある子どものための各教科等の目標や内容を整理
- 各部や各段階、幼稚園や小・中・高等学校との繋がりに留意し、中学部に二つの段階を新設、小・中・高等部の各段階に目標を設定、段階ごとの内容を充実
- 小学部の教育課程に外国語活動を設けることができることを規定
- 知的障害の程度や学習状況等の個人差が大きいことを踏まえ、特に必要がある場合には、個別の指導計画に基づき、相当する学校段階までの学習指導要領の各教科の目標及び内容を参考に指導ができるよう規定

3）一人一人に応じた指導の充実

○特別支援学校（視覚障害、聴覚障害、肢体不自由、病弱）において、子どもの障害の状態や特性等を十分考慮し、育成をめざす資質・能力を育むため、障害の特性等に応じた指導上の配慮を充実し、コンピュータ等の情報機器（ICT機器）の活用等について規定

【視覚障害】空間や時間の概念形成の充実

【聴覚障害】音声、文字、手話、指文字等を活用した意思の相互伝達の充実

【肢体不自由】体験的な活動を通した的確な言語概念等の形成

【病弱】間接体験、疑似体験等を取り入れた指導方法の工夫

○発達障害を含む多様な障害に応じた指導を充実するため、自立活動の内容で「障害の特性の理解と生活環境の調整に関すること」などを規定

4）知的障害のある子どものための各教科の内容を充実

（例）小・中学部では、日常生活に必要な国語の特徴や使い方〔国語〕、数学を学習や生活で生かすこと〔算数、数学〕、身近な生活に関する制度〔社会〕、働くことの意義、消費生活と環境〔職業・家庭〕など

5）自立と社会参加に向けた教育の充実

- 卒業後の視点を大切にしたカリキュラム・マネジメントを計画的・組織的に行うことを規定
- 幼稚部、小学部、中学部段階からのキャリア教育の充実を規定
- 生涯学習への意欲を高めること、生涯を通じてスポーツや文化芸術活動に親しみ、豊かな生活を営むことができるよう配慮することを規定
- 障害のない子どもとの「交流及び共同学習」を充実

（4）幼稚部教育要領の改訂

　幼児期の終わりまでに育ってほしい姿が新しく規定された。この幼児期の終わりまでに育ってほしい姿は、到達すべき目標ではないことや個別に取り出されて指導されるものではないということを、十分に留意しなければならない。

（5）学習指導要領の総則の改訂の要点

　「第3節教育課程の編成」の「3教育課程の編成における共通事項」において、カリキュラム・マネジメントの実現をめざす観点から、各教科等を合わせた指導を行う規定を「（1）内容等の取扱い」から「（3）指導計画の作成等に当たっての配慮事項」へ移して規定した。

- 指導計画には、年間指導計画や学習指導案等に至るまで、各種多様なものがあるため、「指導計画作成等に当たっての配慮事項」については、それらを「調和のとれた具体的な指導計画の作成」と「個別の指導計画の作成」に分けて規定することで、両者の繋がりを意識できるように整理した。

（6）教育課程の実施と学習評価

- 平成28（2016）年12月、中央教育審議会答申「幼稚園、小学校、中学校、高等学校及び特別支援学校の学習指導要領等の改善及び必要な方策等について」では、育成をめざす資質・能力の三つの柱で整理することが提言されて、「知識・技能」、「思考力・判断力・表現力等」、「学びに向かう力・人間性等」が示された。
- 個別の指導計画に基づく評価として、「各教科等の指導に当たっては、個別の指導計画に基づいて行われた学習状況や結果を適切に評価し、指導目標や指導内容、指導方法の改善に努め、より効果的な指導ができるようにすること」が示された。
- カリキュラム・マネジメントを実現する視点で、PDCAサイクルの過程において、指導目標や指導内容を改善しながら一層効果的な指導を行うことが示された。

（7）調和的な発達の支援

- 特別活動を要としてキャリア教育を推進していくこと、生涯学習への意欲の向上を図っていくことが新たに示された。

（8）重複障害者等に関する教育課程の取扱い

- 個々の教育的ニーズに合わせた教育課程を編成する場合は、この規定を適用することを選択した理由を明らかにすることが求められている。
- 知的障害児の多様な実態や異なる学習環境を考慮して、例えば、中学部の生徒であれば、中学校学習指導要領の各教科等の目標及び内容、並びに小学校学習指導要領の各教科等の目標及び内容の一部を、個別の指導計画に基づき取り入れることができることが新たに規定された。これは、知的障害特別支援学校における子どもの学びの可能性を広げる視点でもある。また、今まで「全部又は一部」と表現していたところをカリキュラム・マネジメントの視点から「一部又は全部」と順序を変えて新たに規定された。

（9）学習指導要領の各教科に関する内容

①視覚障害の配慮事項は、従前の５項目であるが、指導内容の精選や情報機器の活用については、見通しをもった学習活動の展開ということで改訂された。

②聴覚障害の配慮事項は、従前の６項目であるが、言語概念の形成、言葉等による意思の相互伝達、保有する感覚の活用、指導内容の精選に関する事項は改善された。

③肢体不自由の配慮事項は、児童生徒の障害の状態や発達の段階に応じた思考力、判断力、表現力等の育成、指導内容の設定、自立活動の時間における指導が改善された。

④病弱の配慮事項は、１項目新規に加えて６項目となった。病気の変化に応じて弾力的に対応することが大切であるという考えから、児童生徒が体調の変化に気づいて対処を求めるなどの自己管理の重要性について規定が設けられた。

⑤知的障害教育は、各教科等について大きな改善がされた。主な改善点は、小・中学校等の各教科等の目標や内容等の連続性、関連性を整理して示したこと、段階ごとの目標を新たに示したこと、中学部を新たに２段階として示したこと、教科ごとに「指導計画の作成と内容の取扱い」が設けられた。小学部は３段階、中学部は１段階から２段階へ、高等部は２段階とし、小学部と中学部及び中学部と高等部との繋がりをもたせて系統性をもつ段階制となった。

（10）自立活動

　健康の保持の区分に新規に「障害の特性の理解と生活環境の調整に関すること」が新たに加えられた。学習指導要領解説自立活動編では、個別の指導計画を作成する際の実態把握から具体的な指導内容を設定するまでの事例が示されているため、個別の指導計画作成では、活用する必要がある。

10　学習指導要領上の特別支援教育に関する主な規定

　ここで、**表4**に学習指導要領上の特別支援教育に関する主な規定を整理する。

表4　学習指導要領上の特別支援教育に関する主な規定

多様な教育の場／要因	特別支援学校	小学校			想定される今後の方向
	小学部	特別支援学級	通級による指導	通常の学級	
個別の教育支援計画、個別の指導計画の作成・活用	作成・活用の義務がある			努力義務がある※通級による指導を受けていない障害のある児童等の指導において、作成・活用に努める	・学習指導案へ反映し個に応じた指導を充実する・校内委員会での情報を共有する・本人、保護者との合理的配慮の合意形成に活用する
自立活動の指導	特別支援学校の教育課程に含まれている	特別の教育課程編成に取り入れる	自立活動を参考として個別の指導計画を作成し指導する	小学校の教育課程には、含まれていない	特別支援学校解説自立活動編にある発達障害等への支援例や計画立案を参考にする
教科ごとの配慮点	・教科の目標や見方・考え方に基づく指導上の配慮・障害種別の指導の工夫			各教科等の学びの過程での困難さに対する指導上の工夫の意図や手立ての例を踏まえ支援を充実する	学習指導案の本時の目標、個別の指導目標、教材観、指導方法等に反映する
法令等	公立学校には、学校と本人・保護者との合意形成を基本とした合理的配慮の提供と基礎的な環境を整備することの義務がある				

第2章

幼児教育における特別な配慮を
必要とする幼児への指導

本章では、幼児教育における特別な配慮を必要とする幼児への指導について理解を深める。

1　幼児教育における遊びを通した特別支援教育の推進

　生活や遊びを通して総合的に保育するという考え方は、一人一人に対する特別支援教育を行う場合であっても変わりのない基本的な考え方である。

　幼稚園教育要領第1章総則で示されている幼児教育における指導の基本的考え方は、「幼児の自発的な活動としての遊びは、心身の調和のとれた発達の基礎を培う重要な学習であることを考慮して、遊びを通しての指導を中心とする」ことになる。また、保育所保育指針第1章総則においても「子どもが自発的・意欲的に関われるような環境を構成し、子どもの主体的な活動や子ども相互の関わりを大切にすること。特に、乳幼児期にふさわしい体験が得られるように、生活や遊びを通して総合的に保育すること」と、遊びを通して総合的に保育することが述べられている。

　この「遊びの中の学び」については、どのような教育的効果があるのかについて考えてみたい。

　文部科学省「幼稚園ってなぁに～学校教育のはじまり～」では、いろいろな遊びを通して幼児が多くのことを学び、そして身に付けていくことについて、次の点を挙げている（表1）。

表1　遊びを通して幼児が学び、身に付ける力

項　目	身に付ける内容
○健康な心と身体	• 体力の向上：園庭などで、おもいきり走りまわって遊んだりすることで体力がつく。 • 基本的な生活習慣：食事の前に手を洗うなど、普段の生活に必要なことができるようになる。
○自立心・人と関わる力	• 自立心：身の回りのことを自分でやろうとしたり、自分で考えて行動したりする。 • 社会性や道徳性：良いことや悪いことの区別、他者への思いやり、きまりを守ろうとする気持ちをもつ。

○思考力の基礎	• 思考力の基礎：遊びの中で、考えたり試したり工夫したりすることで、思考力が伸びる。 • 数への興味：遊びの中で、物や人を数えるなどして数などに興味をもつ。
○言葉の獲得	• 話す力：友達や先生とコミュニケーションを楽しみ、次第に相手に分かるように話すようになる。 • 聞く力：友達との関係が深まるにつれて相手の話を理解しようとする。
○表現力	• 感性：自然などに触れる中で、感性が豊かになる。 • 表現：ごっこ遊び、リズム遊び、絵を描くことなどを通して、感じたことを自由に表現する。

　そして、保育によって育んだ力が小学校・小学部教育の基盤となって、次のような学習意欲の向上や教科学習の理解へと繋がっていく（**表2**）。

表2　学習意欲の向上や教科学習の理解への繋がり

項　目	身に付ける力
○学習意欲の向上	• 幼稚園での遊びを通して幼児が学ぶ楽しさを知り、積極的に物事に関わろうとすることは、小学校・小学部での学習意欲へと繋がっていく。そして、社会に出てからも自ら考え、進んで物事を解決しようとするようになる。
○教科学習の内容理解	• 幼稚園での体験により、小学校・小学部の教科学習の内容を実感しながら理解することができる。
○豊かな心と健やかな体	• 幼稚園では他者への思いやりや社会の決まりを守ろうとする気持ち、感動する心、健やかな体を育成し小学校・小学部へと繋がっていく。

（1）特別な配慮を必要とする幼児への基本的な配慮

　幼稚園や保育所は、幼児が集団で生活する場である。そして、自然な生活の流れの中で、特別な配慮が必要な幼児の自立と集団への参加のきっかけを促している。その際、どのような基本的な考えや配慮が必要なのであろうか。遊びを通して障害のある幼児への保育者（本書では、幼稚園教諭と保育士を総称して保育者と呼ぶ）の関わり方について考えてみたい。

　保育者は、障害のある幼児一人一人を理解し、共に遊びながらどのようなときに、興味や関心が広がったり深まったりするかについて行動観察を行い、さらに楽しめるような環境構成などを工夫することが重要である。また、幼児が困ったりできないときなどに、すぐに手助けすると幼児自身が工夫したり友達と助け合ったりする機会を少なくしてしまうおそれがある。したがって、保育者は、幼児に対して必要な支援を、「いつ、どの程度、どのように行うのか」について、常に考慮する必要がある。具体的には、全て手伝うのか、部分的に手伝うのか、言葉や絵カードなどでヒントを与えるのか、幼児同士の関係性の中で解決するまで見守るのかなどにつ

いて、教育的に係わることが求められる。

　次に、教材などの準備と環境構成がある。遊びを通した学びは、人や物など周りの環境構成を工夫することが重要である。特に障害のある幼児の場合は、自ら環境に働きかけていくことが難しい場合も見受けられる。そのため、保育者は、計画の段階でその幼児が遊びから何を学ぶのかを予想して、幼児が思わず関わりたくなるような興味・関心を抱く教材を準備する必要がある。家庭でよく遊んでいる遊具などの情報を、保護者から事前に得ておくとよい。さらに、保育実践の中では、保育者自身が幼児にとって信頼のおけるより良い教材の一つとして、豊かな活動づくりに努めることを心がけることが重要である。時には、心を無にして障害のある幼児と共に遊ぶという関わりも重要なのである。なお、遊びの指導計画作成の際は、保育者同士が協力し合いながら、障害のある幼児や他の幼児同士の関わりから、遊びから学んでいくには、どうしたらよいのかを話し合っていく必要がある。

（2）障害のある幼児などに対する遊びの指導の基本的な考え

　障害のある幼児などにとって「遊び」は、重要な教育的内容を含む総合的な活動である。また、遊びの場においては障害のある幼児とその他の幼児たちとが、自然で自由な相互の交流を生むためには、とても重要な活動であることが理解できる。全ての子どもにとって分かる活動を追求するユニバーサルデザインの考え方を踏まえた活動づくりの視点で言えば、「どの子にとっても楽しく、そして興味を抱ける活動」であることが求められるのである。そのためには、集団の中で特別な教育的ニーズのある幼児を、どのような場面でどのような支援や配慮が必要であるかということについて、個別の指導計画を基にしながら、障害のある幼児やその他の幼児も含めて、全体を包括した集団を対象とした包括的な支援を考慮しなければならない。

　遊びは、本来幼児が主体的に選び取り、熱中できる活動である。しかし、遊びに対して多くの目的を設けたり、保育者の指導的傾向が強くなりすぎたりすると、本来の遊びの意義が薄れてしまう。それは障害のある幼児への遊びの指導だけに限らず、全ての子どもに対する遊びの指導においても同様である。障害のある幼児への指導については、遊びの指導計画と一人一人の個別の指導計画とを関連づけながら、遊びの指導の中で何を重点的に指導するかについて、事前に考慮しておくことが重要となる。

（3）障害のある幼児などへの指導・支援

　これまで、特別な教育的ニーズのある幼児に対する指導については、個別的な視点からの実態把握を基本として、個別の教育支援計画や個別の指導計画の作成・活用の必要性について述べてきた。一方、幼稚園教育要領、保育所保育指針、幼保連携型認定こども園教育・保育要領では、障害のある子どもの幼児教育に当たっては、集団的な視点も重視している。

　幼稚園教育要領、保育所保育指針、幼保連携型認定こども園教育・保育要領では、集団の中で幼児教育を行うことが、共通して述べられている。例えば、保育所保育指針では、「障害のある子どもが他の子どもとの生活を通して共に成長できるよう、指導計画の中に位置付けること」としている。また、幼稚園教育要領では、「集団の中で生活することを通して全体的な発達を促していくこと」に配慮することとしている。

　個と集団との関連は、一見相反するもののように見えるが、実はそうではない。集団の中での幼児教育を行うことの重要性について考えてみると、特別な教育的ニーズのある幼児に対しては、その活動の目的や内容・方法に応じて、集団指導、小集団指導、個別指導などの形態を工夫しつつ、集団の中での配慮や個に応じた指導を充実する必要がある。その際、個別の教育支援計画や個別の指導計画を作成・活用することによって、その幼児への合理的配慮や基礎的環境整備に基づいた「集団の中での個に配慮した適切な指導や必要な支援」を進めていくという考えが基本である。

　文部科学省「幼稚園における障害のある幼児の受け入れや指導に関する調査研究」平成18、19年度指定地域の研究集録報告の6事例を基にして、「障害のある幼児への支援（集団による育ち合いを促す学級経営、共に育ち合う仲間づくり、個別の指導計画の作成・活用、巡回相談・ケース会議の実施、ティーム保育、教材と環境の工夫、小学校との連携システムの構築）について整理した（**表3**）。保育現場における実際的で多様な支援についての理解を深めることができる。

表3　障害のある幼児などへの指導・支援例

具体的な指導・支援例

【集団による育ち合いを促す学級経営、共に育ち合う仲間づくり】
- 幼児の行動の意味や気持ちを教師が理解しようとしたり、集団の中でその都度ていねいに周りの子どもたちに気持ちを伝えたりすることで、心の安定や育ちに繋がった。
- 教師が対象の幼児を理解しようとする姿とていねいな関わりが、幼児たちの育ちに繋がった。
- 周りの幼児に対する教師の関わり方を変えることで、障害のある幼児に対する周りの幼児の見方や捉え方に変化が表れた。
- 友達の刺激を受けて、自ら行動を起こし、自分たちでトラブルを解決し、困難を乗り越え園生活を楽しめる子どもの姿に、友達集団の教育力の大きさを感じた。
- 幼児の気持ちに寄り添いながら教師も共に育ちあう仲間となり、互いに認め合い育ち合うことができた。
- 周りの保護者の理解を得るため、集団の中での幼児の具体的な姿を通して互いに成長していることを伝えた。

【個別の指導計画の作成・活用】
- 複数の保育者によって、幼児一人一人の良さ、得意、不得手、嫌なこと、興味・関心などの情報を多角的に収集した。
- 巡回相談員の指導を得ながら、保護者と一緒に個別の指導計画を策定して園・家庭がそれぞれの役割・指導内容を共有できる取組を進めた。
- 保護者が記入した「家族の希望調査表」「好きなこときらいなこと調べ」「生活スキルチェック」などを基に、家庭での様子を聞きつつ、保護者の思いや願いを受けとめて指導目標を設定した。
- 定期的に「評価→計画→実施→再評価」を行い、望ましい支援のあり方を明確にした。
- 個々の達成状況を把握し、個別の指導計画を見直しながら援助したことで、集中力が付いてきた幼児が友達と関われるようになった。
- 教師の関わりや援助が幼児にどんな影響を与えているのかが明確になり、次の課題も明確になった。
- 支援の方法が明確になり、教師間が共通理解をしてチームで支援に取組むことができた。
- 教師と保護者が何度も話し合い、保護者のニーズを含め作成したことで、共通理解をして同じ支援を行ったことが、子どもの成長に繋がった。
- 作成者の負担にならず、継続できるような記入の仕方を工夫し、実際の保育に生かしていく必要がある。

【巡回相談・ケース会議の実施】
- 保育所に在籍する障害のある幼児に対する専門家による巡回相談のシステムの中に、幼稚園を位置付けて、幼稚園でのケース会議等を行った。
- 障害の特性や個に応じた支援について指導を受けたことにより、適切な支援を行うことができた。
- 視覚支援について学んだことが特別な配慮の必要な幼児だけでなく、他の子どもにも生かせるようになった。
- 障害のある幼児を担当している教師や保育士等の連絡会を開催し、事例発表等を通して職員の専門性を高めた。
- 幼稚園と保育所の職員が、障害のある幼児への関わり方について、学び合える機会を設けた。

【チーム保育】
- 多様な個性を持つ幼児たちが、育ち合うことを願い、全職員が連携して保育にあたった。
- 保護者・関連機関・地域と連携し、それぞれの役割を明確にしながら、対応に努めた。
- 担任と補助者の役割を洗い出し、情報の共有や意見の交換を行い指導の共通理解を図った。
- 担任と特別支援教師が、日々の幼児の行動観察を基にして幼児の姿を分析し、共有することによって、翌日の保育に生かす取組を進めた。
- コーディネーターを中心にした園内事例研究を行い、巡回相談員の指導を得ながら幼児の困り感を踏まえた保育を行った。

【教材と環境の工夫】
- 言葉や文字の認識が不得手な幼児に対し、少しでも行動の仕方や周りの状況を伝えるために、絵を描きながら具体的な指導をしたり、絵本を活用したり、スケジュール表でその幼児やクラスに合った表示をして、視覚を通して理解を促した。
- 自閉症児の受け入れにあたり保護者と話し合い、障害特性を理解し一日の見通しがもてるよう「スケジュール表」を提示したり、持ち物の始末の仕方がわかるように「手順書」を作ったりした。
- 両下肢まひの幼児の受け入れに当たり、専門機関で話を聞き、施設の改善、備品の作製等の環境を準備した。
- 理学療法士の話や施設見学を通して、障害の特性を理解し、専門的知識を学ぶ研修を行ったことは、より子どもを深く理解し、具体的で適切な介助や援助の方法を探るために重要であった。
- 身体面だけでなく、友達と同じようにしたいという子どもの気持ちを大切にし、満足感・達成感に繋がるようにした。
- 集団が苦手な幼児には、安心して過ごすことができる場を提供した。
- 一人一人が、無理なく自然な形で生活が進められるように、発達や時期に合った教材を作成した。

【小学校との連携システムの構築】
- 幼児の就学にあたっては、小学校と幼稚園幼児指導要録抄本の引き継ぎや就学指導担当者との情報交換を行った。
- 小学校教師や特別支援教育コーディネーターに幼稚園での子どもの様子を参観してもらった。
- 保護者と一緒に小学校を参観し、幼稚園での様子や指導内容を保護者と共に個別に小学校に引き継ぐことができた。
- 支援者会議（市教委、校長、園長、コーディネーター、担任、専門家、保護者）を実施し、園での取組を伝え、今後の指導の充実に向けて話し合った。
- 個別の指導計画が小学校での指導に生かされるように引き継いだ。
- 幼稚園からは支援してきたこと、保護者からは学校生活の思いや配慮してほしいこと、学校からは入学当初の学校の活動内容や入学までに準備してほしいこと等の意見交換をして支援の引き継ぎを行った。
- 入学後は、アフター連携会議をもち、授業参観や学校生活について話を聞くとともに、幼稚園での支援が適切であったか見直すことができた。
- 幼稚園の研究会に小学校教師に参加してもらうことにより、お互いの教育内容の理解が進み、より教師間の連携が深まった。

2　個別の配慮を必要とする幼児に対する支援の実際

　個別の配慮を必要とする幼児に対して、保育現場ではどのような支援が行われているのであろうか。次に、徳島県吉野川市と北九州市保育士会の例を紹介する。

（1）徳島県吉野川市の例

ア．「園内支援委員会」を設置し、職員全体で支援を必要とする幼児の実態把握や支援の方法を検討し共通理解を図った。また、個別の指導計画の作成と活用の仕方や保護者の理解・協力を図るための方法を工夫した。専門機関との連携、相談、保護者・外部機関との連携を図った。

イ．幼児の具体的な活動内容を捉えてその内容を整理・分析し、幼児の育ちの傾向を把握するために「幼児の活動の整理シート」を作成した。また、専門機関相談員の指導を得ながら、幼児の状況から課題を明確にし

た「幼児の状態とかかわり方のポイント」を作成し活用した。

ウ．「幼児の状態とかかわり方のポイント」を基にして、保護者の理解や協力を得るための教育相談や専門機関からの指導を受けて、個別の指導計画を作成した。

エ．豊かな感情体験を多く積み、人と関わる力を育むための時間を「ふれあいタイム」として設定した。その行事の中で見られる人との関わりや、それを通して育まれるさまざまな力について考え、個別的な配慮を必要とする幼児の育ちや配慮について検討した。

オ．幼児が活動の見通しをもち、活動の内容を分かりやすくする必要があるため、行事等での活動の流れを事前に確かめたり、予定を変更した時に対応したりできるように、活動や行事についての絵カード等を用い視覚的に伝えるようにした。また、さまざまな気持ちを絵と言葉で表した絵カードを用いて、自分の気持ちや感情を表したり、友達の気持ちにも気付いたりしていけるようにした。

カ．保護者全体に、「子育て懇談会」「子育て講演会」「子育て通信」等を通じて、特別支援教育は「ともに生きる」心の育ちを育むことであり、配慮を必要とする幼児の支援の方法は、全ての幼児にも丁寧で理解しやすく、幼児の成長・発達に効果をもたらすことである等、理解を得られるようにした。

キ．配慮を必要とする幼児の保護者と連絡をとり、家庭での幼児の様子や保護者の悩みを聞くなど、信頼関係を築いていった。そして、家庭で配慮することと園での支援方法等について共通理解を図り、子育てや保育に生かしていった。また、保護者が「子育て講演会」等の園の行事に参加しながら、特別支援教育が全ての幼児にとって大切な教育であることの理解を深めていった。

※研究集録報告の徳島県吉野川市事例から引用、一部筆者加筆

（2）北九州市保育士会の例

　北九州市保育士会は、障害のある幼児への基本的な配慮として、次の4点を挙げている。

○子どもが理解できる伝え方を配慮する。（ことばだけでわからない場合）

○動き方の最初から最後までを、繰り返ししっかりと体験させる。（説明やモデルではわからない場合）

○動く"きっかけ"（手掛かり）に気付かせる。

○子どもが"今できるやり方"で教える。

また、学習に何らかの困難がある幼児への支援の要素として、次の4点を挙げている。

○毎日、決まった生活リズムで規則正しく活動が繰り返されること。

・同じ時間に、同じ場所で、同じ活動が繰り返される。

・場所と活動が対応し、保育の流れ（展開）がある。

○活動や手順の手掛かりが明確であること。

○大勢の子どもたちと一緒に活動すること。

○同じ手順で、一定のルールにしたがって活動すること。

3　幼児教育における個別の指導計画の作成・活用

　幼稚園、保育所、幼保連携型認定こども園において、個別の指導計画を作成する際には、特別支援学校幼稚部教育要領（平成29年4月告示）「第2章ねらい及び内容　自立活動　指導計画の作成に当たっての留意事項」などが参考となる。

（1）幼児教育における個別の指導計画作成の意義

　次に、個別の指導計画を作成することの意義について考えてみる。

・子どもの障害特性や学習や生活の状況について、保育者同士の共通理解を促進することができる。このことは、保育者が幼児の教育情報を相互で理解し合い、幼児の考えや行動にある背景を共通理解することによって、同じ方向を向いて適切な指導や必要な支援を考えることに繋がる。

・保育者の適切な指導や必要な支援をある程度揃えることができる。保育は、チームティーチングで指導に当たることが多い。そのため、対象幼児に関わる際の指導の重点を定めたり、パニック時への対応をしたりすることなどについて、事前に検討し揃えておくことができる。

・個別の指導計画などを基にして、日々の保育実践を見直すことができる。対象児への関わりについて、これまでの指導の状況や今後の見通しも含めて、継続的な支援をすることができる。

　なお、保育者が個別の指導計画を作成する上では、次の点を考慮する必要がある。

・保育者が個別の指導計画作成の方法に慣れることや、作成時間を確保する必要がある。

・打ち合わせ時間を見直したりするなどの個別の指導計画作成に向けた園内のシステムを工夫したりする必要がある。

- 保育者の勤務時間が一致しない場合が多いため、個別の指導計画に記入した内容の検討や確認をする方法を定めておく。
- 対象幼児の障害特性や状況などについて、保護者自身が理解したり受容したりすることが不十分な場合は、保育者と保護者との連携が難しいケースがある。

（2）個別の指導計画作成と指導内容の設定

個別の指導計画を作成する際の配慮事項として、次の点が挙げられる。

- 個々の幼児について、障害の状態や特性、発達の段階や経験の程度、興味・関心、生活や学習環境などの実態を的確に把握すること。
- 幼児の実態把握に基づいて得られた指導すべき課題相互の関連を検討すること。その際、これまでの学習状況や将来の可能性を見通しながら、長期的及び短期的な観点から指導のねらいを設定し、それらを達成するために必要な指導内容を段階的に取り上げること。

具体的な指導内容を設定する際の配慮事項として、次の点が挙げられる。

- 幼児が、興味をもって主体的に取り組み、成就感を味わうとともに自己を肯定的に捉えることができるような指導内容を取り上げること。
- 個々の幼児が、発達の遅れている側面を補うために、発達の進んでいる側面を更に伸ばすような指導内容を取り上げること。
- 幼児が意欲的に感じ取ろうとしたり、気が付いたり、表現したりすることができるような指導内容を取り上げること。
- 幼児の学習状況や結果を適切に評価し、個別の指導計画や具体的な指導の改善に生かすよう努めること。
- 各領域におけるねらい及び内容と密接な関連を保つように指導内容の設定を工夫し、計画的、組織的に指導が行われるようにすること。

（3）個別の指導計画の様式と記述

学校教育と幼稚園教育とでは、その教育の目的や教育内容・方法、子どもとの関わり方に違いがある。そのため、保育における個別の指導計画の様式については、特別支援学校の様式を参考にしながら、保育の場で作成・活用しやすい様式を作成・活用する必要がある。そのためには、実際の保育現場に特化した様式や記入内容の検討が求められよう。

個別の指導計画の記述に当たっては、子どもの考えや行動を導くための指導の方向を明確にした幼児を主体とした記入の仕方が重要となる。したがって、保育者が「～させる」ではなく、主体者としての幼児が「～する」

という幼児が主体的に考え行動することを導く表現とする必要がある。また、目標が抽象的であるために指導と評価が一体化しない、いわゆる評価がしにくいという状況にならないように、保育者の「主観的、情緒的」、「抽象的」な記述は避けて、具体的で客観性のある記述とすることが重要である。例を挙げると、「〜感じることができる」「〜楽しさを知る」「〜感じる」などの目標の表記は、これを客観的に評価に結びつけることが難しい表現である。そのため、「自ら進んで〇〇に参加することができる」「友達と協力して、〇〇の遊具で遊ぶことができる」など、指導と評価が一体化した実践を評価しやすい記述とすることが求められる。

　特に、障害のある幼児においては、その発達の偏りや未分化で不明な状況が多々見受けられる。そのため、保育の方向を明確に定めることや、具体的な指導目標や指導内容・方法を設定することが難しい場合も想定される。また、就学前の時期は、専門機関への相談を継続しながら、障害受容をしていく段階である。例えば、保護者が子どもの障害に気付いていなかったり、診断を受けようとし始めたり、診断待ちであったり、たとえ診断があったとしても、ようやく障害を受容し始めたばかりなどの場合である。したがって、保育者は、保護者と保育者がその子の障害について「共に考えていく」という考えをもって、必要な時間をかけながら個人面談や授業見学などに臨むことが重要である。

（4）保育への個別の指導計画の活用

　次に、保育現場における個別の指導計画の活用について考えてみる。指導計画には、年、学期、月あるいは発達の時期を単位とした年間指導計画等の長期の指導計画と、週や一日を単位とした短期の週案や日案などがある。長期の指導計画は、園生活全体を視野に入れて学年や学級の間の連携を図りながら作成する必要があるため、全教職員の協力のもとに作成するのが一般的である。

　一方、短期の指導計画は、各学級の生活に応じた計画であることから、担任を中心として学級の生活に応じた計画であるため、学級担任が自身の学級について作成する。しかしながら、障害のある幼児や特別な教育的ニーズのある幼児の指導については、校内委員会などを中心として担任の意見や特別支援教育コーディネーター及び外部専門家の意見なども含めて、総合的に園全体で検討する必要がある。

　幼稚園や保育所で保育者自身が生かしていける効果的な個別の指導計画の様式を用いて、外部専門家による助言を活用したチームとしての保育実

践を行い、その効果を PDCA サイクルで検証するというカリキュラム・マネジメントを構築していくことが重要である。

4　保育者の専門性

　幼稚園教師の専門性について文部科学省は、「幼稚園教員の資質向上に関する調査研究協力者会議報告書」（2002 年）の中で、幼稚園教師に求められる専門性の一つとして「特別な教育的配慮を要する幼児に対応する力」を挙げている。そこでは、「三歳児や満三歳に達し幼稚園に入園した時点で幼児は、家庭での経験の差や個人差が大きい時期であり、初めての集団生活の場において、発達の側面から一人一人への対応がとりわけ必要となる。障害のある幼児については、障害の種類や程度等の対応に関して必要な専門的知識や技能を習得する必要がある。」と述べている。

　以上を整理すると、これからの幼稚園、保育所、幼保連携型認定こども園における幼児教育や保育においては、幼稚園教師や保育士などの保育者は、障害のある幼児や気になる子への理解と支援を充実するために、「個別に実態を把握」し、その把握した実態に基づいて「個別の指導計画」を「作成」し「活用」していかなければならない。

　また、「障害のある子どものための地域における相談支援体制整備ガイドライン」（平成 20 年 3 月文部科学省、厚生労働省作成）では、障害のある子どもの保育に関する研修や発達障害への支援の尺度となるアセスメントツールなどについて述べてあるので、参考となる。

（http://www.mext.go.jp/a_menu/shotou/tokubetu/material/021.html）

　先進的なアセスメントツール例として、次の 2 つが述べてある。

1 ）「M-CHAT」（Modified-Checklist for Autism in Toddlers）
　　（乳幼児期自閉症チェックリスト修正版。1 歳 6 か月健診で使用可能）
- 対象：16 〜 30 か月の幼児
- 方法：養育者が質問紙に記入する
- 目的：社会性の発達状況の確認、自閉スペクトラム症の可能性について把握する
- 研修：発達障害早期総合支援研修（国立精神・神経医療研究センターにおいて実施）

2 ）「PARS-TR」（Parent-interview ASD Rating Scale-Text Revision）
　　（親面接式自閉スペクトラム症評定尺度テキスト改訂版。3 歳児健診以降で使用可能）

- 対象：3歳以上の児者
- 方法：専門家が養育者へのインタビューを行う
- 目的：幼児期から成人期まで自閉スペクトラム症の行動特徴の有無を継続的に把握する

第3章

特別な支援を必要とする
児童生徒の教育課程編成

　本章では、連続した多様な学びの場、学級編成、教科書、知的障害教育における教育課程編成、各教科、指導の形態及び主体的な学びに向けた授業づくりへの理解を深める。

◆ **Keywords** ◆

①連続した多様な学びの場　②学級編成　③教科書
④知的障害教育の教育課程編成　⑤各教科　⑥指導の形態
⑦主体的な学び

1　連続した多様な学びの場における特別支援教育の実施

　平成19（2007）年4月から、児童生徒等の障害の重複化等に対応した適切な教育を行うため、従来の盲・聾・養護学校の制度から複数の障害種別を対象とすることができる特別支援学校の制度に転換した。特別支援教育は、発達障害のある子どもも含めて、障害により特別な支援を必要とする児童生徒等が在籍する全ての園・学校において実施されるものである。

　障害のある児童生徒等については、障害の状態に応じて、その可能性を最大限に伸ばし自立と社会参加に必要な力を培うため、一人一人の教育的ニーズを把握しながら適切な指導及び必要な支援を行う必要がある。

　そのため、障害の状態等に応じて特別支援学校、小・中学校の特別支援学級、通級による指導おいて、特別の教育課程、少人数の学級編制、特別な配慮の下に作成された教科書、専門的な知識・経験のある教職員、障害に配慮した施設・設備などを活用した指導や支援が行われている。また、公立小・中学校の通常の学級においても発達障害等のある児童生徒が6.5%程度在籍することが平成24（2012）年文部科学省の調査によって判明したため、学級経営や各教科の指導において、適切な指導や必要な支援を進めている。

（1）特別支援学校

　障害の程度が比較的重い児童生徒を対象として教育を行う学校である。公立特別支援学校（小・中学部）の1学級の標準は6人（重複障害の場合3人）。対象障害種は、視覚障害、聴覚障害、知的障害、肢体不自由、病弱（身体虚弱を含む）。

（2）特別支援学級

　障害のある児童生徒のために小・中学校に障害の種別ごとに置かれる少人数の学級（公立は8人を標準）である。知的障害、肢体不自由、病弱・

身体虚弱、弱視、難聴、言語障害、自閉症・情緒障害の学級がある。

（3）通級による指導

　小・中学校の通常の学級に在籍する障害のある児童生徒に対して、ほとんどの授業（主として各教科などの指導）を通常の学級で行いながら、週に1単位時間～8単位時間（LD、ADHDは月1単位時間から週8単位時間）程度、障害に基づく種々の困難の改善・克服に必要な特別の指導を特別の場で行う教育形態である。対象とする障害種は、言語障害、自閉症、情緒障害、弱視、難聴、LD、ADHD、肢体不自由及び病弱・身体虚弱である。

（4）通常の学級

　通常の学級に発達障害等のある児童生徒が6.5％程度在籍しているため、学習指導要領では、これらの児童生徒に対する教科指導上の配慮事項が新たに具体的に示された。

2　障害の種類及び程度に応じた多様な学びの場

（1）多様な学びの場

　表1にあるような多様な学びの場において、少人数の学級編制、特別の教育課程等による適切な指導及び支援を実施している。

表1　障害のある児童生徒の多様な学びの場

	特別支援学校	小・中学校等	
		特別支援学級	通級による指導
概要	障害の程度が比較的重い児童生徒を対象として、専門性の高い教育を実施	障害の種別ごとの学級を編制し、児童生徒一人一人に応じた教育を実施	大部分の授業を在籍する通常の学級で受けながら、一部の時間で障害に応じた特別な指導を実施
対象障害種	視覚障害、聴覚障害、知的障害、肢体不自由、病弱・身体虚弱	知的障害、肢体不自由、病弱・身体虚弱、弱視、難聴、言語障害、自閉症・情緒障害	言語障害、自閉症、情緒障害、弱視、難聴、学習障害、注意欠陥多動性障害、肢体不自由、病弱・身体虚弱
学級編制定数措置（公立）	【小・中】1学級6人 【高】1学級8人 ※重複障害の場合は1学級3人	1学級8人	【小・中】13人に1人の教員を措置 ※平成29（2017）年度から基礎定数化 【高】加配措置

教育課程	各教科等に加え、「自立活動」の指導を実施。障害の状態等に応じた弾力的な教育課程の編成が可。 ※知的障害者を教育する特別支援学校では、他の障害種と異なる教育課程を編成。	基本的には、小学校・中学校の学習指導要領に沿って編成するが、実態に応じて、特別支援学校の学習指導要領を参考とした特別の教育課程の編成可。	通常の学級の教育課程に加え、またはその一部に替えた特別の教育課程を編成。 【小・中】週1～8コマ以内 【高】年間7単位以内
個別の指導計画等の作成	児童生徒一人一人について個別の教育支援計画（家庭、地域、医療、福祉、保健等の業務を行う関係機関との連携を図り、長期的な視点で教育的支援を行うための計画）と個別の指導計画（一人一人の教育的ニーズに応じた指導目標、内容、方法等をまとめた計画）を作成。		

出典：文部科学省　「新しい時代の特別支援教育の在り方に関する有識者会議」（令和元（2019）年9月25日）資料より

（2）対象となる障害の種類及び程度

　表2は、法令等で定められている特別支援学校、特別支援学級、通級による指導の対象となる障害の種類及び程度である。

表2　特別支援学校・特別支援学級・通級による指導の対象となる障害の種類及び程度

特別支援学校（学校教育法施行令第22条の3）	特別支援学級（平成25年10月4日　初等中等教育局長通知）	通級による指導（平成25年10月4日　初等中等教育局長通知）
視覚障害者 両眼の視力がおおむね0.3未満のもの又は視力以外の視機能障害が高度のもののうち、拡大鏡等の使用によっても通常の文字、図形等の視覚による認識が不可能又は著しく困難な程度のもの	**弱視者** 拡大鏡等の使用によっても通常の文字、図形等の視覚による認識が困難な程度のもの	**弱視者** 拡大鏡等の使用によっても通常の文字、図形等の視覚による認識が困難な程度の者で、通常の学級での学習におおむね参加でき、一部特別な指導を必要とするもの
聴覚障害者 両耳の聴力レベルがおおむね60デシベル以上のもののうち、補聴器等の使用によっても通常の話声を解することが不可能又は著しく困難な程度のもの	**難聴者** 補聴器等の使用によっても通常の話声を解することが困難な程度のもの	**難聴者** 補聴器等の使用によっても通常の話声を解することが困難な程度の者で、通常の学級での学習におおむね参加でき、一部特別な指導を必要とするもの
肢体不自由者 一　肢体不自由の状態が補装具によっても歩行、筆記等日常生活における基本的な動作が不可能又は困難な程度のもの 二　肢体不自由の状態が前号に掲げる程度に達しないもののうち、常時の医学的観察指導を必要とする程度のもの	**肢体不自由者** 補装具によっても歩行や筆記等日常生活における基本的な動作に軽度の困難がある程度のもの	**肢体不自由者** 肢体不自由の程度が、通常の学級での学習におおむね参加でき、一部特別な指導を必要とする程度のもの

病弱者（身体虚弱者を含む。）	（病弱者）身体虚弱者	病弱者・身体虚弱者
一　慢性の呼吸器疾患、腎臓疾患及び神経疾患、悪性新生物その他の疾患の状態が継続して医療又は生活規制を必要とする程度のもの 二　身体虚弱の状態が継続して生活規制を必要とする程度のもの	一　慢性の呼吸器疾患その他疾患の状態が持続的又は間欠的に医療又は生活の管理を必要とする程度のもの 二　身体虚弱の状態が持続的に生活の管理を必要とする程度のもの	病弱又は身体虚弱の程度が、通常の学級での学習におおむね参加でき、一部特別な指導を必要とする程度のもの
	言語障害者 口蓋裂、構音器官のまひ等器質的又は機能的な構音障害のある者、吃音等話し言葉におけるリズムの障害のある者、話す、聞く等言語機能の基礎的事項に発達の遅れがある者、その他これに準じる者（これらの障害が主として他の障害に起因するものでない者に限る。）で、その程度が著しいもの	言語障害者 口蓋裂、構音器官のまひ等器質的又は機能的な構音障害のある者、吃音等話し言葉におけるリズムの障害のある者、話す、聞く等言語機能の基礎的事項に発達の遅れがある者、その他これに準じる者（これらの障害が主として他の障害に起因するものでない者に限る。）で、通常の学級での学習におおむね参加でき、一部特別な指導を必要とする程度のもの
	自閉症者・情緒障害者 一　自閉症又はそれに類するもので、他人との意思疎通及び対人関係の形成が困難である程度のもの 二　主として心理的な要因による選択性かん黙等があるもので、社会生活への適応が困難である程度のもの	自閉症者 自閉症又はそれに類するもので、通常の学級での学習におおむね参加でき、一部特別な指導を必要とする程度のもの
知的障害者 一　知的発達の遅滞があり、他人との意思疎通が困難で日常生活を営むのに頻繁に援助を必要とする程度のもの 二　知的発達の遅滞の程度が前号に掲げる程度に達しないもののうち、社会生活への適応が著しく困難なもの	知的障害者 知的発達の遅滞があり、他人との意思疎通に軽度の困難があり日常生活を営むのに一部援助が必要で、社会生活への適応が困難である程度のもの	情緒障害者 主として心理的な要因による選択性かん黙等があるもので、通常の学級で学習におおむね参加でき、一部特別な指導を必要とする程度のもの
		学習障害者 全般的な知的発達に遅れはないが、聞く、話す、読む、書く、計算する又は推論する能力のうち特定のものの習得と使用に著しい困難を示すもので、一部特別な指導を必要とする程度のもの
		注意欠陥多動性障害者 年齢又は発達に不釣合いな注意力、又は衝動性・多動性が認められ、社会的な活動や学業の機能に支障をきたすもので、一部特別な指導を必要とする程度のもの

出典：文部科学省　「新しい時代の特別支援教育の在り方に関する有識者会議」（令和元（2019）年9月25日）資料より

3　学級編制及び教職員定数

　公立特別支援学校や小・中学校特別支援学級においては、障害の状態や能力・適性等が多様な児童生徒が在籍し、一人一人に応じた指導や配慮が特に必要である。そのため、「公立義務教育諸学校の学級編制及び教職員定数の標準に関する法律」（昭和33年法律第116号。以下、「義務標準法」）及び「公立高等学校の適正配置及び教職員定数の標準等に関する法律」（昭和36年法律第188号）に基づき、学級編制や教職員定数について特別の配慮がなされている。

（1）学級編制

　1学級の児童生徒数の標準は、現在、公立特別支援学校では、小・中学部6人、高等部8人（重複障害学級は3人）、公立小・中学校の特別支援学級では8人である。

（2）教職員定数

　公立特別支援学校における児童生徒数が増加していることや障害が重度・重複化しているため、大規模校における教頭あるいは養護教諭等の複数配置や、教育相談担当・生徒指導担当・進路指導担当及び自立活動担当教師の配置が可能な定数措置が講じてある。平成23（2011）年4月の「義務標準法」の一部改正では、通常の学級に在籍する障害のある児童生徒を対象とした通級による指導の充実など特別支援教育に関する加配事由が拡大された。

　そして、平成29（2017）年3月「義務標準法」一部改正により、平成29（2017）年度から公立小・中学校における通級による指導など特別な指導への対応のため、10年間で対象児童生徒数に応じた定数措置（基礎定数化）が行われている。

　この他、特別支援学校の地域におけるセンター的機能を強化するための教員配置など、特別支援教育の充実に対応するための加配定数の措置がされている。さらに、高等学校における通級による指導の制度化に伴い、平成30（2018）年3月に「公立高等学校の適正配置及び教職員定数の標準等に関する法律施行令」（昭和37年政令第215号）が改正されて、公立高等学校における通級による指導のための加配定数措置が可能となった。

4　特別支援学校教諭免許状の取得

　平成 19（2007）年度より、従来、盲学校・聾学校・養護学校ごとに分けられていた教諭の免許状が、特別支援学校の教諭の免許状に一本化された。それに伴って、特別支援学校教諭免許状を取得するためには、さまざまな障害についての基礎的な知識・理解を深めるとともに、特定の障害についての専門性を確保することとなっている。ただし、特別支援学校教諭免許状については、「教育職員免許法」（昭和 24 年法律第 147 号）上、当分の間、幼稚園、小・中学校及び高等学校の免許状のみで、特別支援学校の教師となることが可能とされている。しかし、特別支援教育における専門性を確保するという観点から見ると、特別支援学校教諭免許状の保有率の向上は不可欠である。

5　障害のある児童生徒の教科書・教材

　特別支援学校に在籍する児童生徒等の障害の状態等によっては、小・中学校等で一般に使用されている検定教科書を用いて指導することが必ずしも適切ではない場合があり、特別な配慮の下に作成された教科書が必要となる。このため、文部科学省著作の教科書として、視覚障害者用の点字版の教科書、聴覚障害者用の国語（小学部は言語指導、中学部は言語）及び音楽の教科書、知的障害者用の国語、算数（数学）及び音楽の教科書が作成されている。また、特別支援学校及び特別支援学級においては、検定教科書または文部科学省著作の教科書以外の「一般図書」を教科書として使用することもできる。

　文部科学省においては、拡大教科書など、障害のある児童生徒が使用する教科用特定図書等の普及を図っている。これは、視覚障害のある児童生徒の学習用に供するため検定教科書の文字、図形等を拡大して複製した図書（拡大教科書）、検定教科書を点字により複製した図書（点字教科書）、その他、障害のある児童生徒の学習の用に供するために作成した教材であって検定教科書に代えて使用し得るものがある。できるだけ多くの弱視の児童生徒に対応できるよう標準的な規格を定めるなど、教科書発行者による拡大教科書の発行が促進されている。平成 29（2017）年度に使用された、小・中学校の学習指導要領に基づく検定教科書に対応した標準規格の拡大教科書は、ほぼ全点発行されている。

　この他、通常の検定教科書において一般的に使用される文字や図形等を

認識することが困難な発達障害等のある児童生徒に対しては、教科書の文字を音声で読み上げるとともに、読み上げ箇所がハイライトで表示されるマルチメディアデイジー教材等の音声教材がボランティア団体等により製作されている。

（1）学習者用デジタル教科書の活用

　学習者用デジタル教科書とは、紙の教科書の内容（電磁的に記録することに伴って変更が必要となる内容を除く）を、そのまま全て記録した電磁的記録の教材のことをいう。教育の情報化に対応し、平成 30（2018）年に「学校教育法」（昭和 22 年法律第 26 号）等の改正が行われ令和元（2019）年度より施行された。このことにより、障害等により教科書を使用して学習することが困難な児童生徒は、文字の拡大や音声読み上げ等の機能を活用することによって、教科書の内容へのアクセスが容易となる。また、効果的に学習を行うことができる場合には、教育課程の全部においても、紙の教科書に代えて学習者用デジタル教科書を使用することができることとなった。

（2）学習者用デジタル教科書の活用効果

　「学習者用デジタル教科書の効果的な活用の在り方等に関するガイドライン」（平成 30（2018）年 12 月、文部科学省より引用）では、次のような活用方法により、教科書の内容へのアクセスが容易となることを述べている。
- 文字の拡大、色やフォントの変更等により画面が見やすくなる。
- 音声読み上げ機能等を活用し、教科書の内容を認識・理解しやすくなる。
- 漢字にルビを振ることで、漢字が読めないことによるつまずきを避ける。
- 教科書の紙面拡大や目的のページの表示により、教科書のどのページを見るかを混乱しないようにする。
- 文字の拡大やページ送り、書き込み等を自ら容易に行う。

　今後、児童生徒向けの 1 人 1 台端末や高速大容量の通信ネットワーク等の ICT 環境の整備の進展とともに、学習者用デジタル教科書の更なる活用が見込まれる。

6　知的障害教育における教育課程編成

（1）各教科等の改訂の要点

　小・中学校学習指導要領において、育成をめざす資質・能力の三つの柱に基づき各教科の目標や内容が整理された。このため、特別支援学校学習指導要領の知的障害のある児童生徒のための各教科の目標や内容についても、小・中学校等の各教科の目標や内容との連続性・関連性が重視された。

　特別支援学校（知的障害）の各教科の種類は、知的障害の特徴及び適応行動の困難さ等を踏まえて、学校教育法施行規則第126条第2項及び第127条第2項で規定されている。そして、各教科等の目標と内容等は、知的障害のある児童生徒の発達期における知的機能の障害を踏まえて、自立し社会参加するために必要な「知識及び技能」、「思考力、判断力、表現力等」、「学びに向かう力、人間性等」を身に付けることが示された。

　したがって、特別支援学校（知的障害）の教育課程編成においては、小・中学部及び高等部の各段階において示された育成をめざす資質・能力や、各教科の目標及び内容に基づく学習指導を充実することが重要である。

　表3に、知的障害教育における各教科等の改訂の要点をまとめた。

表3　各教科等の改訂の要点

項　目	改訂の要点
小・中学校等の育成をめざす資質・能力の三つの柱との関連	育成をめざす資質・能力の三つの柱に基づき、各教科等の目標や内容を構造的に示した。その際、小学校や中学校の各教科等の目標や内容等との連続性や関連性を整理した。
各教科の各段階における育成の明確化	各段階における育成をめざす資質・能力を明確にするため、段階ごとの目標を新設した。
各段階間の円滑な接続	各段階の内容の繋がりを整理し、段階間で系統性のある内容を設定した。
小学部、中学部、高等部の内容の繋がり	中学部に新たに段階を設けて、「1段階」と「2段階」を設定した。
社会の変化に対応した内容の充実	例えば、国語科における日常生活に必要な国語のきまり、算数科、数学科における生活や学習への活用、社会科における社会参加や生活を支える制度、職業・家庭科における働くことの意義、家庭生活における消費と環境などを充実した。
小学部の外国語活動を必要に応じて設けることができる規定	小学部において、児童や学校の実態を考慮し必要に応じて外国語活動を設けることができるよう規定した。 ※特別支援学校学習指導要領第1章第3節の3の（1）のカ参照

小・中学部の各教科や外国語の内容を習得し目標を達成した者への対応	小学部の児童のうち小学部の3段階に示す各教科または外国語活動の内容を習得し目標を達成している者、また、中学部の生徒のうち中学部の2段階に示す各教科の内容を習得し目標を達成している者については、児童生徒が就学する学部に相当する学校段階までの小学校学習指導要領等における各教科等の目標及び内容の一部を取り入れることができるよう規定した。※特別支援学校小学部・中学部学習指導要領第1章第8節の2参照

出典：特別支援学校学習指導要領解説から引用、筆者作成

（2）各教科等の構成と履修

　知的障害教育における各教科等の指導計画を作成する際には、個々の児童生徒の知的障害の状態、生活年齢、学習状況や経験等を踏まえることが重要である。そして、各教科の目標の系統性や内容の関連及び各教科間の関連性を考慮し、児童生徒の実態等に即した指導内容を選択・組織し、具体的な指導内容を設定する必要がある。

※特別支援学校小学部・中学部学習指導要領第1章第3節の3の（3）のア参照

　次に、特別支援学校（知的障害）小学部、中学部、高等部の各教科について述べる。

1）小学部の各教科

　小学部の各教科は、生活、国語、算数、音楽、図画工作、体育の6教科で構成されており、それらを第1学年から第6学年を通して履修する。なお、今回の学習指導要領改訂において外国語活動は、児童や学校の実態を考慮の上、小学部3学年以上に、必要に応じて設けることができることとなった。

　特別支援学校（知的障害）小学部の生活科は、養護学校小学部・中学部学習指導要領（昭和46年4月）において示された教科であり、小学校の低学年に生活科が設けられた平成元（1989）年以前から位置付いている教科である。その内容は、解説第4章第1節の1において、「基本的な生活習慣の確立に関すること、遊び、役割、手伝い、きまりなどを含む生活に関すること」が示されており、自立への基礎を体系的に学べるように構成してある。また、小学部の教科には、社会科、理科、家庭科が設けられていない。これは、児童の具体的な生活に関する学習の中で社会や自然等に直接関わったり、気付いたりすることができるように、それらの教科の内容を生活科に含めている。

2）中学部の各教科

　中学部の各教科は、国語、社会、数学、理科、音楽、美術、保健体育、職業・

家庭の8教科に外国語科を加えることができ、それらを第1学年から第3学年を通じて履修する。外国語科は、生徒や学校の実態を考慮し、学校の判断により必要に応じて設けることができる教科である。その他、特に必要な教科を学校の判断により設けることができる。

3）高等部の各教科

　高等部の各教科は、各学科に共通する各教科、主として専門学科において開設される各教科及び学校設定教科で構成されている。各学科に共通する各教科は、国語、社会、数学、理科、音楽、美術、保健体育、職業、家庭、外国語、情報の11教科で構成されている。外国語と情報は、学校の判断により、必要に応じて設けることができる。しかし、その他の教科は、全ての生徒に履修させることとなっている。また、主として専門学科において開設される各教科は、家政、農業、工業、流通・サービス及び福祉の5教科で構成されている。また、学校設定教科は、学校が独自に設けることができる教科である。

（3）段階の考え方

1）各教科の段階

　特別支援学校（知的障害）には、学校教育法施行令第22条の3に規定する「一　知的発達の遅滞があり、他人との意思疎通が困難で日常生活を営むのに頻繁に援助を必要とする程度のもの」、「二　知的発達の遅滞の程度が前号に掲げる程度に達しないもののうち、社会生活への適応が著しく困難なもの」で、当該市町村の教育委員会により、その者の障害の状態、その者の教育上必要な支援の内容等を総合的に判断して、特別支援学校に就学させることが適当であると認める児童生徒が在学している。こうした知的機能の障害の状態と適応行動の困難性等を踏まえ、各教科の各段階は、基本的には、知的発達、身体発育、運動発達、生活行動、社会性、職業能力、情緒面での発達等の状態を考慮して目標を定め、小学部3段階、中学部2段階、高等部2段階の内容で構成している。

2）段階別に内容を示している理由と各段階の内容

　各教科の内容を学年ではなく段階別に示している理由は、発達期における知的機能の障害が同一学年であっても個人差が大きく、学力や学習状況も異なるため、段階を設けて示すことよりも、個々の実態等に即して各教科内容を精選して効果的な指導ができるようにしているためである。

※詳細は、特別支援学校学習指導要領解説第4章第1節の1を参照

　そして、各段階の目標を達成するために、児童生徒の生活年齢を基盤と

し知的能力や適応能力及び概念的な能力等を考慮しながら、各教科の内容を段階毎に配列している。児童生徒が生活したり、学習したりする場やその範囲は、成長とともに広がっていくために、各段階の内容は、より深い理解や学習へと発展し学習や生活を質的に高めていくことができるように構成してある。具体的には、児童生徒が注意を向けたり興味や関心をもったりする段階や、具体的な事物について知り物の特性の理解や目的をもった遊びや行動ができる段階、そして場面や順序などの様子に気付き教師や友達と一緒に行動したりすることから多様な人との関わりをもてるようにしていく段階などが設けてある。

3）各段階の構成

　特別支援学校学習指導要領解説では、各段階の構成が示された（**表4**）。

表4　各段階の構成

学部	段階	段階内容とねらい
小学部	1段階	主として知的障害の程度は、比較的重く、他人との意思の疎通に困難があり、日常生活を営むのにほぼ常時援助が必要である者を対象とした内容である。この段階は、知的発達が極めて未分化であり、認知面での発達も十分でないことや、生活経験の積み重ねが少ないことなどから、主として教師の直接的な援助を受けながら、児童が体験し、事物に気付き注意を向けたり、関心や興味をもったりすることや、基本的な行動の一つ一つを着実に身に付けたりすることをねらいとする。
	2段階	知的障害の程度は、1段階ほどではないが、他人との意思の疎通に困難があり、日常生活を営むのに頻繁に援助を必要とする者を対象とした内容である。この段階は、1段階を踏まえ、主として教師からの言葉掛けによる援助を受けながら、教師が示した動作や動きを模倣したりするなどして、目的をもった遊びや行動をとったり、児童が基本的な行動を身に付けることをねらいとする。
	3段階	知的障害の程度は、他人との意思の疎通や日常生活を営む際に困難さが見られる適宜援助を必要とする者を対象とした内容である。この段階は、2段階を踏まえ、主として児童が自ら場面や順序などの様子に気付いたり、主体的に活動に取り組んだりしながら、社会生活に繋がる行動を身に付けることをねらいとする。
中学部	1段階	小学部3段階を踏まえ、生活年齢に応じながら、主として経験の積み重ねを重視するとともに、他人との意思の疎通や日常生活への適応に困難が大きい生徒にも配慮した内容である。この段階は、主として生徒が自ら主体的に活動に取り組み、経験したことを活用したり、順番を考えたりして、日常生活や社会生活の基礎を育てることをねらいとする。
	2段階	中学部1段階を踏まえ、生徒の日常生活や社会生活及び将来の職業生活の基礎を育てることをねらいとする内容である。この段階は、主として生徒が自ら主体的に活動に取り組み、目的に応じて選択したり、処理したりするなど工夫し将来の職業生活を見据えた力を身に付けられるようにしていくことをねらいとする。
高等部	1段階	中学部2段階の内容やそれまでの経験を踏まえ、生活年齢に応じながら、主として卒業後の家庭生活、社会生活及び職業生活などの関連を考慮した基礎的な内容である。この段階は、主として生徒自らが主体的に学び、卒業後の生活を見据えた基本的な生活習慣や社会性、職業能力等を身に付けられるようにしていくことをねらいとする。

高等部	2段階	高等部1段階を踏まえ、比較的障害の程度が軽度である生徒を対象として、卒業後の家庭生活、社会生活及び職業生活などの関連を考慮した発展的な内容である。この段階は、主として生徒自らが主体的に学び、卒業後の実際の生活に必要な生活習慣、社会性及び職業能力等を習得することをねらいとする。

出典：特別支援学校学習指導要領解説から引用、筆者作成

（4）指導の形態

1）教科別に指導を行う場合

　教科ごとの時間を設けて指導を行う場合は、「教科別の指導」と呼ばれている。指導を行う教科やその授業時数の定め方は、対象となる児童生徒の実態によっても異なる。したがって、教科別の指導を計画するに当たっては、教科別の指導で扱う内容について、個々の児童生徒の実態に合わせて、個別的に選択・組織しなければならないことが多い。その場合、児童生徒の興味や関心、生活年齢、学習状況や経験等を十分に考慮することが大切である。そのため、指導に当たっては、以下の点に留意する必要がある。

- 特別支援学校知的障害教育で示されている各教科や段階の目標を踏まえ、児童生徒に対しどのような資質・能力の育成をめざすのかを明確にしながら、指導を創意工夫する。
- 生活に即した活動を十分に取り入れつつ、学んでいることの目的や意義が理解できるよう段階的に指導する。
- 教科別の指導を一斉授業の形態で進める際、児童生徒の個人差が大きい場合もあるので、各教科の特質や指導内容に応じて更に小集団を編成し個別的な手立てを講じるなどして、個に応じた指導を徹底する。

2）道徳科、外国語活動、特別活動、自立活動の時間を設けて指導を行う場合

　この示し方は、従前は「領域別に指導を行う場合」であったが、特別の教科　道徳（道徳科）が位置付いたことから小学部・中学部では、このように示されている。

※高等部は、「道徳科、特別活動、自立活動の時間を設けて指導を行う場合」と示されている。

①特別の教科　道徳

　児童生徒の興味や関心、生活に結び付いた具体的な題材を設定し、実際的な活動を取り入れたり、視聴覚機器を活用したりするなどの工夫を行い、生活や学習の文脈を十分に踏まえた上で、道徳的実践力を身に付けるよう指導する。

61

②外国語活動

　小学部第３学年以上の児童を対象とし、国語科の３段階の目標及び内容との関連を図る。

③特別活動

　各教科、道徳科、外国語活動（中学部、高等部を除く）、自立活動及び総合的な学習の時間（小学部を除く、高等部は総合的な探求の時間）との関連を図る。また、障害のある人と障害のない人が共に生きる社会の実現に向けて小・中学校等の児童生徒や地域の人々と活動を共にする機会を積極的に設ける。

④自立活動

　知的障害のある児童生徒は、全般的な知的発達の程度や適応行動の状態に比較して、言語、運動、動作、情緒等の特定の分野に、顕著な発達の遅れや特に配慮を必要とするさまざまな状態が知的障害に随伴して見られるため、それらの状態に応じて各教科の指導などのほかに、自立活動の内容の指導が必要である。

3）各教科等を合わせて指導を行う場合

　各教科等を合わせて指導を行う場合とは、各教科、道徳科、特別活動、自立活動及び小学部においては外国語活動の一部または全部を合わせて指導を行うことをいう。特別支援学校（知的障害）においては、児童生徒の学校での生活を基盤として、学習や生活の流れに即して学ぶことが効果的である。そのため、従前から、各教科等を合わせた指導として「日常生活の指導」「遊びの指導」「生活単元学習」「作業学習」などが実践されている（表５）。

表５　各教科等を合わせた指導

指導の形態	概　要
日常生活の指導	児童生徒の日常生活が充実し、生活の質が高まるように日常生活の諸活動について、知的障害の状態、生活年齢、学習状況や経験等を踏まえながら計画的に指導する
遊びの指導	遊びを学習活動の中心に据えて取り組み、身体活動を活発にし、仲間との関わりを促し、意欲的な活動を育み、心身の発達を促していく
生活単元学習	児童生徒が生活上の目標を達成したり、課題を解決したりするために、一連の活動を組織的・体系的に経験することによって、自立や社会参加のために必要な事柄を実際的・総合的に学習する
作業学習	作業活動を学習活動の中心にしながら、児童生徒の働く意欲を培い、将来の職業生活や社会自立に必要な事柄を総合的に学習する

出典：特別支援学校学習指導要領解説から引用、筆者作成

　指導計画の作成では、さまざまな活動を通して各教科等の目標を達成していくことになる。そのため、個々の育成をめざす資質・能力と各教科の目標や内容との関連をもたせて計画を立てることが重要である。

　具体的には、各教科、道徳科、特別活動の目標や内容を基にして、目標の系統性や内容の関連性に配慮するとともに、指導目標・内容・順序、時間配分等を明らかにして、年間指導計画等を作成することになる。その際、自立活動の指導目標・内容との関連性にも留意が必要である。さらに、指導においては、教師が教育の内容と指導の形態とを混同し活動が優先されることがないよう、各教科等の内容を明確にし学習評価を充実しなければならない。

7　主体的・対話的で深い学びの実現に向けた授業改善

　学習指導要領においては、「社会に開かれた教育課程」、「３つの育成すべき資質・能力」、「主体的・対話的で深い学びに向けた授業改善」、「アクティブ・ラーニングによる指導法の工夫」、「カリキュラム・マネジメント」等の新しい教育の方向が示された（図１）。そして、ⅰ）何を知っているか、何ができるか（個別の知識・技能）、ⅱ）知っていること、できることをどう使うか（思考力・判断力・表現力等）、ⅲ）どのように社会・世界と関わりよりよい人生を送るか（学びに向かう力、人間性等）の３点を踏ま

出典：中央教育審議会『幼稚園、小学校、中学校、高等学校及び特別支援学校の学習指導要領等の改善及び必要な方策等について（答申）』補足資料１より

図１　学習指導要領改訂の方向性

えた、主体的で能動的な学びと、育成する資質・能力との関連が明らかにされた。

※学力の三要素は、学校教育法（平成19年6月改正）で、次のように規定されている。

学校教育法　第30条2

　生涯にわたり学習する基盤が培われるよう、基礎的な知識及び技能を習得させるとともに、これらを活用して課題を解決するために必要な思考力、判断力、表現力その他の能力をはぐくみ、主体的に学習に取り組む態度を養うことに、特に意を用いなければならない。

この規定をもって、基礎的な知識・技能、思考力・判断力・表現力等の能力、主体的に学習に取り組む態度と、簡略化して紹介されることが多い。

以上のような小・中学校等の教育全体の動きを踏まえて、特別支援教育では、教育要領・学習指導要領改訂の重点として、次の点が示された。

- 幼児児童生徒の発達の段階に応じた自立活動の改善・充実
- これからの時代に求められる資質・能力を踏まえた、障害のある幼児児童生徒一人一人の進路に応じたキャリア教育の充実
- 知的障害のある児童生徒のための各教科の改善・充実に加えて、合理的配慮の提供も含めた「個別の教育支援計画」や「個別の指導計画」の位置付け並びに作成・活用の方策

特に、主体的・対話的で深い学びの実現に向けた授業改善を、組織的・計画的に推進することが示された。また、児童生徒が各教科等の特質に応じた物事を捉える視点や考え方（見方・考え方）を働かせながら、「知識を相互に関連付けてより深く理解したり、情報を精査して考えを形成したり、問題を見いだして解決策を考えたり、思いや考えを基に創造したりすることに向かう過程を重視した学習」の充実を図るという視点が示された。

したがって、これからの学校教育においては、授業の方法や技術の改善に加えて、児童生徒や学校の実態及び指導内容に応じて、「主体的な学び、対話的な学び、深い学び」の視点から、児童生徒に求められる資質・能力を育むための指導内容・方法の工夫などの授業改善を推進しなければならない。

（1）主体的・対話的で深い学びの視点と育みたい力

授業においては、教科等の特質を踏まえ、具体的な学習内容や個々の状況等に応じて、「主体的な学び、対話的な学び、深い学び」の3つの視点

に立った指導内容・方法の改善・充実を行うことが重要である。これから
の学校教育においては、教師が授業改善を通して日々の授業で質の高い学
びを実現することにより、児童生徒が学習内容を深く理解し求められる資
質・能力を身に付けるとともに、生涯にわたって能動的に学び続けていけ
るための基盤をつくることが求められていると言えよう。

　表6では、主体的・対話的で深い学びの3観点から、授業改善の視点や
育みたい力及び支援例について述べる。

表6　授業改善の視点、育みたい力、支援例

観点	授業改善の視点、育みたい力、支援例
主体的な学び	【授業改善の視点】学ぶことに興味や関心をもち、自己のキャリア形成の方向性と関連付けながら、見通しをもって粘り強く取り組み、自己の学習活動を振り返って、次につなげる「主体的な学び」が実現できているかどうか。 【育みたい力】興味や関心を高める、見通しをもつ、粘り強く取り組む、自分の考えと体験で得たものとを結び付ける、振り返って次の学習へ繋げる。 【支援例】生活場面に関連する内容を題材としたり、言葉掛けやスケジュールを提示したりするなどして、すすんで学ぶ態度を育むための継続的な指導を行う。また、授業の「導入・展開・まとめ」では、児童生徒の関心、意見、考えを引き出すような言葉掛けや、児童生徒同士による話し合いや発表する時間を設ける。
対話的な学び	【授業改善の視点】児童生徒同士の協働、教職員や地域の人との対話、先哲の考え方を手掛かりに考えること等を通じ、自己の考えを広げ深める「対話的な学び」が実現できているかどうか。 【育みたい力】多様な情報を収集する、思考したことを表現する、多様な手段を活用して説明する、先哲の考え方を手掛かりとして考えを深める、児童生徒同士で互いの考えを比較して考える、児童生徒同士で共に考えを創り上げる、協働して課題を解決する。 【支援例】児童生徒が自身の考えを表現しやすいように話型や絵カードなどを用いたり、パソコンで調べ学習、しおりづくり、発表の場を設けたりするなどして、児童生徒同士の意見交換を進める。
深い学び	【授業改善の視点】習得・活用・探究という学びの過程の中で、各教科等の特質に応じた「見方・考え方」を働かせながら、知識を相互に関連付けてより深く理解する、情報を精査して考えを形成する、問題を見いだして解決策を考える、思いや考えを基に創造することなどを通して「深い学び」が実現できているかどうか。 【育みたい力】思考して問い続ける、知識・技能を習得し活用する、自分の思いや考えと結び付ける、知識や技能を概念化する、自分の考えを形成する、新たなものを創り上げる。 【支援例】家庭学習や現場実習などの機会を捉えて、家庭や実習先と連携をとりながら、児童生徒同士が学んだことを実生活に生かし定着することができるように、継続的な指導を行う。

出典：授業改善の視点：特別支援学校学習指導要領解説から引用、育みたい力：独立行政法
　　　人教職員支援機構ホームページから引用、支援例は筆者加筆

（2）主体的・対話的で深い学びを育む学びの過程の捉え方

　主体的・対話的で深い学びは、必ずしも1単位時間の授業の中で全てが
完結するものではなく、また実現されるものでもない。したがって、単元
や題材など内容や時間のまとまりを見通して、PDCAのマネジメントサ
イクルを踏まえた授業改善を組織的・計画的に進めることが重要となる。

また、「深い学び」の視点については、各教科等の学びの深まりの鍵である「見方・考え方」がポイントである。

　授業改善では、「主体的・対話的な学び」だけを目的とした改善・充実を進めるのではない。個々の児童生徒が学習を通して「見方・考え方」を働かせながら、考えを深めていくことができるような学校教育や家庭生活における指導・支援法が重要である。そのためには、個別の教育支援計画などを基に、学校と家庭が連携を密にすることによって、教師や保護者による個に応じた意図的な働きかけを充実していく必要がある。そして、このことは、「学んだことをどのように活かして、より豊かな生活を築いていくか」という知的障害のある児童生徒の自立し社会参加するために必要な実際的な生きる力を培っていくことに繋がっていく。

（3）教科の「見方・考え方」を働かせる

　知的障害教育の教育課程では、各教科の段階ごとに目標や内容が示されている。各教科の「見方・考え方」を踏まえて、育てたい資質・能力の3つの視点に基づいた指導目標の設定、指導内容の精選、指導法の工夫などを、個別の指導計画と学習指導案に反映することになる。さらに、チームティーチングによる指導者間で、学習指導案を練ることにより、それぞれの役割分担や連携を密にすることができる。また、学習評価については、教科の目標や内容（評価規準）と、個々の学習の習熟による達成（評価基準）とを関連させながら、学習の習熟を把握するための観点別の学習評価を充実しなければならない。

　さらに、学習指導要領で新しく示されたカリキュラム・マネジメントの視点で考えると、単元や題材などのまとまりで授業を計画・実施・評価・改善（PDCA）するサイクルを重視し授業改善を進めていくことは、学校評価を活用した教育課程編成や校内研究の方法の改善にも繋がっていく。

8　主体的な学びに向けた授業づくり（例）

　次に、知的障害のある生徒に対する主体的な学びに向けた授業づくりの例を紹介する。知的障害のある生徒の主体的な学びを、どのような視点で深めていけばよいのであろうか、考えてみよう。

（1）単元目標を構想する

中学部　職業・家庭科（家庭分野）単元名「簡単な調理をしよう」

1）単元で育てたい資質・能力を、3つの育てたい資質・能力ごとに練る

- レシピを基に身近な食材や調理器具を使って、簡単な調理をすることができる。【知識及び技能】
- 調理の材料や用具、手順を考えて、作り方を工夫できる。【思考力、判断力、表現力等】
- 家庭でもやってみようという気持ちをもち、実生活に生かそうとする。【学びに向かう力、人間性等】

2）単元の「見方・考え方」と教科の見方・考え方を関連付ける

- おいしく食べるための食の安全や衛生（健康・快適・安全）
- 現在の家庭の食生活や今後の自立した食生活（生活文化の継承・創造）

（2）指導上の工夫

1）単元内容の構成と展開を検討する

- 授業の「導入、展開、まとめ」で、主体的に子どもが活躍できる場をつくる。
- 家庭でも作ってみたいと感じるような子どもの生活に身近なメニューとする。
- 経験し学んだことを、次の学習で活かせるようスモールステップの手順で示す。
- 身支度や準備など基本的な内容の定着を図るために、準備から後片付けまでの流れを同じにするなどして、作業工程への見通しをもたせる。

2）自立活動の指導との関連を図る

- 授業内容や指導方法と自立活動の6区分27項目とを関連付けて、適切な指導や必要な支援を充実する。

3）主体的な学習を進めるために個別の指導計画を作成・活用する

- 生徒一人一人の実態に応じて、数種類の調理方法を準備する。
- 個別の指導計画を活用して、個々に合った調理の手順、調理器具、調理法、調理時間、調理台の高さなどの環境設定を検討する。
- めくり型の調理手順カードで、調理手順が視覚的に分かるように支援する。

4）ICTを活用する

- タブレット等を用いて、授業の導入で調理の手順を示したり、まとめで授業の様子を見ながら活動を振り返ったりして、対話的な活動を進める。

5）家庭学習との関連をもたせる

- 実習日誌に、家庭で調理するときの材料や使用する器具を記入する欄を設けるなどして、家庭と連携しながら具体的な個別の指導計画を立てる。

第4章

特別支援教育の視点を
生かした学級経営

本章では、発達障害や軽度知的障害のある児童生徒等の学習指導や生活指導の基盤となる学級経営の基本的な考えについて理解を深める。

1　学級経営

（1）学級経営とは

　学級経営やホームルーム経営については、文部科学省「生徒指導提要」（2010）において、「一人一人の児童生徒の成長発達が円滑にかつ確実に進むように、学級経営の基本方針の下に、学級・ホームルームを単位として展開される様々な教育活動の成果が上がるよう諸条件を整備し運営していくこと。」と、定義されている。

　学級担任の具体的な活動として、次のようなことが挙げられる。

- 学級経営計画の作成と活用では、学級経営方針、学級経営案、学級目標、学級経営組織、評価・改善など
- 学習指導では、学習の習熟を高める指導、学習規律の確立など
- 生活指導では、児童生徒理解、教育相談、学級の雰囲気の醸成、担任と児童生徒、児童生徒同士の人間関係づくりなど
- 環境整備では、教室環境の構成、学習環境の設定、言語環境の整備など
- 学級事務では、成績処理、会計、学級通信、保健・健康に関する学務や教務に関係する事務
- 連携では、保護者やPTA、地域、校内、教育関係機関、指導相談所・子ども家庭支援センター、警察など

1）学級経営の進め方

　今日、不登校、いじめ、虐待、外国に繋がる児童生徒等への日本語指導、発達障害など、児童生徒等が抱える問題は多様化している。担任は、多様な児童生徒等がいることを前提として、児童生徒等同士の人間的な触れ合いやきめ細かな観察や面接、保護者との対話を深めることで、一人一人の児童生徒等を客観的・総合的に理解していくことが大切である。

　また、学級やホームルーム集団の人間関係づくりでは、児童生徒が自他の個性を尊重し、互いの身になって考え、相手の良さを見つけようと努め

ることや、互いに協力をし合い、主体的により良い人間関係を形成してい
こうとすることが大切である。これらの好ましい人間関係を基盤として、
豊かな集団生活が営まれるような集団を形成することが求められる。その
ためには、一人一人の児童生徒等が安心して生活できる、個性を発揮でき
る、自己決定の機会をもてる、集団に貢献できる役割をもてる、達成感や
成就感をもつことができる、集団での存在感を実感できる、他の子どもと
好ましい人間関係を築ける、自己肯定感や自己有用感を培うことができる、
自己実現の喜びを味わうことができるような集団づくりの工夫が大切であ
る。学級経営案の作成と活用や、全ての児童生徒等の居場所のある学級づ
くりが求められる。

2）カリキュラム・マネジメントと学級経営

　学習指導要領総則において、校長の方針の下に、教育課程の改善と学校
評価及び教育課程外の活動との連携を図り、教職員が校務分掌に基づいて
適切に役割を分担し相互に連携しながら、学校の特色を生かしたカリキュ
ラム・マネジメントを行うことが示された。このカリキュラム・マネジメ
ントでは、「学校教育目標を踏まえた教科等横断的な視点で、目標の達成
に必要な教育内容を組織的に配列すること。教育課程の編成・実施・評価・
改善を図るPDCAサイクルを確立すること。人的・物的資源等を地域資
源も含めて活用すること。管理職のみならず全ての教職員がその必要性を
理解し授業についても教育課程全体の中での位置づけを意識しながら取組
むこと。」などが主な内容である。
　学校全体でカリキュラム・マネジメントを推進するためには、次の点を
考慮する必要がある。
①教育課程の編成・実施・評価・改善の方法や学級経営の進め方を検討する。
②管理職だけでなく全教職員がカリキュラム・マネジメントの必要性を理
　解し教育課程全体の中で意識しながら取り組む。
③学校の教育目標を踏まえた教科等横断的な視点で、目標達成に必要な教
　育内容を組織的に配列する。教育活動相互の関係を捉え、教育課程全体
　と各教科等の内容を往還させる。
④教育課程の編成・実施・評価・改善を図るPDCAサイクルを確立する。
⑤教育活動に必要な人的・物的資源を、地域の外部資源も含めて活用する。
　カリキュラム・マネジメントを推進することは、今日的な新しい学校改
革の方向性と言えよう。多様な学びの場における特別支援教育を担当する
担任にとっては、通常の学級の担任と通級指導教室の担任及び特別支援教

育コーディネーター等の校内外の教師間の連携・協力が大切であり、学校・学級経営の視点に立った特別支援教育の推進が期待されるところである。

（2）特別支援教育の視点を生かした学級経営

　学校における児童生徒等の学習や生活の基盤は、担任による学級経営にある。発達障害や軽度知的障害のある児童生徒等も含めた学級経営を、適切に行うことによって、個々の多様性を受け入れる心情や態度を培うことができる。そのためには、一人一人を温かく包み込む担任の教育愛や、児童生徒等が互いの良さを認め合い高め合う学級づくりが重要である。また、担任自身が支援の必要な児童生徒等への関わり方の手本を示すことが求められる。特に、特別の支援を必要とする児童生徒等に対して行う個別の支援を説明する際は、周囲の児童生徒等に対して、困難さや苦手さについての理解を求めるだけでなく、良い面も積極的に伝えていくことで、互いの理解を深める工夫をしなければならない。

　学校における合理的配慮は、一人一人の教育的ニーズに応じて必要とされる個別の配慮として位置付く。そのため、特に、学級の集団指導の中で、個々の障害等の特性に応じた適切な指導や必要な支援を行う際には、「特別な支援の必要性」の理解を進め互いの特徴を認め合い支え合う関係を、学級の中に築くことが重要である。また、障害者理解教育や交流及び共同学習を推進することによって、障害への偏見や差別を解消する必要がある。特別な支援を必要とする児童生徒等が、学級の中で安心して生活し、自分のもてる力を十分に発揮するためには、学級全体の児童生徒等の理解と協力が欠かせない。

　以下、学級づくりの留意点を挙げる。

- 全ての子どもが「安心感」を高めることのできる学級経営を行う。一人一人の個性を大切にしながら尊重するという人権感覚を養うとともに、困っている友達がいたら手をさしのべるという思いやりの心を養うようにする。
- 特別な支援を受けている児童生徒等に対して、周囲の児童生徒等が不公平感を抱かないように、その支援の必要性について説明を行う。
- 特別な支援を必要としている児童生徒等に対する教師の対応の仕方が、学級の児童生徒等の見本となっていることからも、その子の特性に配慮した支援を丁寧に行うことを心がける。
- 話を聞くときや発言のときの約束が徹底され、児童生徒等が何をすべきかが明確になっている規律正しい学級づくりに努める。

• 教室内の整理整頓がされ、集中の妨げになるものが少ない環境整備をする。

　個々の教育的ニーズによって合理的配慮は異なるため、個別の教育支援計画や個別の指導計画を作成する際には、関係者間で合理的配慮の具体的な内容について十分な相談を行いながら決定していく。

　なお、児童生徒等の実態に応じたきめ細かな指導を行うため、特別支援学校や特別支援学級は、少人数で学級が編制されている。特別支援学校（小学部・中学部）は1学級が6人、小・中学校特別支援学級は1学級が8人、小・中学校の通常の学級は1学級が40人（小1は35人）を標準としている（文部科学省ホームページ）。通常の学級では、学習支援員等の授業補助を配置している場合もある。

2　授業のユニバーサルデザイン

　昭和60（1985）年、アメリカの建築家であり工業デザイナーでもあった米国ノースカロライナ州立大学のロナルド・L・メイス教授（1941－1998）らが、「すべての年齢や能力の人々に対し、可能なかぎり、最大限に使いやすい製品や環境のデザイン」という考えに基づいてユニバーサルデザインを提唱した。ユニバーサルデザインとは、都市や生活環境を、障害の有無、年齢、性別、人種等にかかわらず多様な人々が利用しやすいようにデザインすることをいう。この考え方を学級経営や授業に取り入れ、多くの児童生徒等にとって分かりやすい指導や支援の在り方を、学級経営や授業づくりに生かしたものを授業のユニバーサルデザインという。ただし、このことは、指導内容を減らしたり、評価基準を下げたりすることではないことに留意する必要がある。

（1）基本的な考え方

　ユニバーサルデザインを教育に取り入れる視点の差異が見受けられる。ここで、授業のユニバーサルデザインによる支援の特徴的な考えを整理すると、以下のような点が挙げられる。

　一つは、教育のユニバーサルデザインは、発達障害等を含む教育的ニーズを有する児童生徒にとっては「ないと困る」支援であり、その他の児童生徒にとっては「あると便利であり役に立つ支援」であるという考えである。この考えは、発達障害等のある児童生徒の教育課題に対する環境整備や指導上の配慮等のアプローチが、ひいては他の子どもにとっても利便性

の高いものであるという考えに繋がっている。

　二つは、ユニバーサルデザインの考えを授業に取り入れることにより、特別な支援を必要とする児童生徒だけではなく、全ての児童生徒が学びやすい授業に繋がるという考えを基盤としている。この考えは、授業のユニバーサルデザイン化によって授業改善を生み出す契機となっている。

　三つは、授業のユニバーサルデザイン化を推進することにより、学力の優劣や障害の有無に関わらず、全ての子どもが楽しく学び、そして「分かる・できる」ようにさまざまな工夫や配慮を進めるという考えである。この考えは、一斉指導を中心とする授業においては、児童生徒の学びの余計な混乱やつまずきを減らし、学習効果をより高めることに繋がる。

　四つは、このユニバーサルデザインの考えを生かした学級経営や授業づくりによって、発達障害等のある児童生徒に対するさまざまな支援を工夫することは、特別な支援を必要とする児童生徒だけではなく、学級の児童生徒一人一人の行動や考えを学級づくりに生かす視点を担任がもつことに繋がるという考えがある。そして、学校全体で組織的・計画的に在籍する児童生徒に対する「分かる・できる授業づくり」を進めるという校内研究や学校経営と関連付けていく方向を受け止めることができる。

（2）一般的な配慮例

　特別な教育的ニーズのある児童生徒等に行っている支援では、集団指導の中でその配慮を生かすことにより、学級全員の分かりやすさや安心感に繋がるものがある。一方、集団指導に生かそうとしている配慮が、学級全体にとって真に有効なものであるかどうかを、児童生徒等の姿から評価する必要もある。例えば、視覚支援を多用した授業では、聴覚処理が優位で視覚処理に苦手さのある児童生徒等がつまずいてしまう場合もある。そのため、単元計画の中で授業のPDCAの流れを踏まえながら、他の教師に授業を見てもらうなどして、より良い支援を実践的に生み出していくことが大切である。

　それでは、発達障害等のある児童生徒は、具体的にどのような困難さを表しているのであろうか。**表1**は、発達障害等のある児童生徒が表す学習上の困難さの例である。

表1　発達障害等のある児童生徒の学習上の困難さ

1．授業が始まるまで □授業への動機・意欲が低い □直前の気になった行動を引きずる □授業（活動）への準備ができない □課題集中への気持ちの切り替えができない □活動のスタートが遅れてしまう　など
2．授業の導入、課題の説明 □刺激（音、友達、環境の変化）に敏感である □説明が終わるまで集中できない □説明や指示のことばを聞き逃す □説明や指示をことばで理解できない □聞いた内容を覚えることが苦手である □説明を聞きながら考えることが苦手である □活動の段取りの整理（プランニング）が苦手である □見た目に聞いていないように見える □手いたずらをしてしまう □余計なことを言ってしまう □流れと関係のないことを言ってしまう □自分の興味で勝手に行動してしまう □授業の妨害的な行動を取ってしまう　など
3．活動中 □課題内容の活動や思考そのものが難しい □他の刺激が気になり活動に集中できない □書く活動や手間のかかる活動を嫌がる □自分の興味あることをやってしまう □落ち着いた思考の積み上げが苦手である □周りの考えを聞きながらの思考が苦手である □落ち着いたていねいな所作が苦手である □できない自分が嫌になってしまう □注意や行動の訂正に過剰に反応する □みんなの動きを見て、やろうとするが活動の順序やポイントが分からない □他者との協力、協同が苦手である　など
4．活動後のまとめ □良い答えを導き出すための試行錯誤が苦手 □正解への答え合わせと訂正が苦手 □行動の振り返りが苦手 □セルフエスティーム（自尊感情、自己肯定感）　など

出典：添島康夫（2014）「発達障害のある子の「育ちの力」を引き出す150のサポート術」、明治図書出版,p.108より一部引用

　以下、発達障害等のある児童生徒が表す困難に対する支援の基本を述べる。

1）教室環境を整える

- 黒板とその周りの掲示物等に配慮し、視覚刺激を精選する。
- 困っている子どもの目線に立って、音刺激や光刺激等の負担を軽減する。
- 物の収納場所を写真やイラスト等で明示する。
- 提出物は、トレーや箱を用意し列や班ごとに種類別に出せるようにする。
- 授業中に机上に出すものについて、学級で決まりをつくる。

・整列する位置の目印となるように廊下に線を引く。など

2）活動への見通しをもたせる

・本時の学習目的を全員に分かるように明示する。
・授業の流れを黒板に掲示し、今注目してほしいところに印を付けたりする。
・意見を整理して板書するとき、図や絵を用いてイメージをもちやすくする。
・複数の指示を一度に出さないようにする。
・移動や集合の際は、場所と時間を板書で示す。など

3）多様な選択肢を用意する

・単元の基礎的事項を決まった場所に掲示し、いつでも確認できるようにする。
・友達に聞く、ペアやグループで話し合う、全体で考えるなどの方法を行う。
・穴埋め式、読み仮名付きなどの複数のプリントを準備し教材を選択する。
・具体物の操作や体験などを行う場面をできるだけ取り入れる。
・言葉だけの指示や説明のみでなく視覚情報なども活用する。など

（3）学級経営における配慮と手立て

　学級経営では、安心できる居場所のある学級の集団づくりや、整理された教室環境づくり、学級の規律等を進めていく必要がある。ユニバーサルデザインの考えを取り入れて、個々の児童生徒の自己理解、他者理解、自己受容、信頼体験、感受性を育みながら、主体的な考えや行動を育成する。学級の雰囲気がやわらかく、児童生徒同士が支え合うことのできる環境や関係づくりは、さまざまな教育的ニーズを抱える児童生徒にとって最大の支援となる。

　表2は、筆者が特別支援教育に関わった経験を基に、学級経営における支援例を整理したものである。

表2　学級経営における支援例

1．安心できる・居場所のある学級づくり

□安全・安心で一人一人の違いを認め合い思いやりのある学級をつくる
- 障害理解を促進し学級内の一人一人の違いを認め合える学級づくりをする。
- 誰もが活躍できる、助け合う、互いの良さを認め合える場面を設定し所属感がある学級づくりをする。
- 理解がゆっくりであることや失敗をからかう雰囲気がなく、互いにサポートし合う。
- 分からない、困っていると言える雰囲気や失敗しても大丈夫と思える雰囲気をつくる。
- 協働的な学びを促進するベースとなる視点を育む。

□さまざまな社会的スキルを身に付ける
- 日頃の学級指導のほか、あいさつに関するスキル、自己認知スキル、相互理解のための言葉・表現スキル、相互理解やセルフコントロールのための気持ち認知スキル、セルフマネジメントスキル、コミュニケーションスキル等を培うために、ソーシャルスキルトレーニング、構成的グループエンカウンター、対人関係ゲーム等を活用する働きかけを行う。
- ゲーム中の関係づくりや活動後の気持ちを語り合う中で親密な人間関係を体験する。

2．教室環境の整備

　児童生徒が落ち着いて過ごし、学習活動に集中できるようにするためには、不要な掲示物を外す等して、学びを妨げる要因を減らしたり、「暗黙のルール」や見通しを可視化したりする等して、視覚的・聴覚的に刺激の調整された環境をつくる。

□妨害刺激を撤去する
- 周囲の刺激に反応しがちな子どもの場合、注意集中を妨げる可能性のある音、目に入るひらひらきらきらした物の掲示を避ける。
- 無地のカーテン等で、教室前方のロッカーや戸棚を覆う等して刺激量を調整する。
- 前面の黒板とその周辺をすっきりする、掲示物を精選する、カテゴリー化して整理された掲示、学習時の視覚刺激の量を配慮する。
- 教師の言語量の多さ等の刺激を減らす。

□座席配置を工夫する
- 児童生徒の実態に合わせた座席の位置を決める。
- 支援が必要な児童生徒を前方に配置する等して、個々の教育的ニーズに配慮する。

□掲示を工夫する
- 見通しをもって活動に取り組むために、月や週のスケジュール、1日の流れ、授業の流れ、活動の手順等を目に見える形で掲示する。
- 基本的なスケジュールを前面に掲示する。
- 掲示物を、側面や後方に貼る。

□連絡事項を分かりやすく伝える
- 授業で使う黒板には、授業に必要のない連絡事項等を書かないようにする。
- 急な連絡や予定の変更は、視覚的に目立つようにし分かりやすく伝える。

□整理整頓をする

　学級で使う学習用具の置き場所や置き方、自分の持ち物やみんなで使う物の置き方や場所が決まっている等、教室に一定の規則を持ち込んで、使いやすくするために「場の構造化」を進める。
- 教材の場所が一目で分かる等して、だれにも使いやすく分かりやすく整理整頓する。
- 学習用具の整理整頓や提出物の置き場所を定める等して、学習用具やワークシートの保管、課題の提出をスムーズに行う。
- 「何を入れるのか、どのように入れるのか」を、背景の絵に合わせるなどして整理する。

3．学習や生活のきまり
□発表や話し合いの仕方等、学習のルールを決める 　•発表するときやグループで話し合うとき等、適切な声の大きさにする。 　•発表するときは、丁寧な言葉遣いをする。 　•発表の際の手の挙げ方のルールを決める。 　•発表する際の話型や、聞くときのルールを決める。 　•教室では肯定的な表現で発言するように指導する。 　•授業中の姿勢を、絵や写真等で視覚的に示し継続的に指導する。 　•ワークシート等はファイルに綴じるように言葉掛けをする。 □ルールを分かりやすく明確にする 　•担当教科の学習活動のきまりは、学級・学年・学校のきまりを踏まえて、分かりやすく定める。 　•聞く、話す、書くこと、質問の仕方、意見の伝え方、話し合いの仕方等、学校生活のルールや授業中のルールを明確にし、守る経験を積み重ねる。 　•ルールの理解が苦手だったり、暗黙のルールが分からなかったりする子どもにとって、ルールを守り、成功体験を積むために、暗黙の了解を分かりやすく提示したり、学級内での発表の仕方や聴き方等の約束事を明確にしたりする。 □教師間の情報共有 　•教師間や学校間の情報共有を図り、児童生徒に統一する。 　•児童生徒の実態を振り返り、必要に応じて個別の教育支援計画や個別の指導計画等の見直しをする。
4．関係づくり
□児童生徒同士が学級のことや友達のことについて話し合える場をつくったり、関わり合ったりできる場を設ける 　•児童生徒の状況や仲間関係を把握するための支援を計画的・継続的に行う。 　•時・場・相手等、TPOに応じたコミュニケーションの仕方について指導する。 □児童生徒の問題やトラブルについて、本人や保護者との相談を通し、その望ましい在り方を指導する □児童生徒の理解、児童生徒同士の関係の把握のために、必要な観察・記録をする 　•教科のねらいを達成するために、学級全体の様子を把握する。

（4）発達障害等のある児童生徒を含めた学級経営を進める上での配慮点

1）全ての児童生徒等にとって分かりやすい授業を展開する

写真1　時間割

　特別支援教育の視点やユニバーサルデザインの考え方を生かした学級経営や授業づくりを創意工夫することで、教育上特別の支援を必要とする児童生徒等だけでなく、全ての児童生徒等にとっても「分かる、できる、楽しい授業づくり」を進めることが容易となる。

　例えば、授業のねらいと内容を明確にして、授業のめあてや学習の流れ等を絵カード等で視覚的に示す。時間割に場面が分かる絵を入れて、視覚的に理解しやすい工夫をする（写真1）。また、

授業の開始、終了時刻、学習内容や流れなどを適宜伝えることで、見通しをもたせる。発言や発表のルールを定めておくなどして、話し方や聴き方を適切に提示する。教室内の座席配置や掲示物などを工夫する。これらの支援は、配慮を必要とする児童生徒等だけではなく、他の児童生徒等の学習指導や生活指導に対しても効果的である場合が多い。

２）実践的な指導力を身に付ける

　通常の学級に在籍する学習上や行動上の困難があり、特別の支援を必要とする子どもは、障害から生じる困難さが表面化しにくいこともあって、本人や保護者も障害として自覚しにくい場合がある。そのため、表面化している問題の行動の原因が、怠け、努力やしつけ不足によるものなどと誤解されがちである。

　担任は、発達障害も含めたさまざまな障害に関する知識を深めるとともに、つまずきや困難な状況等の背景を理解し、その子の状況を正しく把握して必要な合理的配慮を工夫できる実践的な指導力を身に付ける必要がある。

３）観察による早期の気付きと正しい理解

　学級経営で大切なことは、その子の良い点を見つけて「認め・励まし・伸ばす」という視点での児童理解である。そして、学級での子どもの居場所づくりや友達との関係づくりに、担任として十分に愛情を注ぐことである。

　発達障害をはじめとする見えにくい障害については、通常の学級に在籍する特別の支援を必要とする子どものつまずきや困難な状況を早期に発見するため、子どもが示すさまざまなサインに気付くことや、そのサインを見逃さないことが大切である。

　つまずきや困難な状況を早期に発見するためには、日常の触れ合いを重ねながら一人一人が表すさまざまなサインに気付くことから始まる。学習面では、「文字をよく書き間違える」、「私語が多くなったり気が散ったりしてしまう」、「机や鞄の中が整理できない」などがある。また、行動面では、「おとなしく座っているが教科書が同じページのまま動かない」、「特定の領域のテストで点数が取れない」などが生じがちである。

　次に、支援を必要とする児童生徒等のサイン例を挙げる。
- 特定の事項に注意が向き、私語が多くなったり気が散ってしまったりする。

- 机や鞄の中が整理できない。
- 複数のことが同時にできない。
- 友達とコミュニケーションがうまく取れない。
- 文字をよく書き間違える。
- おとなしく座っているが教科書が同じページのまま動かない。
- 教科書を読むときに行をとばしたり、単語を言い換えたりして読んでしまう。
- ノートを書くときに、他の子と比べてとても時間がかかってしまう。
- 順番が待てずに、他の人の学習をじゃましてしまう。
- 授業中、たびたび座席を断ち離れて立ち歩いてしまう。
- 特定の領域のテストで点数が取れない。
- 次々と物を出してしまい、部屋中散らかりっぱなしで片付けができない。
- 翌日の学習の準備ができない。何でもカバンに詰め込んでしまう。
  など

　このように、支援を必要とする児童生徒等は、他の児童生徒等に比べてサインの頻度が多い。そのため、継続性があり、その程度が重いと感じた場合は、行動記録を蓄積することがサインの背景を探る手掛かりとなる。行動記録は、5W1Hを踏まえて、「いつ」「どこで」「どのようなとき」「どんな問題が起こるか」「上手くいっているときはどんなときか」などについて、観察記録する。記録を踏まえて、学年会やケース会議等で問題行動の背景にある心理面や行動面の要因を探り、その子に有効な言葉掛けや場面指導について検討し、必要な指導に活かすように努めることが大切である。

3　保護者との連携

　保護者との情報共有を行うことが重要であるため、学校での状況や取組や児童生徒等の変容等を丁寧に伝えていく。また、更なる成長に繋がる支援について、保護者と共に考える中で学校と家庭が同じ目標で取り組めるようにする。保護者へ指導目標や内容を伝える際は、個別の教育支援計画や個別の指導計画などを基にして、特別支援教育コーディネーター等と事前に相談・確認しておくことが大切である。

（1）保護者を含むチーム学校としての組織的支援
　保護者との情報交換で確認された支援内容は、個別の教育支援計画等に

記載していく。個別の教育支援計画等の共有を図るためには、通常の学級の担任や保護者及び特別支援教育コーディネーター等がチームとして連携・協働する体制を整えて機能する必要がある。通常の学級の担任は、特別支援教育コーディネーターと共に、合理的配慮の提供の際、相談窓口としての役割を果たす。一方、通常の学級の担任と保護者だけで情報交換を行っても、課題解決への支援内容が見つけにくいこともある。そのような場合は、特別支援教育コーディネーターをはじめとする校内の他の教職員及び校外の専門家等にも相談し保護者と共にケース会議を開催することが考えられる。

（2）周囲の児童生徒等とその保護者への理解啓発

　周囲の児童生徒等やその保護者への情報提供が不足している場合は、教育上特別の支援を行うことについて批判や疑問の声が上がることもある。そのため、教育上特別の支援の必要性について、児童生徒等に十分な理解を深めておくことが重要である。同時に、周囲の保護者に対しても、特別な支援の必要性を説明しておくことが必要である。保護者等に説明する内容としては、特別支援教育が必要であるという一般的な説明とともに、在籍する児童生徒等に対する支援内容についての具体的な説明を行うことが考えられる。ただし、後者については、事前に支援を必要とする児童生徒等の保護者の意向を確認の上、個人情報の保護に留意する必要がある。

（3）学級の児童生徒等に行う特別な支援の説明（例）

　次の事例は、担任が保護者と連携しながら特別な支援を必要とする児童の障害の状態等を、他の児童や保護者に対して説明し、理解を深めたものである。

　「自閉症のあるDさんは、その特性からクラスになじめずにいました。そこで学級の担任の教員が、保護者とよく話し合い、学級の担任と共に保護者自らが、息子の苦手さや行動の特徴をクラスの周囲の児童に説明してもらう機会を設けました。Dさんの日常的な困難さ、人の気持ちを推し量ることが苦手なこと、気持ちの切り替えが難しいこと、物事を表面的に捉えがちなことなどを家庭における状況と合わせて実際の例を示して説明してもらうことにより、クラスの周囲の児童の理解が進み、接し方が寛大になりました。」

　「学習障害のあるEさんの保護者は、担任に対して、保護者会でEさんの状況について、通級担当教員に説明を行って欲しいと求めました。事前

に十分な打ち合わせをして、どのような言葉を使って特性を説明するか、どのような言い方で理解を求めるかを相談しました。初めは、その保護者は障害という言葉を使うことに抵抗を示しましたが、障害という言葉を使わずにその特性を説明しても、結果的に歪曲的な表現になり、正しい理解から遠のく結果を招くのではないかということが予想できました。そこで、Ｅさんの担任は、保護者と相談して、学習障害の特性を説明した上で、周囲の児童やその保護者が、Ｅさん自身の困難さを理解しようとする気持ちを持てるようにすることを説明の目的にしました。その結果、少しずつ温かい気持ちで接する児童が増えてきました。」

※「　」内は、文部科学省、発達障害を含む障害のある幼児児童生徒に対する教育支援体制整備ガイドライン　事例６より引用、一部を筆者加筆

第5章

合理的配慮、障害理解と指導
―発達障害のある子どもの学習・生活指導―

本章では、発達障害や軽度知的障害のある子どもへの心身の発達と心理的特性に応じた合理的配慮と支援について、理解を深める。

◆ Keywords ◆

①ICF ②合理的配慮 ③基礎的環境整備 ④自閉症
⑤学習障害 ⑥注意欠陥多動性障害 ⑦軽度知的障害
⑧各教科等における配慮

1 発達障害等のある子どもに対する支援

　学校教育法（昭和 22 年法律第 26 号）の一部改正（平成 18（2006）年）
により、幼稚園、小・中・高等学校等のいずれの学校においても、発達障
害を含む障害のある幼児児童生徒に対する特別支援教育を推進することが
法律上明確に規定された。

　平成 28（2016）年 6 月には発達障害者支援法（平成 16 年法律第 167 号）
の一部改正が公布され（同年 8 月施行）、発達障害児がその年齢・能力に
応じ、かつその特性を踏まえた十分な教育を受けられるよう、可能な限り
発達障害児が発達障害児でない児童と共に教育を受けられるよう配慮する
ことや、支援体制の整備として個別の教育支援計画・個別の指導計画の作
成推進、いじめの防止等のための対策の推進等が規定された。

　文部科学省では、小・中学校、高等学校等における発達障害の可能性の
ある児童生徒等に対する支援に当たって、特別支援教育の視点を踏まえた
学校経営構築の方法、学習上のつまずきなどに対する教科指導の方向性の
在り方、通級による指導の担当教師等に対する研修体制の在り方や必要な
指導方法、学校における児童生徒の多様な特性に応じた合理的配慮の在り
方に関する研究を実施した。また、文部科学省と厚生労働省の両省主催で
令和 2（2020）年 2 月に「発達障害支援の地域連携に係る全国合同会議」
を開催した。

2 ICF による障害の理解と支援の基本

　1980 年に WHO（世界保健機関）が発表した「国際障害分類（ICIDH：
International Classification of Impairments、Disabilities and Handicaps）」
は、世界の障害者医療やリハビリテーション、障害者福祉の発展に貢献を
してきた。例えば、疾病から下肢の麻痺などの機能障害（インペアメント、
身体の機能損傷や機能不全、疾病等の結果もたらされた医療の対象）が起

こり、その機能障害が原因となって歩行障害などの能力低下（ディスアビリティ、日常生活や学習上の困難、教育で改善・克服）が生じて、疾病と機能障害、能力低下の結果として社会生活を送る上での困難・不自由な社会的不利（ハンディキャップ、社会生活上の不利益を福祉施策等で補う）が生じるという考えである。一方、ICIDH は、各方面から障害というマイナス面しかみていないなどの指摘があった。

2001 年 5 月、WHO は ICIDH の改訂版である「国際生活機能分類（ICF: International Classification of Functioning、Disability and Health）」を採択した。ICF は、人が生きていくための機能全体を「生活機能」として捉え、①体の働きや精神の働きである「心身機能・身体構造」、② ADL・家事・職業能力や屋外歩行といった生活行為全般である「活動」、③家庭や社会生活で役割を果たす「参加」の三つの要素から構成されている。ICIDH（医療モデル）の「機能障害そのものに直接的に働きかけて、その結果、能力低下や社会的不利を改善させるという考え方」から、ICF（社会モデル）の「残っている心身機能と日常生活の活動と社会への参加に対するそれぞれの働きかけを通じて、生活機能を向上させるとともに、生活環境の改善を行うことによって活動制限や参加制約を少なくして本人の生活を支えていくという考え方」へと、障害の捉え方が大きく変わった。ICF を構成する要素の相互関係は、図 1 のように示されている。

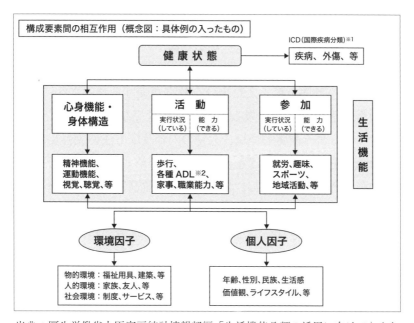

出典：厚生労働省大臣官房統計情報部編「生活機能分類の活用に向けて」より

図 1　ICF を構成する要素の相互関係

担任は、ICF の考え方を活用することで、子どもの障害の状態を理解する上で、どこに支援のニーズがあるのかについて、環境因子との関係性を探ることができる。例えば、子どもが意欲的に学習に取り組むことができず、周囲からも孤立しているという状況を想定してみよう。ICF の視点で、この要因を探ると、子どもの障害特性からくることだけではなく、学習課題や教材の不適切さ、刺激が多すぎる教室環境、教師の障害理解の不足、その子どもを受け入れるのが難しい学級集団の雰囲気などが関係していることが考えられよう。特に、環境因子との関連で各因子の相互作用を分析することによって、子どもが授業に参加する状況づくりの視点を掴むことに繋がるであろう。

3 合理的配慮と基礎的環境整備

（1）合理的配慮とは
　障害者の権利に関する条約に掲げられたインクルーシブ教育システムの構築をめざし、児童生徒の自立と社会参加を一層推進していくことが求められている。障害者の権利に関する条約第 2 条には、「合理的配慮とは障害者が他の者との平等を基礎として全ての人権及び基本的自由を享有し、又は行使することを確保するための必要かつ適当な変更及び調整であって、特定の場合において必要とされるものであり、かつ、均衡を失した又は過度の負担を課さないものをいう。」、第 4 条及び第 5 条では、合理的配慮の否定は、障害を理由とする差別に含まれることが示されている。また、障害者基本法第 16 条第 1 項では、「国及び地方公共団体は、障害者が、その年齢及び能力に応じ、かつ、その特性を踏まえた十分な教育が受けられるようにするため、可能な限り障害者である児童及び生徒が障害者でない児童及び生徒と共に教育を受けられるよう配慮しつつ、教育の内容及び方法の改善及び充実を図る等必要な施策を講じなければならない」、同条第 4 項では、「国及び地方公共団体は、障害者の教育に関し、調査及び研究並びに人材の確保及び資質の向上、適切な教材等の提供、学校施設の整備その他の環境の整備を促進しなければならない」と示されている。これらの教育環境の整備は、法令や財政措置により、国、都道府県、市町村ごとの管轄で行われる。これらの教育環境の整備は、合理的配慮の基礎となるものであり基礎的環境整備と呼ぶ。

（2）障害者差別解消法と合理的配慮
　平成 25（2013）年に、「障害者差別解消法（障害を理由とする差別の解

消の推進に関する法律）」が制定され、平成28（2016）年4月に施行された。この障害者差別解消法は、障害者基本法の差別の禁止の基本原則を具体化するものである。全ての国民が障害の有無によって分け隔てられることなく、相互に人格と個性を尊重し合いながら共生する社会の実現に向けて、障害者差別の解消を推進することを目的としている。

　この法律に基づき、学校教育では、日々の学級経営や授業の中で、「合理的配慮」を提供する義務が生じた。この合理的配慮は、一人一人の障害の状態や教育的ニーズに応じて決定されるものである。障害のある児童生徒等の指導に当たっては、個々の見えにくさ、聞こえにくさ、道具の操作性の困難さ、移動上の制約、健康面や安全面での制約、発音のしにくさ、心理的な不安定、人間関係形成の困難さ、読み書きや計算等の困難さ、注意の集中を維持することが苦手であることなど、学習活動を行う場合に生じる困難さが異なることに留意し、個々の困難さに応じた指導内容・方法を工夫することが、教育要領・学習指導要領において、各教科等の配慮事項として示された。したがって、通常の学級の担任においても、発達障害も含めたさまざまな障害に関する知識を深めるとともに、児童生徒のつまずきや困難な状況等の背景を把握しながら、適切な指導や必要な支援に繋げていくことが求められている。そして、通常の学級、通級による指導、特別支援学級、特別支援学校における多様な連続した学びの場を確保し、児童生徒一人一人の障害の状態や発達の段階に応じた指導や支援を、合理的配慮の基に個別の支援を一層充実させていかなければならない。

（3）学校における合理的配慮と基礎的環境整備

　学校における合理的配慮と基礎的環境整備は、図2のように表される。

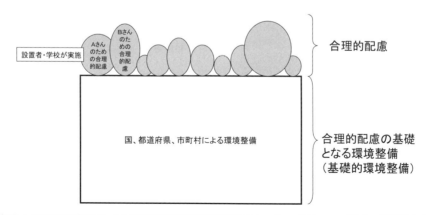

出典：中央教育審議会「合理的配慮等環境整備検討ワーキンググループ報告（概要）」より

図2　合理的配慮と基礎的環境整備の関係

合理的配慮は、基礎的環境整備を基に個別に決定されるものであり、それぞれの学校における基礎的環境整備の状況によって提供される合理的配慮も異なってくる。したがって、合理的配慮を提供する際には、合理的配慮と基礎的環境整備が、障害のある児童生徒等にとって十分な教育を受けることに繋がっているかどうかという視点をもつことが重要である。

　加えて、障害のある児童生徒等が安全・安心に学習や生活面で支障なく学校生活を送るために、障害の種類や程度に応じたきめ細かな配慮を行う必要がある。そのため、学校種ごとの学校施設整備指針において、施設の計画・設計上の留意点が示してある。また、学校施設のバリアフリー化に向けて基本的な考え方や計画・設計上の留意点を示した「学校施設バリアフリー化推進指針」では、具体的な取組事例が掲載してある。さらに、報告書「災害に強い学校施設の在り方について～津波対策及び避難所としての防災機能の強化～」では、災害時に避難所となる学校施設におけるバリアフリー化の必要性について示してある。今日、さまざまな自然災害が全国で発生しており、地域の避難所としての役割を学校が果たすために、学校施設のバリアフリー化は欠かせない。

（4）学校における合理的配慮

　学校における合理的配慮は、次の3観点11項目に整理されている。なお、「障害を理由とする差別の解消に関する法律（障害者差別解消法）」の施行に伴い、国公立の学校には合理的配慮の提供が義務付けられている。

表1　学校における合理的配慮の観点

①教育内容・方法
　①−1教育内容
　　①−1−1　学習上又は生活上の困難さを改善・克服するための配慮
　　①−1−2　学習内容の変更・調整
　①−2　教育の方法
　　①−2−1　情報・コミュニケーション及び教材の配置
　　①−2−2　学習機会や体験の確保
　　①−2−3　心理面・健康面の配慮
②支援体制
　②−1　専門性のある指導体制
　②−2　幼児児童生徒、教職員、保護者、地域の理解啓発を図るための配慮
　②−3　災害時等の支援体制の整備
③施設・設備
　③−1　校内環境のバリアフリー化
　③−2　特性に応じた指導ができる施設・設備の配慮
　③−3　災害時等への対応に必要な施設・設備の配慮

出典：中央教育審議会初等中等教育分科会資料「共生社会の形成に向けたインクルーシブ教育システム構築のための特別支援教育の推進（報告）」より

（5）学校における基礎的環境整備の観点

　基礎的環境整備は、次の8観点で整理されている。

- ネットワークの形成・連続性のある多様な学びの場の活用
- 専門性のある指導体制の確保
- 個別の教育支援計画及び個別の指導計画の作成による指導
- 教材の確保
- 施設・設備の整備
- 専門性のある教員・支援員等の人的配置
- 個に応じた指導や学びの場の設定等による指導
- 交流及び共同学習の推進

（6）学校における合理的配慮の提供

　学校の設置者及び学校は、インクルーシブ教育システムの構築に向けて、合理的配慮を提供する義務がある。このことについて、文部科学省『共生社会の形成に向けたインクルーシブ教育システム構築のための特別支援教育の推進（報告）』では、合理的配慮について「障害のある子どもが、他の子どもと平等に『教育を受ける権利』を享有・行使することを確保するために、学校の設置者及び学校が必要かつ適当な変更・調整を行うことであり、障害のある子どもに対し、その状況に応じて、学校教育を受ける場合に個別に必要とされるものであり、学校の設置者及び学校に対して、体制面、財政面において、均衡を失した又は過度の負担を課さないもの」と示してある。　　　　　　　　　　　　　　　　　※下線は筆者加筆

　学校では、校内委員会におけるケース会議などによって、個々の「合理的配慮」について検討することになる。例えば、視覚障害のある児童生徒等に対して、黒板の文字が見やすくなるように座席の配置を教室の前の方にしたり、まぶしさへの配慮としてブラインドを設置したりすることである。そして、個別の教育支援計画や個別の指導計画を作成・活用することで、個々の障害特性や状況を多面的・実践的に捉えて個に応じた指導を充実させる。

　なお、学校が児童生徒等への合理的配慮を決定する際は、本人や保護者との話し合いによる合意形成を図ることが求められる。したがって、学校教育における「合理的配慮」の提供は、本人及び保護者と学校や学校の設置者が相談して、合意形成を図りながらその内容について検討していくことになる。また、担任が気付いた児童生徒の困り感について、その要因を探ることによって必要な配慮が見えてくる。一方で、担任一人が抱え込む

ことがないように、"チーム学校"として、特別支援学校のセンター的機能を活用したり、発達障害支援センター等の関係諸機関と連携したりすることで、特別支援教育を推進していかなければならない。

なお、小・中学校等で障害のある子どもに対する教育を行う場合には、合理的配慮として、(ア) 教員、支援員等の確保、(イ) 施設・設備の整備、(ウ) 個別の教育支援計画や個別の指導計画に対応した柔軟な教育課程の編成や教材等の配慮が考えられる。そして、合理的配慮を決定し提供する際には、設置者及び学校と本人及び保護者により、可能な限り合意形成を図ること、個別の教育支援計画に明記すること、個別の指導計画に活用することが望ましい。そして、実践を通してPDCAサイクルを踏まえて、計画を評価しつつ支援を充実していくことになる。

4　発達障害

（1）発達障害者支援法

発達障害者支援法（平成16年法律第167号）が、平成17（2005）年4月1日に施行されてから、発達障害者への支援は着実に進展し発達障害に対する理解も広がってきた。発達障害については、同法で、「自閉症、アスペルガー症候群その他の広汎性発達障害、学習障害、注意欠陥多動性障害その他これに類する脳機能の障害であってその症状が通常低年齢において発現するものとして政令で定めるものをいう。」と定義された。

一方、発達障害者支援法の施行から十数年が経過し、例えば、乳幼児期から高齢期までの切れ目のない支援など、時代の変化に対応したよりきめ細かな支援が求められた。また、障害者基本法の一部を改正する法律（平成23年法律第90号）や障害を理由とする差別の解消の推進に関する法律（平成25年法律第65号）の成立などの法整備が行われた。

そして、平成28（2016）年8月1日発達障害者支援法の一部を改正する法律が施行された。同法の教育に関する改正（第8条第1関係）では、「発達障害児が、その年齢及び能力に応じ、かつ、その特性を踏まえた十分な教育を受けられるようにするため、可能な限り発達障害児が発達障害児でない児童と共に教育を受けられるよう配慮すること」を規定するとともに、支援体制の整備として、「個別の教育支援計画の作成（教育に関する業務を行う関係機関と医療、保健、福祉、労働等に関する業務を行う関係機関及び民間団体との連携の下に行う個別の長期的な支援に関する計画の作成をいう。）及び個別の指導に関する計画の作成の推進」並びに「いじめの

防止等のための対策の推進」を規定し、あわせて、「専修学校の高等課程に在学する者」が教育に関する支援の対象である発達障害児に含まれることが示された。

（2）文部科学省の発達障害の定義

　次に、文部科学省の発達障害に関する定義を紹介する。

自閉症の定義＜ Autistic　Disorder ＞
(平成15(2003)年３月の「今後の特別支援教育の在り方について（最終報告）」参考資料より作成)

　　自閉症とは、３歳位までに現れ、他人との社会的関係の形成の困難さ、言葉の発達の遅れ、興味や関心が狭く特定のものにこだわることを特徴とする行動の障害であり、中枢神経系に何らかの要因による機能不全があると推定される。

高機能自閉症の定義＜ High-Functioning　Autism ＞
(平成15(2003)年３月の「今後の特別支援教育の在り方について（最終報告）」参考資料より抜粋)

　　高機能自閉症とは、３歳位までに現れ、他人との社会的関係の形成の困難さ、言葉の発達の遅れ、興味や関心が狭く特定のものにこだわることを特徴とする行動の障害である自閉症のうち、知的発達の遅れを伴わないものをいう。また、中枢神経系に何らかの要因による機能不全があると推定される。

学習障害（LD）の定義＜ Learning　Disabilities ＞
(平成11 (1999) 年７月の「学習障害児に対する指導について（報告）」より抜粋)

　　学習障害とは、基本的には、全般的な知的発達に遅れはないが、聞く、話す、読む、書く、計算する、推論するなどの特定の能力の習得と使用に著しい困難を示す、さまざまな状態を指すものである。
　　学習障害は、その背景として、中枢神経系に何らかの機能障害があると推定されるが、視覚障害、聴覚障害、知的障害、情緒障害などの障害や、環境的な要因が直接の原因となるものではない。

注意欠陥／多動性障害（ADHD）の定義
＜ Attention-Deficit ／ Hyperactivity　Disorder ＞
(平成15(2003)年３月の「今後の特別支援教育の在り方について（最終報告）」参考資料より抜粋)

　　ADHD とは、年齢あるいは発達に不釣り合いな注意力、及び／又は衝動性、多動性を特徴とする行動の障害で、社会的な活動や学業の機能に支障をきたすものである。また、７歳以前に現れ、その状態が継続し、中枢神経系に何らかの要因による機能不全があると推定される。

※アスペルガー症候群とは、知的発達の遅れを伴わず、かつ、自閉症の特

徴のうち言葉の発達の遅れを伴わないものである。なお、高機能自閉症やアスペルガー症候群は、広汎性発達障害に分類されるものである。（文部科学省ホームページ「高機能自閉症の定義について」より引用）

1）自閉症

　自閉症は、他人との社会的関係の形成の困難さ、言葉の発達の遅れ、興味や関心が狭く特定のものにこだわることを特徴とする。その特徴は、3歳くらいまでに現れることが多いが、小学生年代まで問題が顕在しないこともある。なお、高機能自閉症とは、知的発達の遅れを伴わない自閉症を指す。同様に、アスペルガー症候群は、自閉症の上位概念である広汎性発達障害の一つに分類され、知的発達と言語発達に遅れはなく、コミュニケーションの障害が比較的目立たない。一方的に自分の話題を中心に話し、直接的な表現が多く、相手の話を聞かない、また相手が誰であっても対等に話をするなどがある。

- 他人との社会的関係の形成の困難として、相手の気持ちや状況を考えず、自分中心に活動しがちである。例えば、自分の好きなことを質問し続けたり、一人遊びに没頭していたりする。一方的な関わり方であるため、ルールに沿った遊びが難しく、仲間関係をつくったり、相手の気持ちを理解したりすることが難しい。
- 言語の理解や使用に発達の遅れが見られ、全く言葉を発しないこともある。他者の言葉を模倣して言う（エコラリア：反響言語）ことがある。また、流暢だが、普通の言葉遣いではない独特の言い方や好きなことを一方的に質問し続けたりすることもある。
- 興味や関心が狭く特定のものへのこだわりがある。同一種類や同じことへのこだわりがある。例えば、水洗トイレや蛇口・スイッチ類が気になっていることや気に入っているこだわりである。

　なお、2013 年、米国精神医学会による精神障害の分類と診断基準の本の改訂版（第5版）DSM-5 が刊行され、広汎性発達障害の用語は、自閉スペクトラム症（Autism Spectrum Disorder、ASD）に変更された。

○合理的配慮の観点

①学習上又は生活上の困難を改善・克服するための配慮

　自閉症の特性である「適切な対人関係形成の困難さ」「言語発達の遅れや異なった意味理解」「手順や方法への独特のこだわり」等により、学習内容の習得の困難さを補完する指導を行う（動作等を利用して意味を理解する、繰り返し練習をして道具の使い方を正確に覚える等）。

②学習内容の変更・調整

　自閉症の特性により、数量や言葉等の理解が部分的であったり、偏っていたりする場合の学習内容の変更・調整を行う（理解の程度を考慮した基礎的・基本的な内容の確実な習得、社会適応に必要な技術や態度を身に付けること等）。

③情報・コミュニケーション及び教材の配慮

　自閉症の特性を考慮し、視覚を活用した情報を提供する（写真や図面、模型、実物等の活用）。また、細かな制作等に苦手さが目立つ場合が多いことから、扱いやすい道具を用意したり、補助具を効果的に利用したりする。

④学習機会や体験の確保

　自閉症の特性により、実際に体験しなければ、行動等の意味を理解することが困難であることから、実際的な体験の機会を多くするとともに、言葉による指示だけでは行動できないことが多いことから、学習活動の順序が分かりやすくなるよう活動予定表等の活用を行う。

⑤心理面・健康面の配慮

　情緒障害のある子どもの状態（情緒不安や不登校、ひきこもり、自尊感情や自己肯定感の低下等）に応じた指導を行う（カウンセリング的対応や医師の診断を踏まえた対応等）。また、自閉症の特性により、二次的な障害として、情緒障害と同様の状態が起きやすいことから、それらの予防に努める。

２）学習障害

　学習障害の状態把握は、保健、福祉などの関係諸機関、専門家チーム、巡回相談等の各地域における支援体制や、校内委員会や特別支援教育コーディネーター等の学校における支援体制に蓄積されている知見を活用する。

①国語、算数等の基礎的能力に著しいアンバランスがあること

　校内委員会等で収集した資料、標準的な学力検査等から、国語、算数（数学）の基礎的能力（聞く、話す、読む、書くことや計算、図形の理解など）における著しいアンバランスの有無やその特徴を把握する。また、複数の心理検査や授業観察や保護者との面談等を実施して、子どもの認知能力にアンバランスがあることを確認し特徴を把握する。なお、英語は発音される要素が日本語より多種多様であり、表記とそれに対応する読みが複雑で不規則な表記が多く、日本語に比べ識字などの基礎的能力に著しいアンバ

ランスが生じやすい。

②全般的な知的発達の遅れがないこと

標準化された個別式知能検査の結果等から、全般的な知的発達の遅れがないことを確認する。ただし、小学校高学年以降にあっては、学習障害が原因となって、国語、算数（数学）の基礎的能力の遅れが全般的な遅れに繋がっていることがある。

③医学的な評価

学習障害かどうかの判断は、専門の医師や医療機関による診断を受ける。学習障害の原因となり得る中枢神経系の機能不全が、主治医の診断書や意見書などに記述されている場合には、特別に配慮すべきことがあるかどうか確認しておく。

④他の障害や環境的要因が直接的原因ではないこと

子どもの日常生活における行動の記録や校内委員会等で収集した資料等に基づいて、他の障害や環境的要因が学習困難の直接的原因ではないことを確認する。

○合理的配慮の観点

①学習上又は生活上の困難を改善・克服するための配慮

読み書きや計算等に関して苦手なことをできるようにする、別の方法で代替する、他の能力で補完するなどに関する指導を行う（文字の形を見分けられるようにする、パソコン・デジカメ等の使用、口頭試問による評価等）。

②学習内容の変更・調整

「読む」「書く」等特定の学習内容の習得が難しいので、基礎的な内容の習得を確実にすることを重視した学習内容の変更・調整を行う（習熟のための時間を別に設定、軽重をつけた学習内容の配分等）。

③情報・コミュニケーション及び教材の配慮

読み書きに時間がかかる場合、本人の能力に合わせた情報を提供する（文章を読みやすくするために体裁を変える、拡大文字を用いた資料、振り仮名をつける、音声やコンピュータによる読み上げと聴覚情報を併用して伝える等）。

④学習機会や体験の確保

身体感覚の発達を促すための活動を通した指導を行う（体を大きく使った活動、さまざまな感覚を同時に使った活動等）。また、活動内容を分かりやすく説明して安心して参加できるようにする。

⑤心理面・健康面の配慮

　苦手な学習活動があることで、自尊感情が低下している場合には、成功体験を増やしたり、友達から認められたりする場面を設ける（文章を理解すること等に時間がかかることを踏まえた時間延長、必要な学習活動についての重点的な時間配分、受容的な学級の雰囲気作り、困ったときに相談できる人や場所の確保等）。

3）注意欠陥多動性障害

　注意欠陥多動性障害の特性に即した指導方法として、次のようなものが考えられる。

- 不注意による間違いが多いときは、他の情報の影響を受けやすいのか、視線を元の位置に戻して固定できないなど視覚的な認知に困難があるのか、僅かな情報で拙速に判断するのかなど、要因を明らかにした上で、いくつかの情報の中から必要なものに注目することを指導する、または作業が終わったら必ず確認することを習慣付ける。

- 注意を集中し続けるために、注意の集中がどのくらいの時間で難しくなるのか、教科や活動による違いはあるのかなど、困難の状況や要因を明らかにした上で、一つの課題をいくつかの段階に分割して、視覚的に課題の見通しを確認できるようにする。窓側を避け、黒板に近い席に座らせるなどの集中しやすい学習環境を整えるよう配慮する。

- 指示に従って、課題や活動をやり遂げるために、指示の具体的な内容が理解できていないのか、課題や活動の取り組みの仕方が分からないのか、集中できる時間が短いのかなど、その要因を明らかにした上で、指示内容が伝わる工夫を行い、分からないときには助けを求めるよう指導する。課題の内容や活動量を調整して、最後までやり遂げることを指導する。

- 忘れ物を減らすための指導として、興味の有無によって違いがあるのか、日常的に行うものとそうでないもので注意の選択に偏りがあるのかを把握して、子どもに合ったメモの仕方や忘れやすいものを所定の場所に入れることを指導する。家庭と連携して決まりごとを理解させ徹底することにより、定着を図る。

- 順番を待ったり、最後までよく話を聞いたりするためには、決まりごとを理解しているのか、理解していても行動や欲求のコントロールができないのかなどの要因を明らかにした上で、決まりごとの内容と意義の理解を徹底させる。その際、ロールプレイを取り入れ、相手の気持ちを考えることや、何かやりたいときは挙手やカードにより意思表示するよう指示をする。

○合理的配慮の観点

①別の方法で補う方法

学習上又は生活上の困難を改善・克服するための配慮行動を最後までやり遂げることが困難な場合には、途中で忘れないように工夫したり、別の方法で補ったりするための指導を行う（自分を客観視する、物品管理方法の工夫、メモの使用等）。

②学習内容の変更・調整

注意の集中を持続することが苦手であることを考慮した学習内容の変更・調整を行う（学習内容を分割し適切な量にする等）。

③情報・コミュニケーション及び教材の配慮

聞き逃しや見逃し、書類の紛失等が多い場合には伝達する情報を整理し提供する（掲示物の整理整頓・精選、目を合わせての指示、メモ等の視覚情報の活用、静かで集中できる環境づくり等）。

④学習機会や体験の確保

好きなものと関連付けるなど興味・関心がもてるように学習活動の導入を工夫し、危険防止策を講じた上で本人が直接参加できる体験学習を通した指導を行う。

⑤心理面・健康面の配慮

活動に持続的に取り組むことが難しく、また不注意による紛失等の失敗や衝動的な行動が多いので、成功体験を増やし、友達から認められる機会の増加に努める（十分な活動のための時間の確保、物品管理のための棚等の準備、良い面を認め合えるような受容的な学級の雰囲気づくり、感情のコントロール方法の指導、困ったときに相談できる人や場所の確保等）。

次に、多くの障害と重複する知的障害について述べる。

4）知的障害

知的障害とは、知的機能の発達に明らかな遅れと、適応行動の困難性を伴う状態が、発達期に起こるものをいう。この障害の多くは、胎児期、出生時及び出生後の比較的早期に起こる。発達期の規定の仕方は、必ずしも一定しないが、成長期（おおむね18歳）までとすることが一般的である。知的機能の発達の遅れの原因は、概括的に言えば、中枢神経系の機能障害であり、適応行動の困難性の背景には、周囲の要求水準の問題などの心理的、社会的、環境的要因等が関係している。

適応行動の面では、概念的スキルの困難性として、言語理解や言語表出能力などの言語発達、読字・書字・計算・推論などの学習技能、社会的ス

キルの困難性として、友達関係などの対人スキル、社会的ルールの理解、集団行動などの社会的行動、実用的スキルの困難性として、食事、排泄、衣服の着脱、清潔行動などの日常生活習慣行動、買い物、乗り物の利用、公共機関の利用などのライフスキル、協調運動、運動動作技能、持久力などの運動機能が挙げられる。

○知的障害の状態と支援

　乳幼児期に、同年齢の子どもと比較して言語発達が遅れたり、着替えや排泄などの日常生活習慣行動に関する遅れが顕著であったりするほか、始歩の遅れなど運動発達の遅れも見られることがあることから、保護者が子どもの成長発達に不安を抱く場合が多い。そのため、十分に保護者の心情を理解しながら、子どもの成長発達の状態を的確に把握し、子どもが生活に必要な望ましい習慣等を身に付けることができるよう、発達段階に適した適切な教育的対応を早期から行うことが大切である。

　早期から対応していくこととは、例えば、就学前の教育相談機関等との連携により、子どもの言語理解の程度などを把握した上で、保護者や指導者が共に、子どもの言語理解に適した言葉で働きかけをし、子どもの理解を促すことなどである。さらに理解を促すために絵カードなどの視覚的な情報を補足するなど支援を工夫していくことで、子どもは理解できる語彙を増やし、相手の話を聞き取ろうという姿勢や自ら話しかけようとする意欲の向上に繋がることも多い。着替えや排泄などの日常生活習慣行動の面では、着替える手順を明確にすることや、定時排泄する生活リズムの獲得など、家庭と関係機関等が連携した早期からの取り組みが学齢期の基礎となることが多い。また、時間をかけた段階的な指導により、着替えや排泄が一人でできるようになる場合が多い。学齢期においては、習得した知識が生活に結び付きにくいことや、場面や状況を理解した上での適切な判断や行動が難しい場合が多い。そのため生活に結び付く具体的、実際的な内容を指導内容に位置付け、個別の指導計画に基づく個に応じた指導を丁寧に行う必要がある。

○合理的配慮の観点

①学習上又は生活上の困難を改善・克服するための配慮

　実生活に繋がる技術や態度を身に付けるようにするために、社会生活上の規範やルールの理解を促すための指導を行う。

②学習内容の変更・調整

　知的発達の遅れにより、全般的に学習内容の習得が困難な場合があることから、理解の程度に応じた学習内容の変更・調整を行う（焦点化を図る、

基礎的・基本的な学習内容を重視する、生活上必要な言葉等の意味を確実に理解できるようにする等）。

③情報・コミュニケーション及び教材の配慮

　知的発達の遅れに応じた分かりやすい指示や教材・教具を提供する（文字の拡大や振り仮名の付加、話し方の工夫、文の長さの調整、具体的な用語の使用、動作化や視覚化の活用、数量等の理解を促す絵カードや文字カード・数え棒・パソコンの活用等）。

④学習機会や体験の確保

　知的発達の遅れにより、実際的な生活に役立つ技術や態度の習得が困難であることから、調理実習や宿泊学習等の具体的な活動場面において、家庭においても生かすことのできる力が向上するよう指導するとともに、学習活動が円滑に進むように、図や写真を活用した日課表や活動予定表等を活用し、自主的に判断し見通しをもって活動できるように指導を行う。

⑤心理面・健康面の配慮

　知的発達の遅れ等によって、友人関係を十分には形成できないことや、年齢が高まるにつれて友人関係の維持が困難になることもあることから、学級集団の一員として所属意識がもてるように学級全体で取り組む活動を工夫するとともに、自尊感情や自己肯定感、ストレス等の状態を踏まえた適切な対応を図る。

5　各教科等における配慮事項

　小・中学校、高等学校の学習指導要領では、総則や各教科等の指導において、障害のある児童生徒に対する学習活動を行う場合に生じる困難さに応じた指導内容や指導方法の工夫を、計画的・組織的に行うことが規定された。

（1）学習指導要領解説の総則編
1）児童生徒の障害の状態等に応じた指導の工夫

　障害のある児童生徒などについては、特別支援学校等の助言又は援助を活用しつつ、個々の児童生徒の障害の状態等に応じた指導内容や指導方法の工夫を組織的かつ計画的に行うものとする。

2）通常の学級を含めた全ての障害のある児童生徒などに対する指導

　障害のある児童生徒などには、視覚障害、聴覚障害、知的障害、肢体不

自由、病弱・身体虚弱、言語障害、情緒障害、自閉症、LD（学習障害）、ADHD（注意欠陥多動性障害）などのほか、学習面又は行動面において困難のある児童生徒で発達障害の可能性のある者も含まれている。

　このような障害の種類や程度を的確に把握した上で、障害のある児童生徒などの「困難さ」に対する「指導上の工夫の意図」を理解し、個に応じたさまざまな「手立て」を検討し、指導に当たっていく必要がある。

（2）学習指導要領解説の各教科等における配慮事項

　「困難さ」に対する「指導上の工夫の意図」と「手立て」について、小学校学習指導要領解説の中から、各教科等における配慮事項を紹介する。

1）国語科における配慮

- 文章を目で追いながら音読することが困難な場合には、自分がどこを読むのかが分かるように教科書の文を指等で押さえながら読むよう促すこと、行間を空けるために拡大コピーをしたものを用意すること、語のまとまりや区切りが分かるように分かち書きされたものを用意すること、読む部分だけが見える自助具（スリット等）を活用することなどの配慮をする。

- 自分の立場以外の視点で考えたり他者の感情を理解したりするのが困難な場合には、児童の日常的な生活経験に関する例文を示し、行動や会話文に気持ちが込められていることに気付かせたり、気持ちの移り変わりが分かる文章の中のキーワードを示したり、気持ちの変化を図や矢印などで視覚的に分かるように示してから言葉で表現させたりするなどの配慮をする。

- 声を出して発表することに困難がある場合や、人前で話すことへの不安を抱いている場合には、紙やホワイトボードに書いたものを提示したり、ICT機器を活用して発表したりするなど、多様な表現方法が選択できるように工夫し、自分の考えを表すことに対する自信がもてるような配慮をする。

2）社会科における配慮

- 地図等の資料から必要な情報を見つけ出したり、読み取ったりすることが困難な場合には、読み取りやすくするために、地図等の情報を拡大したり、見る範囲を限定したりして、掲載されている情報を精選し、視点を明確にするなどの配慮をする。

- 社会的事象に興味・関心がもてない場合には、その社会的事象の意味を理解しやすくするため、社会の営みと身近な生活が繋がっていることを実感できるよう、特別活動などとの関連付けなどを通して、具体的な体験や作業などを取り入れ、学習の順序を分かりやすく説明し、安心して学習できるよう配慮することなどが考えられる。
- 学習問題に気付くことが難しい場合には、社会的事象を読み取りやすくするために、写真などの資料や発問を工夫すること、また、予想を立てることが困難な場合には、見通しがもてるようヒントになる事実をカード等に整理して示し、学習順序を考えられるようにすること、そして、情報収集や考察、まとめの場面において、考える際の視点が定まらない場合には、見本を示したワークシートを作成するなどの指導の工夫が考えられる。

3）算数科における配慮

- 「商」「等しい」など、児童が日常使用することが少なく、抽象度の高い言葉の理解が困難な場合には、児童が具体的にイメージをもつことができるよう、児童の興味・関心や生活経験に関連の深い題材を取り上げて、既習の言葉や分かる言葉に置き換えるなどの配慮をする。
- 文章を読み取り、数量の関係を式を用いて表すことが難しい場合、児童が数量の関係をイメージできるように、児童の経験に基づいた場面や興味ある題材を取り上げたり、場面を具体物を用いて動作化させたり、解決に必要な情報に注目できるよう文章を一部分ごとに示したり、図式化したりすることなどの工夫を行う。
- 空間図形のもつ性質を理解することが難しい場合、空間における直線や平面の位置関係をイメージできるように、立体模型で特徴のある部分を触らせるなどしながら、言葉でその特徴を説明したり、見取図や展開図と見比べて位置関係を把握したりするなどの工夫を行う。
- データを目的に応じてグラフに表すことが難しい場合、目的に応じたグラフの表し方があることを理解するために、同じデータについて折れ線グラフの縦軸の幅を変えたグラフに表したり、同じデータを棒グラフや折れ線グラフ、帯グラフなど違うグラフに表したりして見比べることを通して、より良い表し方に気付くことができるようにする。

4）理科における配慮

- 実験を行う活動において、実験の手順や方法を理解することが困難で

あったり、見通しがもてなかったりして、学習活動に参加することが難しい場合には、学習の見通しがもてるよう、実験の目的を明示したり、実験の手順や方法を視覚的に表したプリント等を掲示したり、配付したりするなどの配慮が考えられる。

- 燃焼実験のように危険を伴う学習活動において、危険に気付きにくい場合には、教師が確実に様子を把握できる場所で活動できるようにするなどの配慮が考えられる。
- 自然の事物・現象を観察する活動において、時間をかけて観察をすることが難しい場合には、観察するポイントを示したり、ICT 教材を活用したりするなどの配慮が考えられる。

5）生活科における配慮

- 言葉での説明や指示だけでは、安全に気を付けることが難しい児童の場合には、その説明や指示の意味を理解し、なぜ危険なのかをイメージできるように、体験的な事前学習を行うなどの配慮をする。
- みんなで使うもの等を大切に扱うことが難しい場合は、大切に扱うことの意義や他者の思いを理解できるように、学習場面に即して、児童の生活経験等も踏まえながら具体的に教えるように配慮する。
- 自分の経験を文章にしたり、考えをまとめたりすることが困難な場合は、児童がどのように考えればよいのか、具体的なイメージを想起しやすいように、考える項目や順序を示したプリントを準備したり、事前に自分の考えたことを言葉や動作で表現したりしてから文章を書くようにするなどの配慮をする。
- 学習の振り返りの場面において学習内容の想起が難しい場合は、学習経過を思い出しやすいように、学習経過などの分かる文章や写真、イラスト等を活用するなどの配慮をする。

6）音楽科における配慮

- 音楽を形づくっている要素（リズム、速度、旋律、強弱、反復等）の聴き取りが難しい場合は、要素に着目しやすくなるよう、音楽に合わせて一緒に拍を打ったり体を動かしたりするなどして、要素の表れ方を視覚化、動作化するなどの配慮をする。なお、動作化する際は、決められた動きのパターンを習得するような活動にならないよう留意する。
- 多くの声部が並列している楽譜など、情報量が多く、児童がどこに注目したらよいのか混乱しやすい場合は、拡大楽譜などを用いて声部を色分

けしたり、リズムや旋律を部分的に取り出してカードにしたりするなど、視覚的に情報を整理するなどの配慮をする。

7）図画工作科における配慮

- 変化を見分けたり、微妙な違いを感じ取ったりすることが難しい場合は、造形的な特徴を理解し、技能を習得するように、児童の経験や実態を考慮して、特徴が分かりやすいものを例示したり、多様な材料や用具を用意したり、種類や数を絞ったりするなどの配慮をする。
- 形や色などの特徴を捉えることや、自分のイメージをもつことが難しい場合は、形や色などに気付くことや自分のイメージをもつことのきっかけを得られるように、自分や友人の感じたことや考えたことを言葉にする場を設定するなどの配慮をする。

8）家庭科における配慮

- 学習に集中したり、持続したりすることが難しい場合には、落ち着いて学習できるようにするため、道具や材料を必要最小限に抑えて準備したり、整理・整頓された学習環境で学習できるよう工夫したりすることが考えられる。また、活動への関心をもつことが難しい場合には、約束や注意点、手順等を視覚的に捉えられる掲示物やカードを明示したり、体感できる教材・教具を活用したりして関心を高めることが考えられる。
- 周囲の状況に気が散りやすく、包丁、アイロン、ミシンなどの用具を安全に使用することが難しい場合には、手元に集中して安全に作業に取り組めるよう、個別の対応ができるような作業スペースや作業時間を確保することなどが考えられる。

9）体育科における配慮

- 複雑な動きをしたり、バランスを取ったりすることに困難がある場合には、極度の不器用さや動きを組み立てることへの苦手さがあることが考えられることから、動きを細分化して指導したり、適切に補助をしながら行ったりするなどの配慮をする。
- 勝ち負けに過度にこだわったり、負けた際に感情を抑えられなかったりする場合には、活動の見通しがもてなかったり、考えたことや思ったことをすぐに行動に移してしまったりすることがあることから、活動の見通しを立ててから活動させたり、勝ったときや負けたときの表現の仕方を事前に確認したりするなどの配慮をする。

10）外国語科における配慮

- 音声を聞き取ることが難しい場合、外国語と日本語の音声やリズムの違いに気付くことができるよう、リズムやイントネーションを、教員が手拍子を打つ、音の強弱を手を上下に動かして表すなどの配慮をする。また、本時の流れが分かるように、本時の活動の流れを黒板に記載しておくなどの配慮をする。

- １単語当たりの文字数が多い単語や、文などの文字情報になると、読む手掛かりをつかんだり、細部に注意を向けたりするのが難しい児童の場合、語のまとまりや文の構成を見て捉えやすくするよう、外国語の文字を提示する際に字体をそろえたり、線上に文字を書いたり、語彙・表現などを記したカードなどを黒板に貼る際には、貼る位置や順番などに配慮する。

11）道徳科における配慮

- 他者との社会的関係の形成に困難がある児童の場合であれば、相手の気持ちを想像することが苦手で字義通りの解釈をしてしまうことがあることや、暗黙のルールや一般的な常識が理解できないことがあることなど困難さの状況を十分に理解した上で、例えば、他者の心情を理解するために役割を交代して動作化、劇化したり、ルールを明文化したりするなど、学習過程において想定される困難さとそれに対する指導上の工夫が必要である。

- 評価を行うに当たっても、困難さの状況ごとの配慮を踏まえることが必要である。配慮を伴った指導を行った結果として、相手の意見を取り入れつつ自分の考えを深めているかなど、児童が多面的・多角的な見方へ発展させていたり道徳的価値を自分のこととして捉えていたりしているかといったことを丁寧に見取る必要がある。

- 発達障害等のある児童の学習状況や道徳性に係る成長の様子を把握するため、道徳的価値の理解を深めていることをどのように見取るのかという評価資料を集めたり、集めた資料を検討したりするに当たっては、相手の気持ちを想像することが苦手であることや、望ましいと分かっていてもその通りにできないことがあるなど、一人一人の障害による学習上の困難さの状況をしっかりと踏まえた上で行い、評価することが重要である。

12）総合的な学習の時間における配慮

- さまざまな事象を調べたり、得られた情報をまとめたりすることに困難がある場合は、必要な事象や情報を選択して整理できるように、着目する点や調べる内容、まとめる手順や調べ方について具体的に提示するなどの配慮をする。

- 関心のある事柄を広げることが難しい場合は、関心のもてる範囲を広げることができるように、現在の関心事を核にして、それと関連する具体的な内容を示していくことなどの配慮をする。

- さまざまな情報の中から、必要な事柄を選択して比べることが難しい場合は、具体的なイメージをもって比較することができるように、比べる視点の焦点を明確にしたり、より具体化して提示したりするなどの配慮をする。

- 学習の振り返りが難しい場合は、学習してきた場面を想起しやすいように、学習してきた内容を文章やイラスト、写真等で視覚的に示すなどして、思い出すための手掛かりが得られるように配慮する。

- 人前で話すことへの不安から、自分の考えなどを発表することが難しい場合は、安心して発表できるように、発表する内容について紙面に整理し、その紙面を見ながら発表できるようにすること、ICT 機器を活用したりするなど、児童の表現を支援するための手立てを工夫できるように配慮する。

13）特別活動における配慮

- 相手の気持ちを察したり理解したりすることが苦手な児童には、他者の心情等を理解しやすいように、役割を交代して相手の気持ちを考えたり、相手の意図を理解しやすい場面に置き換えたりすることや、イラスト等を活用して視覚的に表したりする指導を取り入れるなどの配慮をする。

- 話を最後まで聞いて答えることが苦手な場合には、発言するタイミングが理解できるように、事前に発言や質問する際のタイミングなどについて具体的に伝えるなど、コミュニケーションの図り方についての指導をする。

- 学校行事における避難訓練等の参加に対し、強い不安を抱いたり戸惑ったりする場合には、見通しがもてるよう、各活動・学校行事のねらいや活動の内容、役割（得意なこと）の分担などについて、視覚化したり、理解しやすい方法を用いたりして事前指導を行うとともに、周囲の児童に協力を依頼しておく。

14) 道徳科における日本語習得に困難のある児童等に対する配慮

• 道徳科の評価は他の児童との比較による評価や目標への到達度を測る評価ではなく、一人一人の児童がいかに成長したかを積極的に受け止めて認め、励ます個人内評価として行うことから、このような道徳科の評価本来の在り方を追究していくことが、一人一人の学習上の困難さに応じた評価に繋がるものと考えられる。

それぞれの学習の過程で考えられる「困難さの状態」をしっかりと把握した上で必要な配慮が求められる。例えば、海外から帰国した児童や外国人の児童、両親が国際結婚であるなどのいわゆる外国に繋がる児童について、一人一人の児童の状況に応じた指導と評価を行う上でも重要である。これらの児童の多くは、外国での生活や異文化に触れてきた経験などを通して、我が国の社会とは異なる言語や生活習慣、行動様式を身に付けていると考えられる。また、日本語の理解が不十分なために、他の児童と意見を伝え合うことなどが難しかったりすることも考えられる。

それぞれの児童の置かれている状況に配慮した指導を行いつつ、その結果として、児童が多面的・多角的な見方へと発展させていたり道徳的価値を自分のこととして捉えていたりしているかといったことを、丁寧に見取ることが求められる。その際、日本語を使って十分に表現することが困難な児童については、発言や記述以外の形で見られるさまざまな姿に着目するなど、より配慮した対応が求められる。

第6章

障害理解と指導
―視覚障害、聴覚障害、知的障害、肢体不自由、病弱のある子どもの学習・生活指導―

　本章では、視覚障害、聴覚障害、知的障害、肢体不自由、病弱のある子どもへの障害特性や支援について理解を深める。

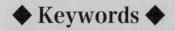

◆ **Keywords** ◆

①視覚障害　②聴覚障害　③知的障害　④肢体不自由　⑤病弱

　以下、各障害の特性と支援などについて、文部科学省「教育支援資料」（平成 25 年）に基づき紹介する。

1　視覚障害

　視覚障害とは、視機能の永続的な低下により、学習や生活に支障がある状態をいう。学習では、動作の模倣、文字の読み書き、事物の確認の困難等がある。生活では、移動の困難、相手の表情等が分からないことからのコミュニケーションの困難等がある。

（1）視覚障害のある子どもにみられる行動等の特徴

　視覚を通しての情報が十分に得られないために、日常生活や学習においてさまざまな支障や困難を伴うことが多い。また、支障や困難の程度は、生活環境、これまでに受けた教育、さらに、本人の能力や性格等で個人ごとに大きく異なる。例えば、同じような視力値であるのに、日常生活動作にいろいろな問題を示す者もいれば、低い視力や視覚以外の感覚を十分に活用して、支障なく対応している者も少なくない。

1）視力障害

　文字や形態等を視覚で認知することが難しい場合、聴覚や触覚などの視覚以外の感覚を活用して行動することになる。食事や排泄などの身辺処理や一人で歩くことは、その方法が身に付けば介助なしでできるようになる。しかし、初めて経験する事柄や未知の場面においては、慣れるまで支援が必要な場合が多い。日常生活における環境の判断は、外界の物音、靴音の反射音、外気の流れやにおいなどが手掛かりになる。一方、視力が低くない場合は、視覚を活用して活動することができる。しかし、十分に見えていなかったり、見落としていたりすることがある。見ようとするあまり、見たいものに目を著しく近づけるという傾向もある。両眼で見ることが少なく、良い方の眼だけを使うことになりがちなので、遠近感覚が不十分に

なる場合が多い。

2）視野障害

　周囲の状況が分かりにくくなる、横から近づいてくるものに気付かない、歩いていて段差に気付かないことがある。そのため、屋外を一人で歩くことができない場合もある。一方で、視野の中心視力が残っている場合は、小さな文字が読めることもある。中心暗点がある場合は、周囲の状況が比較的分かりやすいため、移動等に支障がない場合もある。しかし、中心部の視力が低いために文字を読むことやものを詳しく見ることには支障をきたしがちである。

3）光覚障害

　夜盲があると、少しでも暗くなったり、暗いところに入ったりした場合に行動が制限される。例えば、夕方になると戸外で遊ぶことができないし、雨降りの日などは行動が慎重になる。視野狭窄が強い場合も、夜盲と同じような行動がみられることが多い。また、羞明があると、まぶしくて見えにくいだけでなく、痛みを感じたり目が開けられなくなったりする。

（2）学校教育の場

1）特別支援学校（視覚障害）

　教育課程は、小・中学校、高等学校に準じて編成されている。また、自立活動の指導内容は、障害の程度に応じて触覚や聴覚などを効果的に活用できるようにする指導、白杖による一人歩きの指導、視覚や視覚補助具を最大限に活用する指導、日常生活に必要な行動様式を身に付けるための指導、情報機器の活用技能を高めるための指導などを行う。

①点字を使用して学ぶ子どもの場合

　点字の教科書を使用し、主として触覚や聴覚を活用した学習を行う。各教科を通じて点字の読み書き技能に習熟させるとともに、実物や模型などを数多く活用して正しい知識や概念の形成を図る。また、理科の実験では、光の変化を音の変化として捉える「感光器」を用いて化学変化を調べる。体育の実技では、「グランドソフトボール」や「サウンドテーブルテニス」等を取り入れる。

②拡大した文字を含む普通の文字を使って学ぶ子どもの場合

　通常の文字の検定教科書若しくは文字等を拡大した拡大教科書（教科用特定図書）を使用し学習を行う。拡大教科書を用いるとともに、文字などを拡大した教材を用意したり、弱視レンズや拡大読書器を使用したりして、見やすい文字の大きさで学習できるように配慮する。また、遠方の事物な

ども、弱視用に工夫された各種のレンズ類を用いて見ることができるように指導する。教室は 300 ～ 700 ルクスの照度を保つとともに、電気スタンド等の個人用の照明器具を活用して、個人差に対応した照度を保つように配慮する。まぶしさや明るすぎることに対しては、直射日光を避けて教室の照度を調節するためのカーテン等を設置する。

2）特別支援学級（視覚障害）

弱視児の見やすい学習環境を整えるとともに、保有する視力を最大限に活用できるようにするための特別の指導や配慮をしながら各教科等の指導を行う。教室の全体照明や机上照明を整えて照度を調整する、直射日光を避けたり教室の照度を調節したりするためのカーテン等を設置する、楽な姿勢で読書や作業を行うことのできる机や書見台を整備する、反射光によるまぶしさをおさえることができる黒板を設置する等がある。拡大教科書や拡大教材を有効に活用するとともに、拡大読書器や各種弱視レンズ類等の視覚補助具を整備し、効果的に活用できるように指導する。

3）通級による指導（弱視）

通級による指導を受ける場合、特別の教育課程の具体的な内容としては、視覚認知、目と手の協応動作、視覚補助具の活用等の自立活動に関する指導が中心となる。また、国語における新出漢字や文章の読み書きの指導、算数・数学の図形に関する指導や社会科の地図の指導など、視覚的な情報収集が十分にできないため、理科や家庭科の実験・観察や実習など個別に配慮が必要な内容についての補充指導も行う。

4）通常の学級

例えば、複雑な字形の漢字の読み書きや理科の観察等視覚認知が必要な学習が十分にできなかったり、運動の模倣やボール運動などが上手にできなかったりする。したがって、拡大教科書等の拡大した教材を活用すること、実験や観察の際に危険のない範囲で近づいてみることができるようにすること、照明や外からの光の入り方に配慮すること等で見えにくさに配慮することなどが必要である。その上で、自分の見え方を知り、見えやすいように環境を調整できるよう助言することも必要である。また、視覚障害のある子どもが、見えにくいということに引け目を感じ、学習や生活に積極的に取り組めないこともあるため、安心して能動的に学習できる環境を作ることが重要である。

5）視覚障害の症状によって異なる見えにくさ

以下、視覚障害リハビリテーション協会ホームページより症状によって異なる見えにくさの例について紹介する。

①全盲とロービジョン（弱視）

　「見えない」「見えにくい」と言ってもさまざまな症状がある。このうち眼鏡やコンタクトレンズでの矯正が難しく、日常生活に何らかの支障が生じている状態を視覚障害という。視覚障害は、症状により、大きく全盲とロービジョン（弱視）に分けられる。視覚障害者というと全盲を思い浮かべる人が多いかも知れないが、実際には一部の視力が残っているなど、ロービジョンの視覚障害者の方が多い。

②人によって異なる見えにくさ

　個々の「見えにくさ」の度合いはさまざまである。「見えない」といっても、明暗の区別がつく状態や目の前の手の動きが分かる状態などが含まれる。「見えにくい」という状態は、もっと複雑である。単純に視力が弱い（ぼやけている、コントラストが低下している等）だけでなく、見える範囲（視野）が狭い、視野の一部が欠けている、暗いところで見えにくい、まぶしい、視界がゆがんで見える、眼振（眼球振盪）や立体視が困難（両眼視がうまくできない）ことにより見えにくいなど、病気の種類や状況によってさまざまである。

③症状によって異なる見えにくさの例

　視野が狭い（視野障害）は、他人からは理解しにくいことかも知れない。なぜならば、病気の種類やその人の状況によって、視野のどの部分が欠けているか異なるためである。そして、視野障害の状況によってできることやできないことが変わってくるのである。例えば、中心部分の視野が欠けている（中心暗点）場合は、読書など文字を読むことが困難であるが、周辺視野で比較的歩行に問題がないこともある。ただし歩行に問題がないといっても、見えない部分が視野の中心にあるため目の前の障害物に気付かずにぶつかってしまうということも起こる。

　逆に、中心部が見えるが周辺視野がない（視野狭窄）場合は、本や新聞は読めるのに、外出すると周囲の状況が把握できずに歩行に支障が生じるということもある。他に、上下どちらか半分の視野が欠けている、鼻側の視野が欠けている、逆に耳側（外側）の視野が欠けている、左右どちらかの視野が欠けているなど、病気や症状によってさまざまな場合があるため、個々の状況によってできることやできないことが異なる。

④さまざまな見えにくさ

ア．中心暗点の見え方

○中心部分の視野が欠けている（中心暗点）

- 読書など文字を読むことが困難。
- 周辺視野で比較的歩行はできるが、人とぶつかりやすい。

出典：視覚障害リハビリテーション協会ホームページより

イ．求心性視野狭窄の見え方

○中心部が見えるが周辺視野がない（視野狭窄）

- 視力検査では、比較的視力がよくでる。
- 少ない文字数の文字は読めるが、長文の文章を読むのがしばしば困難。
- 周囲の状況が把握できず、歩行が困難。

出典：視覚障害リハビリテーション協会ホームページより

ウ．ゆがみ（変視症）の見え方

○ものがゆがんで見える

- ゆがみの程度はさまざまで、原因となっている疾患の種類・病気の進行度合いによって千差万別である。

　ゆがみは、加齢黄斑変性・黄斑前（上）膜・黄斑円孔・糖尿病黄斑症などさまざまな疾患の症状として起こる。

- 両目で、ものを見ているときにはゆがみに気付かないことが多い。ゆがみは片眼で見てはじめて分かる。

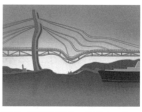

出典：視覚障害リハビリテーション協会ホームページより

エ．羞明（しゅうめい）の見え方

○強い光を受けた時に不快感や痛みを感じる

- 多くの眼疾患の症状として、この羞明があるが、その現れ方は人により千差万別である。症状がきつい場合には、すべてがぼーっとかすんでしまい、晴れた日などは、外を歩くこともできない。

出典：視覚障害リハビリテーション協会ホームページより

　対策は、帽子などで光を遮る、眼科で遮光眼鏡という短波長（青色光）を選択的に遮るメガネを処方してもらいかける、などが非常に有効である。

2　聴覚障害

　聴覚障害とは、身の周りの音や話し言葉が聞こえにくかったり、ほとんど聞こえなかったりする状態をいう。早期発見と早期からの教育的対応では、音声言語をはじめとする多様なコミュニケーション手段を活用し可能性を最大限に伸ばす必要がある。乳児期からの診断が可能なため、早期からの教育的対応が成果を上げている。しかし、聴覚障害の有無そのものが分かりにくく、気になりながらも対応が遅れて「言葉の遅れ」が目立つ段階になって専門機関に相談するというような例も見受けられる。

（1）障害の状態の把握

　生後すぐに新生児聴覚スクリーニング検査が行われるようになり、教育相談が低年齢化している。保護者は、障害の理解やどのように教育を受けるかなどについて悩むことが多い。こうしたとき、聴覚だけでなく他の発達の障害に関わる知識や技能も身に付けておくことが求められる。特に、重複障害のある子どもの診断に当たっては、医学、教育、心理学等の専門家が一体となり、実態把握や指導の方向を定める必要がある。

（2）聞こえのしくみ

　以下、聞こえのしくみについては、神奈川県聴覚障害者福祉センターホームページより紹介する（図1）。

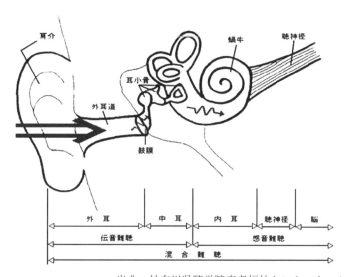

出典：神奈川県聴覚障害者福祉センターホームページより

図1　聞こえのしくみ

音が聞こえない、または聞こえにくい状態の聴覚障害は、病気や事故などで生じる場合や、生まれつきの場合、加齢による場合などがある。障害の部位によって、伝音難聴、感音難聴、そして、この両方がある混合難聴に分けられる。

伝音系は、耳介、外耳道、鼓膜、中耳の部分までである。中耳までに障害がある場合を伝音難聴といい、音が小さく聞こえる。

感音系は、内耳から脳の聞こえの中枢までである。内耳以降に障害がある場合を感音難聴といい、音が小さく歪んだ状態になるためことばがはっきりとは聞き取りにくくなる。加齢のために難聴になる老人性難聴も、この感音難聴である。

音の大きさをデシベル（dB）という単位で表す。医学的には25dB以上の大きさの音で、ようやく聞こえる場合に、聴覚障害という。会話が分かりにくい、情報が得にくい、コミュニケーションが取りにくいといった不便さが生じる。個人差が大きいため、その状況はさまざまである。

音声言語獲得期以前に重い聴覚障害になった場合をろう者、音声言語獲得期以後に重い聴覚障害になった場合を中途失聴者、軽・中度の聴覚障害で補聴器などを使って会話ができる場合を難聴者と呼ぶことがあるが、この区分も厳密なものではない。

（3）聴覚障害の程度による特徴
1）平均聴力レベル25〜40dBの聴覚障害

話声語を4〜5m、ささやき語を50cm以内で聞き取ることができ、一対一の会話場面での支障は少ないが、日常生活面では聞き返しが多くなる。学校などの集団の中では周囲の騒音に妨害されて聞き取れないことがあり、小学校などで座席が後ろの方であったりすると、教室の騒音等により教師の話が正確に聞き取れないことがある。その結果、言語力が伸びにくかったり、学習面での問題が生じたり、周囲とのコミュニケーションでトラブルが生じることもあるため、補聴の必要性も含めて慎重に対処が行われるべきである。さらに、平均聴力がこのレベルにとどまるとしても、高音急墜型難聴では子音の聞き取りが困難になり、構音に問題を生じることもあり得る。

2）平均聴力レベル40〜60dBの聴覚障害

通常の話し声を1.5〜4.5mで聞き取れるので、言語習得前に障害が生じた場合でも、家庭内での生活上の支障は見逃されやすい。言語発達の障害をきたして、学習面での困難を生じ得るため、適切な補聴の上で教育的

な配慮が必要である。難聴特別支援学級等の対象となる子どもは、この程度の難聴である。特別な教育課程を要する子どもであれば難聴特別支援学級での指導、通常の学習が可能な子どもで一部特別な指導を要するなら通級による指導を考えることになる。

3）平均聴力レベル 60 〜 90dB の聴覚障害

通常の話し声を 0.2 〜 1.5m で聞き取れるので、補聴器の補聴が適正であれば、音声だけでの会話聴取が可能である場合が多い。言語習得前に障害が生じた場合、注意しなければわずかな生活言語を獲得するにとどまる場合もあるので、適切な補聴器の装用と教育的な対応が不可欠である。

4）平均聴力レベル 90dB 以上の聴覚障害

言語習得期前に障害が生じた場合には、早期からの適切な教育的対応は必須である。また、人工内耳の装用も考えられる。聴覚障害の程度については個々の聴力型（低音部と高音部の聞こえのバランスの状態を表すもの）、補聴器や人工内耳の装用状況、教育的対応の開始年齢等の状態を把握することが重要であるため、関連諸施設等の意見を参考にする必要がある。

（4）聴覚障害のある子どもに必要な指導内容

小学校の段階では、保有する聴覚を活用すること、音声言語（話し言葉）の受容（聞き取り及び読話）と表出（話すこと）及び多様なコミュニケーション手段に関すること、学習場面では、子どもの具体的な経験等に照らし合わせて、言語（語句、文、文章）の意味理解を促進し、思考へと発展させること、読書の拡充などの言語概念の形成に関すること、人間関係の拡充、常識の補充に関することなどが必要である。また、中学校の段階では、障害の自覚や心理的な諸問題に関することや進路に関することなどの指導が必要である。

一般的には、聴覚障害の程度が重いほど、話し言葉によるコミュニケーションの困難が大きくなる。しかし、聴覚障害の程度と会話の能力とは、補聴器等による聴覚活用及び読話（口の形、表情などから話を読み取る）の能力も含めると、必ずしも比例しない。早期の教育的対応を行うことによって、言語の意味理解をはじめとする知的能力や社会性の発達については、成果を上げている。

聴力、話し言葉によるコミュニケーションの能力、言語の意味理解をはじめとする全体的な発達の状態等に基づいて、児童生徒等の指導内容・方法を検討する必要がある。例えば、話し言葉によるコミュニケーションに

不自由がある場合、学習内容への理解力はあっても、学習についていけなくなるおそれがある。そのため、授業では、聞き取りの不足を補うための指導法の工夫が必要である。また、言語（語句、文、文章）の意味理解が不足している場合や、学習内容の理解に遅れがある場合には、必要な経験の補充や進度の調整及び個に応じた指導が必要である。

（5）学校教育の場
1）特別支援学校（聴覚障害）
　聴覚障害が比較的重い者の教育のために整備された学校である。一般的に幼稚部、小学部、中学部及び高等部が置かれて準ずる教育を行っている。
2）難聴特別支援学級
　聴覚障害が比較的軽い者のための特別支援学級である。主として音声言語（話し言葉）の受容・表出（聞くこと・話すこと）についての特別な指導をすれば、通常の教育課程や指導方法によって学習が進められるような子どもを主な対象としている。
3）通級による指導（難聴）
　聴覚障害の程度が比較的軽度の者に対して、各教科等の指導は通常の学級で行いつつ、障害に応じた特別の指導を「通級指導教室」といった特別の場で行っている。
4）通常の学級
　聴覚障害が軽い場合には、通常の学級で留意して指導することが適切な場合もある。その際、主に指導方法に留意する。例えば、教室の座席配置や教師の話し方などの工夫によって、話し言葉によるコミュニケーションの円滑化を図る、教室内の音環境を考慮し、FM補聴器等を使用して、教師の声が安定して聴覚障害の子どもに届くような配慮や補助教材等の工夫、人間関係の調整や危険防止面での配慮を要することもある。

3　知的障害

　一般に、同年齢の子どもと比べて、「認知や言語などにかかわる知的機能」が著しく劣り、「他人との意思の交換、日常生活や社会生活、安全、仕事、余暇利用などについての適応能力」も不十分であるので、特別な支援や配慮が必要な状態とされている。その状態は、環境的・社会的条件で変わり得る可能性があるといわれている。知的機能に遅れがある場合には、乳幼児期に、同年齢の子どもと比較して言語発達が遅れたり、着替えや排泄な

どの基本的生活習慣に関する遅れが顕著であったりするほか、始歩の遅れ
など運動発達の遅れも見られることがある。保護者の心情を理解しながら
成長発達の状態を的確に把握し、生活に必要な望ましい習慣等を身に付け
ることができるよう、早期から発達段階に応じた教育的対応を行うことが
大切である。

○学校教育の場

1）特別支援学校（知的障害）

　幼稚部、小学部、中学部、高等部等が設けられている。高等部には、普通
科のほかに「家政」「農業」「工業」「流通・サービス」「福祉」の職業教育を
主とする学科が設けられていることもある。知的障害教育の教育目標は、一
人一人の全人的発達を図り、その可能性を最大限に伸ばすという点では、小・
中学校及び高等学校と同様である。しかし、個々の障害の特性を考慮すると、
日常生活や社会生活の技能や習慣を身に付けるなど、望ましい社会参加のた
めの知識、技能及び態度を養うことに重点を置くことになる。

①特別支援学校（知的障害）の教育課程・指導計画の特色

　発達段階や経験などを踏まえ、実生活に結び付いた内容を中心に構成し
ていることが大きな特色である。各学部における各教科の目標と内容は、
個々の障害の状態などを考慮して、小学部の生活科をはじめ、小学校等と
は別な各教科等の内容を設定している。また、教育課程は、各教科、道徳
科、外国語活動、特別活動、自立活動及び総合的な学習の時間（総合的な
学習の時間については小学部を除く）で編成している。しかし実際の指導
を計画し展開する段階では、学校教育法施行規則第130条第2項に基づき、
各教科、道徳科、外国語活動、特別活動及び自立活動の一部又は全部につ
いて、合わせて授業を行うことも取り入れられている。

②各教科の指導

　教科別の指導では、各教科の時間を設定して教科ごとに指導する。指導
を行う教科やその授業時数の定め方は、対象となる児童生徒等の実態に
よっても異なる。また、各教科の名称は小学校等とほぼ同じではあるが、
その目標や内容は、小学校等とは異なり、障害の特性に応じて、実際の生

写真1　国語の指導　　　　　　　　　（関本美希教諭提供）

活に生かすことができる事柄を指導するようになっている（**写真１**）。

③各教科等を合わせて指導する場合

ア．日常生活の指導は、子どもの日常生活が充実し、高まるように日常生活の諸活動を適切に指導するものである。日常生活の指導では、生活科の内容だけでなく、広範囲に各教科等の内容が扱われる。例えば、衣服の着脱、洗面、手洗い、排泄、食事、清潔など基本的生活習慣の内容や、挨拶、言葉遣い、礼儀作法、時間を守ること、決まりを守ることなどの日常生活や社会生活において必要で基本的な内容を取り上げる。

イ．遊びの指導は、遊びを学習活動の中心に据えて取り組み、身体活動を活発にし、仲間との関わりを促し、意欲的な活動を育み、心身の発達を促していくものである。遊びの指導では、生活科の内容をはじめ、各教科等に関わる内容が扱われ、場や遊具等が限定されることなく、子どもが比較的自由に取り組むものから、期間や時間設定、題材や集団構成などに一定の条件を設定し活動するといった比較的制約性が高い遊びまで連続的に設定される。

ウ．生活単元学習は、子どもが生活上の目標を達成したり、課題を解決したりするために、一連の活動を組織的に経験することによって、自立的な生活に必要な事柄を実際的・総合的に学習するものである。

エ．作業学習は、作業活動を学習活動の中心にしながら、子どもの働く意欲を培い、将来の職業生活や社会的自立に必要な事柄を総合的に学習するものである。作業学習で取り扱われる作業活動の種類は、農耕、園芸、紙工、木工、縫製、織物、金工、窯業、セメント加工、印刷、調理、食品加工、クリーニングなどのほか、販売、清掃、接客なども含み多種多様である。

２）知的障害特別支援学級

知的障害特別支援学級においては、特別の教育課程を編成した上で、小集団により学習環境を整備し、通常の学級に在籍する子どもとの交流及び共同学習を適切に進めたり、個別対応による指導を徹底したりしている。これらにより、子どもの教育上必要な指導内容を提供し、学校生活が充実するようにしている。知的障害特別支援学級の教育課程は、原則として小学校及び中学校の学習指導要領に基づく諸規定が適用されるが、子どもの障害の状態等から、特別支援学校（知的障害）の学習指導要領を参考とし

写真２　算数の指導
（鈴木くるみ教諭提供）

118

て、その内容を取り入れるなど、特別の教育課程を編成することが認められている。したがって、教育課程編成や指導法は、特別支援学校の場合と共通することも多い（写真2）。

3）通常の学級

　個別に特別な指導内容等を設定することは難しいため、学級における単元指導計画に基づき指導内容を焦点化や重点化する。例えば、算数の授業で、「立方体・立体」を取り扱う際に、立方体や三角柱、円柱などの実物を用意し、実際に触れたりしながら立体の違いに気付くことに指導目標を絞って、その内容を重点的に指導する。ただし、書くことや読むことなどに時間を要したり、指示や説明を聞くことが断片的な理解になったりしがちなため、実際的・具体的な内容で指導内容・方法を設ける必要がある。

4　肢体不自由

　身体の動きに関する器官が、病気やけがで損なわれ、歩行や筆記などの日常生活動作が困難な状態をいう。運動機能障害に加えて、知的発達の遅れ、視覚や聴覚などにも障害を併せ有することがある。化学療法等による関節結核や脊椎結核（脊椎カリエス）の減少、ポリオワクチンによる脊髄性小児まひの発生防止、予防的対応と早期発見による先天性股関節脱臼の減少等により、これらの疾患は近年では減少している。特別支援学校（肢体不自由）では、脳原性疾患の子どもが大半を占めるようになっており、障害の重度・重複化が進んでいる。

（1）肢体不自由児に必要な指導内容

- 間接的な経験が多く、直接的な体験や社会経験が不足しがちになるため、不足を補うような指導内容・方法を取り上げ、生活経験の拡大を図る。
- 表出・表現する力を育成するため、ICT（Information and Communication Technology：情報通信技術）やAT（Assistive Technology：支援技術）など入力装置の開発や工夫を行い、スイッチやシンボルを押すことで自分の伝えたいことを音声で読み上げるVOCA（Voice Output Communication Aids：携帯型会話補助装置）などのさまざまな

出典：ビッグマック［パシフィックサプライ㈱製品］

写真3　VOCA

教育支援機器を活用するなどして、主体的な学習活動を促す（**写真3**）。また、言語障害を伴う場合は、言語の表出や表現の代替手段等の選択・活用により、状況に応じたコミュニケーション能力を育む。障害の重い子どもの場合には、表情や身体の動き等の中に表出の手掛かりを見いだし、定着を図る。

- 脳性まひ等の場合は、発達過程上、緊張や反射によって身体からの諸情報のフィードバックが困難になりやすいため、誤学習や未学習が生じ、さまざまな認知の基礎となるボディーイメージの形成などにつまずきが見られる。学習の前提となる知識や技能（学習レディネス）、概念形成の面にも影響を及ぼすため、適切な内容を選択し指導する。

- 感覚・知覚の発達に向けて、主に視覚障害や聴覚障害への対応が必要であり、注視、追視、弁別、記憶、協応動作等に学習上の困難に留意して指導内容を選択する。また、見えにくさに対しては、教材・教具を工夫し不要な刺激を減らして見せ方に配慮する。

- 学習に対する興味・関心や意欲を高め、集中力や活動力をより引き出すために、姿勢づくりに取り組む。自立活動の担当教員等と協力し、個に応じた指導を展開する。

- 医療的なニーズへの対応として、保護者や主治医、看護師等と密接な連携を図り、関節の拘縮や変形の予防、筋力の維持・強化、呼吸や摂食機能の維持・向上などに継続的に取り組む。

- 中途障害も含めて、障害理解と自己理解、自己管理、自己肯定感等の自己を確立し障害による学習や生活上の困難を改善・克服する意欲を高めるような指導を進める。

（2）学校教育の場
1）特別支援学校（肢体不自由）

小学部、中学部及び高等部が設置され、一貫した教育が行われている。特別支援学校（肢体不自由）の中には、学校が単独で設置されている形態の他、医学的治療が必要な者を対象とした障害児入所支援（医療型障害児入所施設等）と併設・隣接している形態等がある。また、寄宿舎を設置したり訪問教育を行ったりしている学校もある。

2）肢体不自由特別支援学級

必要に応じて、小・中学校に設置されている。教育目標と教育課程の編成については、各教科、道徳、外国語活動、特別活動及び総合的な学習の時間の指導の他に、運動・動作や認知能力などの向上をめざした自立活動の指導も行われている。

3）通級による指導（肢体不自由）

　各教科等の指導は主として通常の学級で行いつつ、自立活動や各教科の補充指導を個々の障害の状態に応じた特別の指導として特別の指導の場（通級指導教室）で行う。

4）通常の学級

　肢体不自由児が、通常の学級に在籍する場合には適切な配慮が必要である。個々の障害の状態や各学校等の実情を踏まえて合理的配慮を行う。例えば、上肢や下肢の動きの困難さがあるため、移動や排せつや着替え等の日常生活動作に支援が必要な場合が多い。移動や日常生活動作の支援のために介助員をつけたり、施設・設備を改善したりといった対応がある。また、教室配置を工夫して移動の困難さを軽減することや、既存の設備を改善して使いやすくするようなこともある。また、指導内容・方法について支援が必要な場合もある。上肢の動きが困難な場合には、他の児童生徒等と同じ学習内容を行うことは難しいため、学習の量と時間を調整することやICT等の支援機器の使用を検討する。

5　病弱・身体虚弱

　病弱も身体虚弱も、医学用語ではなく一般的な用語である。病弱とは心身の病気のため弱っている状態を表している。また、身体虚弱とは病気ではないが身体が不調な状態が続く、病気にかかりやすいといった状態を表している。これらの用語は、このような状態が継続して起こる、又は繰り返し起こる場合に用いられる。近年は、医学等の進歩に伴い入院の短期化や入院の頻回化（繰り返しての入院）、退院後も引き続き医療や生活規制が必要となるケースの増加など、病弱児の治療や療養生活は大きく変化している。医師や看護師、心理の専門家等による治療だけでなく、学習への不安、病気や治療への不安、生活規制等によるストレスなどの心身の状態を踏まえた教育を必要とすることが多い。

○学校教育の場

1）特別支援学校（病弱）

　病気等により継続して医療や生活上の管理が必要な幼児児童生徒に対して、個々の病弱・身体虚弱に応じた教育的配慮をしながら教育を実施している。一般的に病院に隣接・併設されている学校が多い。学校と離れた病院においても、院内に教室や職員室をおいて分校や分教室を設置したり、

病院・施設、自宅への訪問教育を行ったりしている。

　個々の障害の状態等を考慮して、弾力的な教育課程（小学校、中学校の各教科を下学年の目標及び内容の一部又は全部に替えた教育課程、小学校、中学校、高等学校の各教科を下学部の目標及び内容の一部又は全部に替えた教育課程、知的障害特別支援学校の各教科の目標及び内容の一部又は全部に替えた教育課程、各教科等の目標及び内容の一部又は全部を自立活動を主とした教育課程）を編成し、小・中学校等に準じた各教科等の指導を行っている。また、障害による学習上、生活上の困難を主体的に改善・克服するための自立活動の時間では、身体面の健康維持とともに、病気に対する不安感や自身の喪失などに対するメンタル面の健康維持を目的とした指導を行っている。

　治療等によって学習空白がある場合は、グループ学習や個別指導で授業を行ったり、治療で長時間の学習が困難な児童生徒については、学習時間を短くしたりするなどして、柔軟に学習できるように配慮している。また、健康の維持・管理や運動制限等のために、退院後も自宅等から通学している者もいる。

２）病院内に設けられている病弱・身体虚弱特別支援学級

　入院中の子どものために、病院の近隣にある小中学校の病弱・身体虚弱特別支援学級や特別支援学校（病弱）の分校や分教室などがある。

３）小・中学校の校舎内に設けられている病弱・身体虚弱特別支援学級

　小中学校内に設けられた病弱・身体虚弱特別支援学級には、特別支援学校（病弱）と同じ障害の程度の子どもも在籍しているが、多くの場合は入院を必要としないが、持続的又は間欠的に医療や生活の管理が必要な子どもである。通常の学級で健康な子どもと一緒の生活をすると、健康状態を保てなかったり病状が悪化したりするおそれがあるため、病状に十分に配慮した指導を受けることが望ましい。

４）通級による指導（病弱・身体虚弱）

　病気の子どもの多くは、小中学校の通常の学級に在籍している。通常の学級に在籍する病気の子どもは、学校生活上では、ほとんど配慮等を必要としない。又は、体育の実技や理科の観察・実験等の際に健康面や安全面に配慮することにより、多くの場合、他の健康な子どもと一緒に学習することができる。

５）通常の学級

　病気の子どもの多くは、小中学校等の通常の学級で、健康面や安全面等に留意しながら学習していることが多い。また、継続的な治療や特別な配慮・支援が必要であっても、病気の状態や学習環境の整備状況等によっては、通常の学級で留意して指導することが適当な場合もある。

第 **7** 章

自立活動の指導

　本章では、自立活動の指導の意義、指導内容・方法に関する理解を深める。

1　自立活動の意義

○自立活動とは

　障害のある児童生徒等の場合は、その障害によって、日常生活や学習場面においてさまざまなつまずきや困難が生じるため、小・中学校等の児童生徒等と同じように心身の発達の段階等を考慮して教育するだけでは十分とは言えない。したがって、個々の実態把握によって導かれる「人間としての基本的な行動を遂行するために必要な要素」と、「障害による学習上又は生活上の困難を改善・克服するために必要な要素」について、いわゆる心身の調和的な発達の基盤に着目して指導する「自立活動の指導」が必要となってくる。

　この自立活動のねらいは、「障害のある幼児児童生徒一人一人が自立を目指し、障害による学習上又は生活上の困難を主体的に改善・克服するために必要な知識、技能、態度及び習慣を養い、もって心身の調和的発達の基盤を培う。」（特別支援学校教育要領・学習指導要領）ことである。自立活動の指導に当たっては、一人一人の障害の状態や特性及び心身の発達の段階等に即して指導を行うことが基本である。そのため、個別の指導計画を作成し一人一人の実態把握を的確に行うとともに、指導すべき課題を明確にし、個別に指導目標（ねらい）や具体的な指導内容を定める必要がある。

　さらに、平成25（2013）年6月に「障害を理由とする差別の解消の推進に関する法律」が制定され、平成28（2016）年4月に施行された。そして、平成24（2012）年7月に中央教育審議会初等中等教育分科会が取りまとめた「共生社会の形成に向けたインクルーシブ教育システム構築のための特別支援教育の推進（報告）」では、学校教育における合理的配慮について定義された。これらの法令等に示された合理的配慮の趣旨や意義に照らし合わせると、自立活動の指導と合理的配慮との関連性を考慮しながら指導内容・方法を充実する必要がある。

2　自立活動の内容

（1）6区分27項目

　発達障害や重複障害を含めた障害のある児童生徒等の多様な障害の種類や状態等に応じた指導を一層充実するため、「1健康の保持」の区分に「(4)障害の特性の理解と生活環境の調整に関すること。」の項目が設けられた。また、自己の理解を深め、主体的に学ぶ意欲を一層伸長するなど、発達の段階を踏まえた指導を充実するため、「4環境の把握」の区分の下に設けられていた項目が「(2)感覚や認知の特性についての理解と対応に関すること。」と改められた。さらに、感覚を総合的に活用した周囲の状況の把握にとどまることなく、把握したことを踏まえて、的確な判断や行動ができるようにすることを明確にするため、「(4)感覚を総合的に活用した周囲の状況についての把握と状況に応じた行動に関すること。」と改められた。

（2）個別の指導計画の作成と内容の取扱い

　個別の指導計画の作成について、実態把握から指導目標（ねらい）や具体的な指導内容の設定までの手続きの中に、「指導すべき課題」を明確にすることが加えられて、手続きの各過程を整理する際の配慮事項が示された。また、小学部及び中学部においては、個々の児童生徒に対し、自己選択及び自己決定する機会を設けることによって、思考したり、判断したりすることができるような指導内容を取り上げることが示された。さらに、個々の児童生徒等が、自立活動における学習の意味を将来の自立や社会参加に必要な資質・能力との関係において理解し、取り組めるような指導内容を取り上げることが示された。

（3）小学校学習指導要領及び中学校学習指導要領での取扱い

1）総則における「特別な配慮を必要とする児童生徒への指導」

　特別支援教育に関する教育課程編成の基本的な考え方や個に応じた指導を充実させるための教育課程実施上の留意事項などが一体的に分かるよう、障害のある児童生徒などへの指導、海外から帰国した児童生徒などの学校生活への適応や日本語指導の習得に困難のある児童生徒に対する日本語指導、不登校児童への配慮が示された。

2）特別支援学級における自立活動

　特別支援学級において実施する特別の教育課程の編成に係る基本的な考え方の一つとして、「障害による学習上又は生活上の困難を克服し自立を

図るため、特別支援学校小学部・中学部学習指導要領に示す自立活動を取り入れること。」が示された。

3）通級による指導における自立活動

通級による指導を行い、特別の教育課程を編成する場合について、「特別支援学校小学部・中学部学習指導要領に示す自立活動の内容を参考とし、具体的な目標や内容を定め、指導を行うものとする。その際、効果的な指導が行われるよう、各教科等と通級による指導との関連を図るなど、教師間の連携に努めるものとする。」が示された。

4）個別の指導計画等の作成

特別支援学級に在籍する児童生徒及び通級による指導を受ける児童生徒については、「個々の実態を的確に把握し、個別の教育支援計画や個別の指導計画を作成し、効果的に活用するものとする。」が示された。

（4）自立活動の内容

自立活動の内容は、人間としての基本的な行動を遂行するために必要な要素と、障害による学習上又は生活上の困難を改善・克服するために必要な要素を検討して、その中の代表的なものを項目として6区分の下に分類・整理したものである（表1）。指導に当たっては、児童生徒等の実態把握を基に、1 健康の保持、 2 心理的な安定、3 人間関係の形成、4 環境の把握、5 身体の動き、6 コミュニケーションの6区分27項目の中から、一人一人に必要とされる項目を選定し、それらを相互に関連付けて具体的な指導内容を設定することになる。

表1　自立活動の6区分27項目

1　健康の保持 　生命を維持し、日常生活を行うために必要な健康状態の維持・改善を身体的な側面を中心として図る観点から内容を示している。 　(1)　生活のリズムや生活習慣の形成に関すること。 　(2)　病気の状態の理解と生活管理に関すること。 　(3)　身体各部の状態の理解と養護に関すること。 　(4)　障害の特性の理解と生活環境の調整に関すること。(新設) 　(5)　健康状態の維持・改善に関すること。
2　心理的な安定 　自分の気持ちや情緒をコントロールして変化する状況に適切に対応するとともに、障害による学習上又は生活上の困難を主体的に改善・克服する意欲の向上を図り、自己のよさに気付く観点から内容を示している。 　(1)　情緒の安定に関すること。 　(2)　状況の理解と変化への対応に関すること。 　(3)　障害による学習上又は生活上の困難を改善・克服する意欲に関すること。

3　人間関係の形成

　自他の理解を深め、対人関係を円滑にし、集団参加の基盤を培う観点から内容を示している。
(1)　他者との関わりの基礎に関すること。
(2)　他者の意図や感情の理解に関すること。
(3)　自己の理解と行動の調整に関すること。
(4)　集団への参加の基礎に関すること。

4　環境の把握

　感覚を有効に活用し、空間や時間などの概念を手掛かりとして、周囲の状況を把握したり、環境と自己との関係を理解したりして、的確に判断し、行動できるようにする観点から内容を示している。
(1)　保有する感覚の活用に関すること。
(2)　感覚や認知の特性についての理解と対応に関すること。
(3)　感覚の補助及び代行手段の活用に関すること。
(4)　感覚を総合的に活用した周囲の状況についての把握と状況に応じた行動に関すること。
(5)　認知や行動の手掛かりとなる概念の形成に関すること。

5　身体の動き

　日常生活や作業に必要な基本動作を習得し、生活の中で適切な身体の動きができるようにする観点から内容を示している。
(1)　姿勢と運動・動作の基本的技能に関すること。
(2)　姿勢保持と運動・動作の補助的手段の活用に関すること。
(3)　日常生活に必要な基本動作に関すること。
(4)　身体の移動能力に関すること。
(5)　作業に必要な動作と円滑な遂行に関すること。

6　コミュニケーション

　場や相手に応じて、コミュニケーションを円滑に行うことができるようにする観点から内容を示している。
(1)　コミュニケーションの基礎的能力に関すること。
(2)　言語の受容と表出に関すること。
(3)　言語の形成と活用に関すること。
(4)　コミュニケーション手段の選択と活用に関すること。
(5)　状況に応じたコミュニケーションに関すること。

※特別支援学校教育要領・学習指導要領解説より引用作成　アンダーラインは今回の学習指導要領の改訂部分である。

3　自立活動の教育課程上の位置付け

（1）特別支援学校の場合

　特別支援学校の目的は、学校教育法第72条で、「特別支援学校は、視覚障害者、聴覚障害者、知的障害者、肢体不自由者又は病弱者（身体虚弱者を含む。以下同じ。）に対して、幼稚園、小学校、中学校又は高等学校に準ずる教育を施すとともに、障害による学習上又は生活上の困難を克服し自立を図るために必要な知識技能を授けることを目的とする。」と、示さ

れている。

　この前段は、特別支援学校においては、幼稚園、小学校、中学校又は高等学校に「準ずる教育」を行うことを示している。そして、後段は、個々の児童生徒等が自立を目指し、障害による学習上又は生活上の困難を主体的に改善・克服するために必要な知識、技能、態度及び習慣を養う指導のことであり、自立活動の指導を中心として行われる。この自立活動は、授業時間を特設して行う自立活動の時間における指導を中心とし、各教科等の指導においても、自立活動の指導と密接な関連を図って行われなければならない。

（2）特別支援学級、通級による指導、通常の学級の場合
１）自立活動を取り入れた特別の教育課程の編成

　小・中学校等の特別支援学級や通級による指導においては、児童生徒等の障害の状態等を考慮すると、特別支援学校学習指導要領に示されている自立活動等を取り入れた特別の教育課程を編成する必要性が生じる場合がある。このため、学校教育法施行規則には、特別支援学級又は通級による指導において、「特に必要がある場合には、特別の教育課程によることができる」ことを規定している（学校教育法施行規則第138条、同第140条）。

２）特別支援学級において特別の教育課程を編成する場合

　小・中学校学習指導要領では、「障害による学習上又は生活上の困難を克服し自立を図るため、特別支援学校小学部・中学部学習指導要領第7章に示す自立活動を取り入れること。」と示された。

３）通級による指導において特別の教育課程を編成する場合

　小・中学校学習指導要領では、「特別支援学校小学部・中学部学習指導要領第7章に示す自立活動の内容を参考とし、具体的な目標や内容を定め、指導を行うものとする。その際、効果的な指導が行われるよう、各教科等と通級による指導との関連を図るなど、教師間の連携に努めるものとする。」ことが示された。

　加えて、特別の教育課程について定める告示（平成5年文部省告示第7号）には、小・中学校等における障害に応じた特別の指導は、「障害による学習上又は生活上の困難を改善し、克服することを目的とする指導とし、特に必要があるときは、障害の状態に応じて各教科の内容を取り扱いながら行うことができることとする。」とされ、障害に応じた特別の指導の内容の趣旨を明確に規定している。

　その際、「障害による学習上又は生活上の困難を改善又は克服する」と

いう通級による指導の目的を前提としつつ、特に必要があるときは、障害の状態に応じて各教科の内容を取り扱いながら指導を行うことも可能であるが、単に各教科の学習の遅れを取り戻すための指導など、通級による指導とは異なる目的で指導を行うことがないよう留意しなければならない。

４）通常の学級の場合

　通常の学級に在籍している児童生徒の中には、通級による指導の対象とはならないが障害による学習上または生活上の困難の改善・克服を目的とした指導が必要となる者がいる。小・中学校学習指導要領では、特別な配慮を必要とする児童生徒への指導を行う場合に、「特別支援学校等の助言又は援助を活用しつつ、個々の児童生徒の障害の状態等に応じた指導内容や指導方法の工夫を組織的かつ計画的に行うものとする。」と示された。また、第２章「各教科における指導計画の作成と内容の取扱い」では、障害のある児童生徒などに対し、学習活動を行う場合に生じる困難さに応じた指導内容・方法の工夫を計画的、組織的に行うことが示された。この場合、児童生徒の困難さを明らかにし、個別の教育支援計画や個別の指導計画を作成するなどして、必要な支援を考えていくことが望まれる。

（3）特別支援学校における自立活動の指導

　特別支援学校小学部・中学部学習指導要領（第１章第２節の２の(4)）では、自立活動の指導について、「学校における自立活動の指導は、障害による学習上又は生活上の困難を改善・克服し、自立し社会参加する資質を養うため、自立活動の時間はもとより、学校の教育活動全体を通じて適切に行うものとする。特に、自立活動の時間における指導は、各教科、道徳科、外国語活動、総合的な学習の時間及び特別活動と密接な関連を保ち、個々の児童又は生徒の障害の状態や特性及び心身の発達の段階等を的確に把握して、適切な指導計画の下に行うよう配慮すること。」と示された。

　つまり、自立活動の指導は、特設された自立活動の時間はもちろん、各教科、道徳科、外国語活動、総合的な学習の時間及び特別活動の指導を通じても適切に行わなければならない。そのため、自立活動の時間における指導と各教科等における指導とが密接な関連を保つことが必要である。また、一人一人の実態に即して作成された個別の指導計画に基づき、適切な指導実践が行われることが期待されている。

１）自立活動の時間に充てる授業時数

　特別支援学校小学部・中学部学習指導要領（第１章第３節の３の(2)のオ）では、自立活動の時間に充てる授業時数について、「児童又は生徒の

障害の状態や特性及び心身の発達の段階等に応じて、適切に定めるものとする。」と示された。自立活動の時間に充てる授業時数は、個々の児童生徒の障害の状態等に応じて、適切に設定される必要がある。

2）重複障害者等に関する教育課程の取扱い

　特別支援学校小・中学部学習指導要領（第1章第8節の4）では、重複障害者等に関する教育課程の取扱いについて、「重複障害者のうち、障害の状態により特に必要がある場合には、各教科、道徳科、外国語活動若しくは特別活動の目標及び内容に関する事項の一部又は各教科、外国語活動若しくは総合的な学習の時間に替えて、自立活動を主として指導を行うことができるものとする。」と示された。重複障害者については、個々の障害の状態が極めて多様であり、発達の諸側面にも不均衡が大きいため、心身の調和的発達の基盤を培うことをねらいとした指導が必要となる。これらの指導は、主として自立活動において行われているため、自立活動の指導を中心に行うことが規定されている。

　なお、重複障害者とは、学校に就学することになった障害以外に他の障害を併せ有する児童生徒であり、視覚障害、聴覚障害、知的障害、肢体不自由及び病弱について、原則的には学校教育法施行令第22条の3において規定している程度の障害を複数併せ有する者を指している。しかし、指導上の必要性から必ずしもこれに限定される必要はなく、言語障害、自閉症、情緒障害等を併せ有する場合も含めて考えてよい。

4　自立活動の個別の指導計画の作成と内容の取扱い

（1）自立活動の指導の取扱い

1）幼稚部における自立活動

　幼稚部教育要領に示す健康、人間関係、環境、言葉及び表現の5領域のねらい及び内容との関連を図り、具体的な活動を通して総合的に指導したり、この領域に重点を置いて指導したりする場合がある。

2）小学部・中学部における自立活動

　個々の児童生徒の障害の状態や特性及び心身の発達の段階等を的確に把握し指導課題を明らかにするとともに、指導目標を設定し指導内容を精選しながら、個別の指導計画を作成する。その際、自立活動の内容の中から必要とする項目を選定し、それらを相互に関連付けて具体的に指導内容を設定する。

3）自立活動の内容の取扱い

　自立活動の6区分は、実際の指導を行う際の「指導内容のまとまり」を意味しているわけではない。自立活動の内容は、人間としての基本的な行動を遂行するために必要な要素と、障害による学習上又は生活上の困難を改善・克服するために必要な要素を挙げ、それらを分類・整理したものであることに留意する必要がある。

（2）自立活動における個別の指導計画の作成

1）児童生徒等一人一人の実態把握

　児童生徒等一人一人の実態把握では、児童生徒等の困難なことのみを観点にするのではなく、長所や得意としていることも把握することが大切である。実態把握には、観察法、面接法、検査法等の方法がある。また、収集する情報は、病気等の有無や状態、生育歴、基本的な生活習慣、人やものとの関わり、心理的な安定の状態、コミュニケーションの状態、対人関係や社会性の発達、身体機能、視機能、聴覚機能、知的発達や身体発育の状態、興味・関心、障害の理解に関すること、学習上の配慮事項や学力、特別な施設・設備や補助用具（機器を含む）の必要性、進路、家庭や地域の環境等が挙げられる。

2）指導の目標（ねらい）の設定

　自立活動の個別の指導計画を作成する上で、最も重要な点が、実態把握から指導の目標（ねらい）を設定するまでのプロセスにある。例えば、児童生徒等の実態把握から課題を焦点化していくに当たって、指導開始時点までの学習の状況から、「できること」「もう少しでできること」「援助があればできること」「できないこと」などが明らかになる。これらのうちから、その年度の指導目標（ねらい）の設定に必要な課題に焦点を当て、中心となる課題を選定していく。そのため、何に着目して課題の焦点化を行うか、その視点を校内で整理し共有することが必要である。自立活動について、学習指導要領には、教科のように目標の系統性は示されていないので、自立活動における指導の継続性を確保するために、個別の指導計画を確実に引き継いでいく必要がある。

3）個別の指導計画作成の流れ

①一人一人の児童生徒等の実態（障害の状態、発達や経験の程度、興味・関心、生活や学習環境などの実態等）を的確に把握する。

②実態把握に基づいて指導すべき課題を抽出し、課題相互の関連を整理する。

③個々の実態に即した指導の目標（ねらい）を明確に設定する。

④自立活動の内容の中から、個々の指導の目標（ねらい）を達成するために必要な項目を選定する。

⑤選定した項目を相互に関連付けて具体的な指導内容を設定する。

⑥他の教科・領域との関連を図り、指導上留意すべき点を明確にする。

4）個別の指導計画（事例1）

　事例1は、注意欠陥多動性障害があり、衝動性等により学級のルール等を守ることが苦手である小学校第3学年の児童に対して、集団の中における感情や行動を自分でコントロールする力を高める指導を行うための具体的な指導内容を設定するまでの例である。

※特別支援学校学習指導要領解説自立活動編より引用、一部筆者が加筆

［事例1］

学校・学年	小学校・第3学年
障害の種類・程度や状態等	注意欠陥多動性障害　衝動性等により学級のルール等を守ることが苦手である。
事例の概要	集団の中における感情や行動を自分でコントロールする力を高めるための指導

　①に示すように、実態把握を行い必要な情報を収集する。

> ①　障害の状態、発達や経験の程度、興味・関心、学習や生活の中で見られる長所やよさ、課題等について情報収集
>
> ・学級のルール等は理解しているが、自分がしたいことを優先してしまう。
> ・教科学習の理解はよく習得も速いが、出し抜けに答えたり友達に伝えたりしてしまう。また、テストでは解答欄を間違えるなどのうっかりミスが多い。
> ・小動物が好きで捕まえた昆虫等を、友達の目の前に突然突き付け驚かせる。
> ・遊びやゲームを面白くする工夫やルールの提案が得意だが、それを唐突に変える。
> ・人や物にぶつかることが多く、それに気付かないためにけんかになる。
> ・球技など道具を操作する活動が苦手で、ゲームの途中で投げ出してしまう。
> ・約束や決まりを聞いて覚えるより、必要事項を紙面で見ながら説明を聞く方が理解しやすい。
> ・突発的な発言で友達を泣かせたことを指摘されてもなかなか謝らないが、落ち着いてから話すと「泣かせたのは僕が悪かったかもしれない」と言う。
> ・最近、「なぜ、うまくいかないのだろう」と後で自分を責めることがある。
> ・プリントの問題が多いと投げ出すが、細かく区切ると最後まで解く。
> ・役割を与えられたり、取組を認められたりすると熱心に活動する。

　①で収集した情報を②－1から②－3までに示す三つの観点から整理する。

②−1　収集した情報（①）を自立活動の区分に即して整理する段階					
健康の保持	心理的な安定	人間関係の形成	環境の把握	身体の動き	コミュニケーション
	・前向きで活動的であるが、最近、少しできない自分を責めるような発言が見られる。 ・穏やかに話しかけると興奮することが少ない。	・他者のために役立ちたい、他者と関わりたいという気持は強い。 ・落ち着いていれば相手の心情を理解できるが、その前に行動してしまう。	・聞くより見る方が理解しやすい。	・人や物にぶつかる、道具を使用することが苦手など、意識的に身体操作をすることに困難がある。	・相手の立場を意識することが難しく、自分の興味・関心を優先してしまう。

②−2の観点から、学習上又は生活上の困難の視点や過去の学習の状況を踏まえて整理する。

②−2　収集した情報（①）を学習上又は生活上の困難や、これまでの学習状況の視点から整理する段階
・学習に関しては高い理解力があり、解答欄を間違うなどのうっかりミスが多い以外は特に問題はない。しかし今後、学習において複雑な思考や過程を必要とする場面が増えることが予想され、できないことや失敗が繰り返されることにより、学習に対する意欲が低下するおそれもある。（心） ・生活に関しては、周囲の状況を判断することなく興味本位の活動をしてしまい失敗することや、集団や授業におけるルールの大切さが理解できていても、実際の場面では守れないことが問題となっている。（人・環・コ）

※各項目の末尾の（　）は、②−1における自立活動の区分を示す。

2−③の観点から、3年後の姿を想定して整理する。

②−3　収集した情報（①）を○○年後の姿の観点から整理する段階
・保護者は、衝動的な言動により、高い理解力を生かし切ることができないことや、友達との距離が離れてしまうことを心配している。（心・人） ・叱責や失敗体験が成功体験を上回ると、学習や生活に対する意欲や自信が低下することが考えられる。（心・人） ・本人の特性に応じた配慮が続けられれば、中学校に行っても本来持っている力を発揮することができるだろう。（人・環）

※各項目の末尾の（　）は、②−1における自立活動の区分を示す。

③に示すように、把握できた実態をもとに指導すべき課題を抽出する。

③　①をもとに②−1、②−2、②−3で整理した情報から課題を抽出する段階
・自分の行動がどのような影響を及ぼすのかを想像したり、周囲の人の表情や口調等から読み取ったりして、適切に判断して行動することやルールを守ることなどが難しい。（心・人・環） ・ルールは知っていても、よくないと気付いた時にすぐに謝罪することが難しい。（人・コ）

※各項目の末尾の（　）は、②−1における自立活動の区分を示す。

④に示すように、③で示している抽出した指導すべき課題同士の関連を整理し、中心的な課題を導き出す。

④ ③で整理した課題同士がどのように関連しているかを整理し、中心的な課題を導き出す段階
・落ち着いた状況であれば、相手の表情や口調等から適切な判断ができることが多く、認められると熱心に取り組むことから、衝動的な言動をコントロールできたときは、すぐに褒めることにより、徐々に自分の言動をコントロールできるようになることが期待できる。現段階では、落ち着いた場面では適切な行動ができることが多くみられるが、少しずつ自信や意欲を失くしかけていることもみられる。個別指導や小集団場面で、望ましい行動をとったときや望ましくない行動をとらなかったとき、指導者が本人の意欲が高まる方法で適切に評価することが大切である。 ・視覚的な情報からルールを守ることの大切さを知るとともに、ルールを守ったり衝動的な言動を減らしたりすることで楽しい活動ができる経験を多く積み、自分の身体をコントロールすることで気持ちを安定させる方法を学ぶなどして、衝動的な言動をコントロールする力を高める。

⑤に示すように、指導目標を設定する。

課題同士の関係を整理する中で今指導すべき目標	⑤ ④に基づき設定した指導目標を記す段階
	・通級による指導の場において、成功体験を実感することのできる学習環境の中で、衝動的な言動をコントロールしながら、望ましいコミュニケーションや円滑な集団参加ができる。

⑥に示すように、自立活動の内容から項目を選定する。

指導目標を達成するために必要な項目の選定	⑥ ⑤を達成するために必要な項目を選定する段階					
	健康の保持	心理的な安定	人間関係の形成	環境の把握	身体の動き	コミュニケーション
		(3)障害による学習上又は生活上の困難を改善・克服する意欲に関すること。	(2)他者の意図や感情の理解に関すること。 (3)自己の理解と行動の調整に関すること。			(5)状況に応じたコミュニケーションに関すること。

⑦に示すように、項目と項目を関連付け具体的な指導内容を設定する。

⑦　項目と項目を関連付ける際のポイント
・個別や小集団の落ち着いた雰囲気の中で他者とのやり取りができ、適切な評価を受けることができることから、(心)(3)と(人)(3)と(コ)(5)を関連付けて設定した具体的な指導内容が、⑧アである。 ・望ましい言動や自分の言動を客観的に見る経験が少ないことから、(人)(2)と(コ)(5)を関連付けて設定した具体的な指導内容が、⑧イである。 ・常に自分の気持ちを安定させたり、衝動的になりそうな場面で落ち着いたりする方法を知り、自分に合った方法を身に付けるために、(心)(3)と(人)(2)(3)を関連付けて設定した具体的な指導内容が、⑧ウである。

※各項目の末尾の（　）は、②－1における自立活動の区分を示す。

⑧に示すように、具体的な指導内容を設定する。

選定した項目を関連付けて具体的な指導内容を設定	⑧　具体的な指導内容を設定する段階		
	ア　小集団において、ルールを守ることや負けた時の対応方法などを身に付けるため、簡単なルールのあるゲーム等に取り組む。	イ　ビデオや絵の場面に応じた登場人物の気持ちを考えて、学校の中で起こるさまざまな場面を適切に演じる。 ビデオで自分の言動を客観的に見ながら、適切な行動について話し合いその理由を理解する。	ウ　気持ちを安定させるために、身体を自分で適切にコントロールできるようになる。

5）個別の指導計画（事例2）

　事例2は、知的障害と肢体不自由（脳性まひ）の重複障害があり、筋緊張や目的的な動作が難しい知的障害特別支援学校小学部2学年の児童に対して、筋緊張をほぐし身体の動きを高めることやコミュニケーション力を育むための具体的な指導内容を設定するまでの例である。

[事例2]

学部・学年	知的障害特別支援学校　小学部2学年
障害の種類・程度や状態等	知的障害・肢体不自由（脳性まひ）
事例の概要	身体をコントロールする力を高めるための指導

1．実態把握を行い必要な情報を収集

　①障害の状態、発達や経験の程度、興味・関心、学習や生活の中で見られる長所やよさ、課題等について情報収集する。

- 自立活動を主とする教育課程、知的障害特別支援学校の小学部1段階の各教科の内容を学習している。
- 日常生活面では、基本的な生活習慣が未だ確立していない。オムツをしており、定期的な排泄が難しい。
- 普通の椅子に座るとずり落ちてしまうため、姿勢保持椅子を用いている。あぐら座位は一人では、不安定である。
- 一人で便座に座って排泄の姿勢をとることは難しいが、教師が両手を引き上げることで、立ち上がったり、便座へしゃがみ込んだりすることができる。
- 日常の生活では、膝立ち、四つ這い、立位等の姿勢がとれるまで教師が介助をすることで、姿勢の保持ができる。自ら姿勢を変換しようとする意思は見受けられるが、姿勢の変換までには至らない。
- 明確な発語はないが、教師の呼びかけに対しては顔を向けたり視線を合わせたりする。
- 両手で手もみをすることが多く、日常生活では目的をもった意図的な行動をとることが難しい。
- 個別学習で、プットインやペグ挿しで3〜5cmのカラーボールやペグを持たせると、握って投げる。
- 身近な人に対して、手を伸ばして触ろうとする。

②-1　収集した情報（①）を自立活動の区分に即して整理する段階

健康の保持	心理的な安定	人間関係の形成	環境の把握	身体の動き	コミュニケーション
・風邪をひくことが多く不安定である。 ・オムツをしており、定期的な排泄が難しい。 ・やせているため、臀部（座骨）にあざがある。	・大きな変化がない場合は、基本的に気持ちは安定している。 ・人や好きな物を見たり、音楽を聴いたりしながら、笑顔でいることもある。 ・常同行動として、手もみを繰り返したり、トントンと机を叩いたりしてリズムをとっている。	・近場にいる人には、興味を抱き、その人の方へ腕を伸ばして引き寄せようとしたり、自分の顔を近づけようとしたりする。 ・時として、大勢の中では、自傷行為で自分の頭を叩いたりする。 ・担任の声や顔は覚えており、担任が言葉掛けしたらその方を見る。	・校内でよく行くトイレ、保健室、体育館などは、その場所を理解しており、担任とともに移動するときは方向が定まっている。 ・カラーボールやペグなどを持つと掴んで投げる。 ・音の出る玩具で遊ぶときもあるが、基本は静かな雰囲気を好む。感覚遊びのレベル。 ・手もみや机を指先で叩く感覚やリズムを楽しむ。	・筋緊張が強いため、座位、四つ這い、立位などのセッティングされた姿勢のポジショニングが難しい。 ・歩行は、側方介助による。 ・頸部や体幹部の動きが乏しい。胸部は、右凸側弯。骨盤後傾。股関節が屈曲しづらく下肢は伸展優位。 ・物を握る、投げる、触れることはできるが、目的的な操作は難しい。	・担任へは、顔や目線を合わせたり、腕を伸ばして手で触ったりしようとする。 ・大勢の集団の中では、ときに大声を出したり、床を叩いたりして、不満や拒否の感情を表す。 ・言語の理解や発語による表出は1歳未満。

136

②-2　収集した情報（①）を学習上又は生活上の困難や、これまでの
　　　学習状況の視点から整理する段階

- 登校時、給食前、下校前に提示排泄の指導をしているが、定着しない。学校での様子を保護者に伝えて、排泄時間を予測して定時排泄を促す。（健）
- 日常の生活では、介助によって椅子からの立ち上がりや歩行による移動は可能である。しかし、身体の緊張が強く自ら弛緩した状態をコントロールして行動することができないので、体幹や下肢は姿勢を保持しようと過度に伸展筋を使う傾向があり、筋肉が弛緩しづらくなっている。そのために、トイレに座るときなど、勢い余ってドスンと尻を付けて座ってしまう場合がある。身体の柔軟性や可動域を広げながら、目的的な動きを増やして、人や物と関わる機会を広げていく必要がある。（心）（人）（環）（身）（コ）
- 自ら興味を抱く場合が少ないが、担任などの身近な人が傍に来たり、気に入っている遊具のオルゴールの音などを聞いたりしたときには、そちらの方に顔を向けて注視することができる。しかし、日常的には、その場で手もみをしたり、机をトントンと指先で叩いたりしているときが多い。このように、自己刺激以外の自発的な動きがほぼなく、受動的な姿勢が多い。人や物へ興味を持ちながら、自ら要求したり表出したりすることができるような場面を増やしていく必要がある。（心）（人）（環）（コ）

②-3　収集した情報（①）を○○年後の姿の観点から整理する段階

- 定時排泄ができるような基本的な生活習慣を身に付けること。
- 介助を減らして、自ら立ち上がる、しゃがみ込む、歩行ができること。
- 自ら気持ちを表現したり、要求をしたりすること。
- 視線を向ける、カード等を活用したりして、目的的な動作を増やす、本人に合った選択する手段を身に付けること。

2．指導すべき課題の抽出

③　①をもとに②-1、②-2、②-3で整理した情報から課題を抽出
　　する段階

- 定時の排泄が難しく、頻尿のときがある。（健）
- 日常の生活や授業などでは、手もみや机を叩くなどを繰り返しており、自分の世界に入りやすい。（心）
- 関わりのある身近な者へは、顔を向けて手を伸ばしたり、自分の顔を近づけたりする。（人）
- カラーボールやペグを持つと、握って手から離すことができる。（環）
- 頸部や体幹部などの身体の動きが全体的に乏しい。筋緊張が強く、下肢は伸展が優位になり、股関節が屈曲しづらい。（身）
- 大勢でざわざわしている所などでは、大声を出したり、近場にいる者を叩いたりして、その場から離れようとして、拒否する態度や感情を表す。（コ）

④　③で整理した課題同士がどのように関連しているか整理し、中心的
　　な課題を導き出す段階

- 定時排泄が身に付いていないので、決まった時間に排泄することができるようにしたい。
- 手もみ等の自己刺激が多く周りに興味・関心が向きにくいので、学習課題に集中できるようにしたい。
- 表情や手の動き等で自らの意思や要求を表出する場面を増やしながら、「はい、いいえ」の気持ちを明確にしたい。
- 筋緊張が強いため、身体全体の機能を高めるために、体幹、上下肢の柔軟性と可動域を広げて、よりリラックスした動作を増やしていきたい。

3．指導目標の設定

⑤　④に基づき整理した指導目標を記す段階

- 玩具、揺れなどの感覚刺激で、身体の筋緊張を緩め体幹や上下肢の柔軟性と可動域を広げリラックスして動く。
- 「はい、いいえ」の意思表示を表情で伝える。

4．指導目標を設定するために必要な項目の選定

⑥　⑤を達成するために必要な項目を設定する段階

健康の保持	心理的な安定	人間関係の形成	環境の把握	身体の動き	コミュニケーション
(1)生活リズムや生活習慣の形成に関すること	(1)情緒の安定に関すること (3)障害による学習上又は生活上の困難を改善・克服する意欲に関すること	(1)他者との関わりの基礎に関すること	(1)保有する感覚の活用に関すること (5)認知や行動の手掛かりとなる概念の形成に関すること	(1)姿勢と運動・動作の基本的技能に関すること (4)身体の移動能力に関すること	(1)コミュニケーションの基礎的能力に関すること (2)言語の受容と表出に関すること

5．項目間の関連付け

⑦　項目と項目を関連付ける際のポイント

○筋緊張を緩めて、体幹や上下肢の柔軟性や可動域を広げ、自発的な動作を行うために、(心)(3)、(環)(5)、(身)(1)(4)を関連付けた指導が、⑧アである。
○音の出る玩具やバルーン上の揺れなどの感覚刺激で、自ら身体を動かすことを楽しむために、(心)(1)、(人)(1)、(環)(1)、(身)(4)を関連付けた指導が、⑧イである。
○「はい、いいえ」の意思表示を表情で伝えるために、(環)(5)と(コ)(1)(2)を関連付けた指導が、⑧ウである。

6．具体的な指導内容

⑧　具体的な指導内容を設定する段階

ア．身体動作（寝返り、膝立ち、四つ這い、立ち上がり等）の各場面で、その目的を意識しながら、筋緊張をゆるめリラックスした状態で姿勢の保持・変換、移動を行う。	イ．バルーンや音の出る玩具を用いて、注視したり目的的に操作をしたりすることによって、主体的な動作を増やす。	ウ．日常の生活場面やさまざまな学習の中で、自ら行いたいという気持ちを「はい、いいえ」の表情や手の動きで表す。

（3）自立活動の学習指導案の作成

　　知的障害特別支援学校における自立活動の指導は、時間割上に自立活動の指導の時間を特設するか、または教育活動全体の中で配慮して指導するかの、どちらかを選択することになる。

　　このことについては、対象児童生徒の状況、他教科の授業時数との関連、自立活動の指導に関する専門性の高い教員の配置、外部専門員の活用、指

導する教室の整備などの教育課程編成と関連付け考慮する必要がある。最近は、知・肢併置校などが増えているため、校内の指導体制を工夫することによって、重複障害のある児童生徒に対する自立活動の指導を効果的に行うことができる条件が整ってきている。

　次に、知・肢併置校において重複障害（知的障害と肢体不自由）のある知的障害教育を受けている小学部児童に対する特設の時間を設けた自立活動の指導例を紹介する。これは、前出の「個別の指導計画（事例２）」の指導例である。

〈知的障害児を対象とした特設の自立活動の指導〉（例）

1．**題材名**　「自立活動の指導」

2．**指導目標**

・身体動作を意識しながら、姿勢の保持・変換、移動を行う。

・玩具等を用いて、注視したり目的的に操作をしたりする。

・「はい、いいえ」の気持ちを表情や手の動きで表す。

3．**指導観**

○題材観

　自立活動6区分27項目の中から、指導目標や指導内容の設定に必要な項目を設定し関連付けながら、題材を選択した。

○児童観

　全身の筋緊張が強く、認知や行動面では目的的な動作を取りにくい。そのため常同行動が多く伸展筋が固くなりがちである。児童がより主体的に人や物に関わる場面をつくり、筋緊張をほぐしながら身体の柔軟性や可動域を広げていくとともに、主体的に表現したり発信したりすることができるようにする。

○教材観

　姿勢保持椅子、クッション、バルーン、音の出る玩具等を活用し、自らがイメージした身体の動きができるように、身体活動を行う。同時に必要な言葉掛けもしながらリラックスした状態をつくり、適切な身体動作の体験を積み重ねてより主体的に動けるような意欲を育む。児童が、自分で何をするのか分かりやすいような具体的な教材を用いることによって、固有覚を使った心地良さを味わう。さらに、リラックスした状態をつくることで、筋緊張による状態から筋肉の緊張を緩め、そして、自分の身体部位を目的的に動かすことによって、より心地よい感覚を味わうことができるような感覚を養う。このようなボディーイメージなどを養うことで、目的的なさまざまな動作が主体的にできるような身体活動へと繋げていきたい。

　ここで言う感覚とは「固有覚（運動感覚や位置感覚）の活用、ブランコ・トランポリン・マット等での揺れやバランス、遊具を用いての回転や速度、リズム運動、ボディーイメージ（自他の区別、自分の身体の左右・上下・前後の位置感覚、姿勢・動きの自覚）の意識付け」である。

※自立活動「4　環境の把握(1)保有する感覚の活用に関すること」より

４．指導者、場所
・ Ｔ１知的障害教育部門の担任、Ｔ２自立活動担当教員、計２名
・ 自立活動室

５．本時の展開
○導入…担任のＴ１が、児童とアイコンタクトをとりながら、手を合わせて挨拶を
　　する。本時の流れを、絵カードを用いて話す。
○展開…自分で意識して筋緊張をほぐすために、上肢の挙上と下制、下肢の伸展、膝
　　関節の伸展、体幹のひねり、バルーンを用いたうつ伏せや仰向けのリラックスした
　　姿勢の保持、膝立ち、四つ這いの姿勢の保持、座位保持椅子を用いた姿勢の保持
○まとめ…Ｔ１とアイコンタクトや手合わせをする。

６．指導上の留意点
○関節の可動域を広げたり、さまざまな姿勢を保持するときは、児童に必要な言葉掛
　　けをしたり身体の筋緊張の具合や、その日の体調をよく把握しながら行う。特に、
　　児童自身が、リラックスした状態で、自身の身体の動きを意識しながら行うように
　　指導する。
○関節の可動域を広げたり、バルーンを使用してさまざまな姿勢を保持したりする際
　　には、適宜、自立活動担当教員からのアドバイスも受けながら、児童がリラックス
　　できるように言葉掛けをしたり状況をきめ細かく把握しながら指導する。
○児童は、「はい、いいえ」の意思表示を言葉で表すことは明確ではないが、顔や身
　　体全体を使った表現を読み取りながら指導をする。

第8章

個別の教育支援計画、個別の
指導計画の作成・活用の実際

本章では、個別の教育支援計画、個別の指導計画の作成の必要性とそ
れ.ぞれの計画の内容及び活用方法について学ぶ。

1　個別の教育支援計画、個別の指導計画の作成

　発達障害のある幼児児童生徒は、学校・園に在籍し支援を求めている。個に応じた指導や支援を充実するために、特別支援学校では、個別の教育支援計画と個別の指導計画が作成・活用されている。特別支援学級や通級による指導においても、指導に自立活動を取り入れたり、個別の教育支援計画や個別の指導計画を作成・活用したりすることが求められている。

（1）幼稚園教育要領

　個別の教育支援計画及び個別の指導計画は、一人一人に対するきめ細やかな指導や支援を組織的・継続的かつ計画的に行うために重要な役割を担っている。

　幼稚園教育要領では、障害のある幼児などの指導に当たっては、個別の教育支援計画及び個別の指導計画を作成し活用に努めることと示された。幼稚園教育要領では、第1章　総則　第5　特別な配慮を必要とする幼児への指導　「1障害のある幼児などへの指導」において、次のように明記されている。

　「障害のある幼児などの指導に当たっては、集団の中で生活することを通して全体的な発達を促していくことに配慮し、特別支援学校などの助言又は援助を活用しつつ、個々の幼児の障害の状態などに応じた指導内容や指導方法の工夫を組織的かつ計画的に行うものとする。また、家庭、地域及び医療や福祉、保健等の業務を行う関係機関との連携を図り、長期的な視点で幼児への教育的支援を行うために、個別の教育支援計画を作成し活用することに努めるとともに、個々の幼児の実態を的確に把握し、個別の指導計画を作成し活用することに努めるものとする。」

（2）学習指導要領

　特別支援学級や通級による指導では、個別の教育支援計画や個別の指導

計画を作成し活用することとなった。

　小学校学習指導要領では、第1章第4の2の(1)のエで個別の教育支援計画や個別の指導計画の作成と活用について、次のように示された。「エ　障害のある児童などについては、家庭、地域及び医療や福祉、保健、労働等の業務を行う関係機関との連携を図り、長期的な視点で児童への教育的支援を行うために、個別の教育支援計画を作成し活用することに努めるとともに、各教科等の指導に当たって、個々の児童の実態を的確に把握し、個別の指導計画を作成し活用することに努めるものとする。特に、特別支援学級に在籍する児童や通級による指導を受ける児童については、個々の児童の実態を的確に把握し、個別の教育支援計画や個別の指導計画を作成し、効果的に活用するものとする。」

2　個別の教育支援計画、個別の指導計画の作成・活用

　次に、個別の教育支援計画及び個別の指導計画の意義、位置付け、作成や活用上の留意点などについて述べる。

（1）個別の教育支援計画

　障害者基本計画（平成15年実施）では、教育、医療、福祉、労働等の関係機関が連携・協力を図り、障害のある子どもの生涯にわたる継続的な支援体制を整えるとともに、望ましい成長を促すために個別の支援計画を作成することが示された。この個別の支援計画の内、教育機関が中心となり作成するものを「個別の教育支援計画」という。個別の教育支援計画は、本人や保護者の希望を踏まえ、教育、保健、医療、福祉等の各機関が同じ方向で支援ができるような長期計画であり、各機関の役割分担を示す計画である。そして、教育、保健、医療、福祉等が行っている支援を整理し支援の情報を次に繋げていくことや、進学したときに今までどのような支援や解決方法を行ってきたかが分かる情報伝達の道具ともいえる。

（2）個別の教育支援計画の作成

　個別の教育支援計画は、一人一人の長期的な支援計画であるため、本人や保護者を交えて、学級担任や特別支援教育コーディネーターが中心になって学校が作成する。したがって、学級担任が一人で作成するものではなく、本人や保護者の意見を十分に聞いて、福祉や医療機関等の支援機関と連携を図りながら作成することとなる。学級担任や特別支援教育コー

ディネーターが児童生徒等の様子を把握して、入学や転学前の学校や保育所・幼稚園等から個別の教育支援計画を含む資料が届いたら、保護者を交えてすみやかに個別の教育支援計画を作成する必要がある。たとえば、他機関等で就学前から個別の支援計画（療育プログラム）や就学支援計画が作成されている場合は、これらを参考にして、学校ですみやかに作成することが、一人一人への一貫した支援となる。

　一方、就学後や途中から支援を必要とする子どもの場合は、保護者の願いをよく聞いて作成する必要がある。個別の教育支援計画を作成するためには、保護者の理解と協力を得ながら合理的配慮を検討し、作成していくことになる。

（3）個別の教育支援計画作成の実際

　次の表1は、個別の教育支援計画の項目と記入内容の一例である。個別の教育支援計画の作成で重要なことは、保護者と相談の上、支援の目標や関係機関等との連携などを記入していくことである。保護者の協力と了解を得るためには、「お子さんのこれからのことについて、学校と家庭のそれぞれの役割やめざす方向性を一緒に確認していきましょう。」というように、保護者と一緒に子どもの自立や社会参加のために必要な支援を考えるという姿勢が大切である。

表1　個別の教育支援計画の各項目と記入内容（例）

児童生徒名	児童生徒の氏名、担任名、学校名などの基本情報を記入する。 ※個別の教育支援計画は、本人や保護者を交えて作成する計画である、計画の趣旨から、氏名の欄は、本人や保護者に記入してもらうこともある。
担任・在籍校	担任名：○○△△　　　在籍校：○△○△学校
現在、将来についての希望	児童生徒 みんなと仲良くしたい 児童生徒の氏名、担任名、学校名などの基本情報を記入する。 ※個別の教育支援計画は、本人や保護者を交えて作成する計画であるため、氏名の欄は本人や保護者に記入してもらうこともある。 ※1～3年後にどのような生活を送りたいかなどの希望や願いを聞き取り記入する。 ※本人の実態とかけ離れている希望や願いもあるが、本人の気持ちや保護者の気持ちを大切にすることが大切である。 ※高校生は、本人と保護者と別に面接をして聞き取ることもある。

現在、将来についての希望支援の目標	保護者 協調性が育ってほしい。得意なものを見付けて伸ばしたい。	1～3年後にどのような生活を送っていたいかなどの希望や願いを聞き取り記入する。 ※本人の実態とかけ離れている希望や願いもあるが、本人の気持ちや保護者の気持ちを大切にすることが大切である。 ※高校生の場合は、本人と保護者と別に面接をして聞き取ることもある。1～3年後の姿をイメージして、大きな目標を記入する。 （例）自信をもって学習に参加する。みんなの前で元気に発表できる。
	自信をもって学習できるようになり、学校生活が楽しくなるように支援する。	
必要と思われる支援	学習の手助けや衝動性をコントロールするために支援する。	本人が困っていることに対して、保護者や学校ができる方針を示す。 （例）行動の見通しがもてるようにする。不安な時の対処の仕方を学習する。落ち着ける場所を用意する。
学校の支援	・苦手な教科の学習にも取り組めるようにする。 ・成功体験の蓄積と自分の気持ちの切り替えに配慮する。	本人のできるところを伸ばすというプラスの視点で書く。 （例）簡単な課題を少しずつ出して、自信を付ける。小さなことでもいいところをほめる。
家庭の支援	・うまくいっていること、できることを見付け、ほめていく。 ・いらいらしているときの気分転換の仕方を教える。	無理なく、本人も家族も取り組めるような内容を記入する。 （例）次の日の持ち物を一緒にそろえる。家族レジャーの日を設ける。
支援機関の支援	学校生活 支援機関：学童クラブ 支援内容：毎週水曜日の放課後の支援 担当者：○○○　　連絡先：○○○	はじめは少なくてもかまわない。支援機関が増えていけば、加筆する。 ※子どもによっては、学習塾やスポーツクラブなどが支援機関になる場合もある。
	関係機関 支援機関：子どもセンター 支援内容：本人との面談、保護者との相談 担当者：△△△△　　連絡先：△△△	

※東京都教育委員会「個別の教育支援計画」による支援の実際（平成24年3月）より引用、
　筆者が一部加筆

（4）個別の教育支援計画の引継ぎ

　個別の教育支援計画を引き継ぐことは、それぞれの学校の大事な役割である。保護者の不安や願い、幼稚園・保育所・学校の指導内容・配慮点等を伝えていくことによって、新しい学校生活がスムーズに始まることが容易となる。まず、送る側の視点としては、どのような情報を、どのように送付するかについて、保護者と相談する必要がある。また、受け取る側としては、受け取った情報を基に、これからの指導に生かしていくことが大切である。また、困ったときの対処や、パニックを起こさないように配慮する事項等をよく聞き取る必要がある。

小学校から情報を受け取った中学校は、情報を受け取ったことを保護者に伝える必要がある。保護者は、新しい担任の先生が、資料を読んでくれたかどうかを気にかけることが多いため、受け取った情報を基に保護者面接をすみやかに実施するとよい。小学校の個別の教育支援計画や保護者面談等を参考にしながら、中学校の個別の教育支援計画の作成を始めることになる。

　中学校から高等学校へ、個別の教育支援計画を円滑に引き継ぐためには、中学校から適切に保護者に働きかけるとともに、高等学校においても、入学直後に相談の機会を設けたり、保護者へ働きかけたりするなどの工夫が必要である。なお、転学の際には、転学する学校に対して個別の教育支援計画をどのように送付するか、保護者と相談しておくことが大切である。

　高等学校（高等部）へ進学した生徒や保護者には、全く経験していない新しい学校生活への戸惑いがあることを前提に相談を進める必要がある。個別の教育支援計画を進学先へ提出した生徒や保護者は、高等学校に入学しても引き続き支援を受けることを望んでいるため、個別の教育支援計画を作成する際は、生徒や保護者とよく相談して、高等学校でできることを整理する必要がある。

　高等学校から、大学や専門学校等への進学先や就労先へは、必要に応じて関係書類を用意しておくとよい。大学や企業等においても、合理的配慮に基づく支援が進められている。

3　個別の指導計画

　個別の教育支援計画に示された、学校での支援を具体化した指導計画が、個別の指導計画である。「個別の教育支援計画」が1年ないし3年間の長期的な計画であるのに対し、「個別の指導計画」は、学期ごと、あるいは学年ごとに指導と評価を繰り返す短期的な計画である。個別の指導計画は、障害のある児童生徒等の障害の状態、発達や経験の程度、興味・関心、生活や学習環境などの実態を的確に把握し、指導目標、指導内容及び指導方法を明確にして、きめ細やかに指導するために作成・活用するものである。

　特に、知的障害教育における各教科の指導では、段階ごとに示してある各教科の目標・内容と自立活動との関連を図りながら、次のように個別の指導計画を作成・活用することが重要である。

（1）個別の指導計画の作成手順例

　　a　個々の児童の学習の習得状況等を的確に把握する。

　　b　実態把握に基づいて得られた指導すべき各教科の課題や課題相互の
　　　関連を整理する。

　　c　各教科の目標・内容ごとに、個々の学習状況に即した指導目標や手
　　　立て等を設定する。

　　d　個々の児童の指導目標等を達成させるために、障害の特性等への配
　　　慮に向けて、自立活動6区分27項目から必要な項目を設定する。

　　e　選定した項目と各教科の目標・内容とを相互に関連付けて、具体的
　　　な指導内容を設定する。

（2）個別の指導計画、個別の教育指導計画作成の実際

　日常の観察を通して、片付けや提出物の管理、着替えや集団行動などの
学校生活、読み書きや計算、得意・不得意な学習、ノートの使い方、話し
合いへの参加などの教科学習、コミュニケーションの特徴、集団参加など
の対人関係、周囲の児童生徒の理解などの学級経営上の配慮に関する実態
把握を行い、当面の指導目標や支援の手だてなどを考え、記入したものを
保護者に示し検討する。

1）幼稚園・保育所等

　次の表2岡山県教育委員会の個別支援シートBは、個別の指導計画の役
割を果たす。就学前の幼稚園や保育所等での指導・保育が、就学先の小学
校や特別支援学校小学部へ引き継がれていくことが重要である。

表2　個別支援シート（就学前の機関用）B

		からだ・せいかつ		コミュニケーション		すきなこと・きらいな こと、行動のようす	
		からだ・健康	日常生活	人との関わり	コミュニケーション	すき・とくいなこと きらい・にがてなこと	行動のようす
保護者から	実態について	概ね元気。動きすぎて疲れやすい。	着替え等は自力ででき始めた。「いやだ」と言い始めると頑固。	友だちは好き。関わっていきたいが、カッとすると手が出てしまう	だいたい会話はできる。時々伝わっていないと感じることがある。	水遊び、虫や動物が好き。服のタグや感触にこだわる（苦手）。	好きなことをやめられない。無理に止められるとパニックになる。
	願い	• 友だちと仲良く行動できるようになってほしい。友達を叩いたりしないようになってほしい。 • いろいろなことに興味をもって取り組むようになってほしい。					

幼稚園・保育所等から	実態について	・外から帰った後やトイレの後の手洗いが定着していない。 ・手洗いやうがいなど、技能的にはできる。	・持ち物の片付け等、周囲の様子が気になると集中できない。 ・手順を理解すると、進んで取り組める。	・集団遊びに入っていきにくい。 ・友だちに関わりたい気持ちはある。 ・自分の得意なことを友だちに教えようとする。	・教師の話を最後まで聞けないことが多い。 ・理解できる言葉は多い。	・興味関心の幅が狭く、好きな遊び以外には参加しようとしない。 ・好きな本や玩具では続けて遊ぶことができる。	・順番を待てないことが多い。 ・割り込んだり、叩いたりする。 ・やさしい女児の声かけには応じやすい。
	つけたい力	・トイレの後や入室時に手を洗おうとすることができる。	自分の持ち物を決まった場所に片付けることができる。	・友だちと一緒にできる遊びやグループ活動を増やす。	・話す相手の方を見て話を最後まで聞くことができる。	・教師との関わりを通して、好きな遊びや活動を見つける。	・順番を守って遊ぶことができる。
	支援の手立て	・手洗いのイラストやカードを見せて誘う。 ・教師が「次は何をするのかな」など声をかける。 ・友だちの手洗いの様子を見せながら誘う。	・教師が声かけをして誘う。 ・片付け場所が分かりやすくなるような環境に工夫する（イラスト等） ・朝の支度の活動時の動線を短くする。	・教師が本児と遊びを共有してから、集団遊びへと広げていく。 ・本児の好きな遊びに他児を誘う。 ・友だちから声をかけてもらう。 ・遊び方やルールを丁寧に教える。	・話の最中に名前を呼んで注意を喚起する。 ・ポイントを絞って話す。 ・先生の近くに座らせる。 ・「○○君すごいね」とほめながら話す。	・好きな本を主題にした劇遊びや人形遊びなどを工夫する。 ・動物に触れる活動を通して、世話や片付けに誘う。 ・友だちが遊んでいる様子を見せてから誘う。	・列の後ろに並ぶなど、その都度確認する。 ・仲良しの集団で、短い待ち時間から経験する。 ・できるだけ教員が目の届くようにする。

就学に向けて		大切にしてきたこと・支援のポイント	就学後の支援に向けて
	保護者より	・出かける前には、写真や絵で何をするか説明するように心がけた。 ・できるだけ、きちんと向き合って目を見るようにして話しかけるようにした。	・初めてのことや慣れない活動の際には、先に先生から何をするのか教えてやっておいてほしい。 ・大勢の中でもしっかりと話が聞けるようになってほしい。
	幼稚園・保育所より	・言語指示だけでは活動に取りかかりにくい場合には、他児の動きを見せてから活動するようにしたり、写真カードや絵カードを使うようにした。 ・教室内の視覚的な刺激はできるだけ減らすようにして、環境を整えた。 ・自信と意欲をもって取り組めるように、得意なことを取り入れた活動を意識した。	・モデルとなる友だちの近くで活動できるような人的環境が望ましい。 ・教科によっては視覚的な手がかりによって、活動内容の理解が進み、主体的な活動に繋がりやすい。 ・窓際の席や後ろの席だと、気持ちが集中しにくいと思われる。 ・できるようになったことを称揚し、次の活動への意欲を維持することが必要。

医療・療育機関より		○○病院　○○　Dr 「服薬の調整はうまく進んでいる。落ち着いて話に耳を傾けることをしっかり経験させていくことが大事。」
		○○療育センター　○○言語聴覚士 「苦手だった音の発音がしっかりとできるようになってきた。理解言語も豊かになってきた。支援者が早口で話す場合や本児の聞く態度が整っていない場合は内容が十分に聞き取れていない。」
	引継事項（就学後に、引き続き支援が必要な内容や配慮事項）	

出典：岡山県教育委員会ホームページより引用、筆者が一部加筆

（3）小学校、中学校、高等学校の記入例

　次に、小学校、中学校、高等学校における個別の教育支援計画の記入例を紹介する。なお、表3、表4、表5は、東京都教育委員会「個別の教育支援計画による支援の実際（平成24年3月）」より引用、一部筆者が加筆した。

1）小学校

　多くの子どもたちにとって、学校生活に慣れることや集団の中で学ぶことで精一杯である。まずは、学校生活を楽しく過ごせるという大きな支援目標を立て、今できていることは何かを探して、良いところを伸ばしていく。そして、本人に分かりやすい目標を示し努力を認めて達成できたことを自信に繋げていくことが大切である。学校や家庭でほめられる場面を多く作ることが支援の基本である。

表3　小学校における個別の教育支援計画（例）

現在・将来についての希望	
児　　童	友達と仲良くしたい。
保 護 者	落ち着いて勉強できるようになってほしい。自分のことは自分でできるようになってほしい。
支援の目標	
楽しく学校生活が送れるようにする。できることを増やしていく。	
必要と思われる支援	
Aさんの特性を周囲が正しく理解し、今できていることを伸ばす。 具体的な目標を立てて、達成できたらみんなでほめ、自信に繋げる。	
学校の支援	
関係する先生方で個別の指導計画を作る。授業や休み時間でがんばれそうなことを本人にも伝えて、変化を見守る。	
家庭の支援	
やるべきことの順番を決めて、一緒にやれるようにする。できるようになったら、手助けを少なくしていく。	

支援機関の支援	
学校生活	支援機関：教育支援員　担当者：○○○○　連絡先：職員室（月・水・木） 支援内容：休み時間の遊びの見守り　　授業で困難な課題のときの個別支援（本人の希望があるとき）
支援機関	支援機関：学童保育室　担当者：△△先生、△○先生 連絡先：○○○－○○○○　支援内容：放課後の遊びの提供
医療機関	支援機関：小児科　主治医　担当者：○△先生　連絡先：△△△－△△△△ 支援内容：疲れると喘息になりやすいので、体調の管理と発作を起こした時の対応

2）中学校

　学校行事や部活動などが、集団の中でダイナミックな活動となる。また、教科担任制になり、小学校時代と違う学校生活のリズムに対して、特別な支援を必要とする子どもは、見通しが持ちにくかったり、戸惑いや過度の疲労感を感じたりすることがある。担任間で、子どもの特性や必要な支援について共通理解を図りながら日常的な話題にしておくと対応もすみやかになる。また、担任一人が問題を抱え込むことがないように、校内委員会を通して、スクールカウンセラー等からアドバイスを受けやすくするような組織的対応が重要である。

表4　中学校における個別の教育支援計画（例）

小学校からの引継ぎ
やるべきことの順番を決めていくと、身の回りの整理整頓ができるようになった。 二人だが、気の合う友だちができた。（一人は同じ中学校へ進学する。） 学習面では、苦手意識があるので、長続きしない。個別の声かけが必要。

現在・将来についての希望	
生　　徒	部活動をがんばりたい。勉強もできるようになりたい。
保　護　者	落ち着いて学習し、本人なりに中学校の勉強についていってほしい。3年間、元気に通ってほしい。

支援の目標
中学校生活に早く慣れる。学級活動では、進んでできることを増やしていく。学校行事や部活動、定期テストなどでも、自分の力を出せるようにする。

必要と思われる支援
生活のリズムをつくり疲れないようにする。具体的な目標を立てて、やるべきことをためないようにする。次に進めるために必要な言葉がけをしていく。

学校の支援
個別指導計画を基にして、学年の教員や部活動の顧問が定期的にA君の様子を伝え合う。困っている場面があれば、支援会議を開く。

家庭の支援
家庭での生活や休日の予定を立てさせて、やるべきことの順番を意識しながら計画通りに実行できたことをほめる。疲れていたら、早めに休ませる。

支援機関の支援	
学校生活	支援機関：スクールカウンセラー　担当者：△○○○　連絡先：教育相談室（毎週火曜） 支援内容：学期に１回程度の面談。本人が思っていることを、話せるようにする。
	支援機関：部活動顧問（剣道部）　担当者：△△○○○　連絡先：体育教官室 支援内容：部活動全般の心配ごとの相談。体力向上と集団生活の支援。
支援機関	支援機関：土曜補習講座　担当者：△×指導員　連絡先：区教育センター 支援内容：基礎コースで、苦手を克服。テスト前の質問、相談。
医療機関	支援機関：小児科主治医　担当者：○△先生　連絡先： 支援内容：移動教室や水泳指導の前の健康観察

3）高等学校

　高等学校段階になると、学習の困難や課題についていけずに進級や不登校などの問題が発生し、高校生活を送ること自体に困難を生じる場合がある。

　発達障害のある生徒には、次のような問題が生じやすい。一見、他の生徒と同じような問題を抱えているように見えるが、本人の努力だけでは改善できない。周囲が本人の問題を理解していない場合には、「意欲がない」「努力不足」と叱られる結果となり孤立する。思春期となり、自分でも問題点が意識できるようになるが、なかなか改善できない。本人の自己不全感が強くなり周囲との信頼関係も希薄なため、自己評価が下がる。その結果、うつ状態、反社会的行動などの二次障害を引き起こす。また、学習面では、授業中にノートをとることができない。特定の科目ができず、単位がとれない。周りの音が気になって集中できない。レポートが提出できない。同時に二つのことができない。スケジュール管理ができないなどの状態が現れる。

　また、生活面では、約束の時間を忘れる、思い込みが激しい、授業の予定が変更になると許せない、自分が納得するまで質問し授業の進行を妨げる、相手が関心のない様子を示していることに気付かず自分の興味があることを延々と話す、クラスメートと頻繁にトラブルを起こす、自己不全感や挫折感を訴えるなどの状態が現れる。これらの問題を抱えていても、一般的に、思っていることや困っていることを、保護者や先生に直接話すことが少なくなる。

　特別な支援を必要とする生徒は、将来の進路のことや勉強のことについ

て、漠然とした不安を抱いている場合がある。そのため、高等学校で行う支援とは、生徒が高校生活を送る上での不安を少なくすることである。より専門的なニーズが出てきた場合には、校内委員会等を活用して、外部の専門家に支援を求める必要がある。

表5　高等学校における個別の教育支援計画（例）

中学校からの引継ぎ
口数は少ないが、困ったときに自分から質問できるようになってきている。初めのうちは、話しやすい雰囲気づくりが必要であろう。部活動を3年間やり通せたことが、健康面でも精神面でも自信に繋がっている。話したり、書いたりすることなどの表現が得意ではない。気の合う友だちとは仲が良い。

現在・将来についての希望	
生　徒	将来のことはまだよく分からないが、高校生活の中で、いろいろ知って決められたらいい。
保護者	高校の勉強についていけるか心配なので、適切なアドバイスをしてほしい。交友関係を広げて3年間、元気に通ってほしい。

支援の目標
高校生活に慣れて、自分の力を発揮できるようにする。

必要と思われる支援
学校生活に目標をもって、勉強や学校行事等に取り組めるようにする。自分が困っていることや周りの人に手伝ってほしいことを、積極的に言えるようにする。（ヘルプスキルの向上。伝えやすい環境づくり。）

学校の支援
学期ごとの面談の機会を通して、改善したいことや将来の目標を話し合う。学力の定着を図るために、夏季補習や土曜講座を活用する。講座の取り方については、相談に応じる。必要に応じて、支援会議を開き状況を確認する。

家庭の支援
休日は本人の話をよく聞くようにする。部活動や奉仕活動、地域の活動などに積極的に関われるよう励ましながら見守る。疲れが出たら早めに体を休ませる。

支援機関の支援	
学校生活	支援機関：学年の教員　担当者：○○△△（担任）　連絡先：担任 支援内容：学習面、生活面での相談に応じる。
支援機関	支援機関：区教育センター　担当者：△○○○相談員　連絡先： 支援内容：中学校時代のスクールカウンセラーに、必要なときに相談にのってもらう。
	支援機関：LD親の会　担当者：　　　　　連絡先： 支援内容：高校生の集いなどに参加してみる。
医療機関	支援機関：　　　　　担当者：　　　　　連絡先： 支援内容：

4　校内委員会による組織的な支援

　校内委員会は、学校の校務分掌として位置づけられており、管理職や特別支援教育コーディネーターや担任をはじめとして、校医や心理職等の関係者で構成されている。校内委員会の役割は、学習面や生活面で特別な教育的支援を必要とする児童生徒に早期に気付く、実態把握を行い学級担任の指導への支援方策を具体化する、保護者や関係機関と連携して個別の教育支援計画や個別の指導計画を作成する、全教職員の共通理解を図るための校内研修を推進する、保護者相談の窓口となるなどがある。なお、校内委員会は、教員が発達障害等の判断を行う場ではない。指導上、困難な例は、市区町村教育委員会が委嘱した巡回相談員や、専門家チームの医療・心理・教育などの専門家の助言を得ている。

5　保護者との協働

　子どもの行動等の背景にある障害の特性について正しく理解し、教育的ニーズに応じた適切な指導や必要な支援に繋げていくためには、特別支援教育コーディネーターやスクールカウンセラー等と担任との校内連携・協力は不可欠である。担任は、学級経営の一環として、校内委員会やケース会議などを通して、対象の児童生徒等への対応について組織的な支援を得られるように努める必要がある。保護者が不安に思ったことや気になったことを、学級担任や特別支援教育コーディネーター等に対して、率直に相談するに至るまでは、保護者との信頼関係づくりが重要である。たとえば、学級担任と保護者との間で、日常的に情報を交換する機会を設けたり、学校や家庭での様子を共有したりする機会があるとよい。また、授業参観やビデオの視聴などにより、学校における子どもの状況を保護者に具体的に理解してもらう必要もあろう。さらに、特別支援教育コーディネーターが参加する保護者会や個人面談等を設けるなどして、個別の教育支援計画や個別の指導計画を活用しながら、担任と保護者が協働して一人一人を支える環境を整えていくことが求められる。

第9章

小・中学校の学び方の違いに配慮した授業改善の実際

本章では、発達障害等のある児童生徒の学びの違いに配慮した授業の在り方について理解を深める。

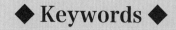

1 発達障害等のある児童生徒に対する教科指導の充実と授業改善

発達障害等のある特別な支援を必要とする児童生徒においては、障害の特性や学習の状況などから見て、「集中・持続」、「指示理解」、「学習理解」、「社会性」などの面で、さまざまな配慮が必要な場合が多々ある。たとえば、学級集団の中、グループや班などの小集団の中、そして個別による指導や配慮がある。そして、自分に合う学習環境が設けてあれば力を発揮できる児童生徒も多々いる。また、特定の児童生徒のために工夫した支援が、他児童生徒にとっても役に立つ場合も多い。

特に、発達障害等のある児童生徒の個に応じた指導や授業においては、個別の指導計画を作成し、一人一人の障害の特性や状況などに応じた配慮をしながら指導を充実することが重要である。

（1）個別の指導計画の作成・活用

小・中学校の特別支援学級や通級による指導を受けるすべての児童生徒に対して、個別の指導計画や個別の教育支援計画の作成を行うことが学習指導要領で規定された。一方、通常の学級に在籍する児童生徒に対しては、個別の指導計画の作成は、義務づけられてはいない。しかし、通常の学級において特別な支援が必要な子どもに対しては、認知面、運動面、心理面などの特性や状況を把握するとともに、個別の指導計画を作成するなどして、個に応じた指導内容・方法の工夫を、計画的・組織的に行うことが望まれる。その際、特別支援学校や特別支援学級の実践や支援方法及び自立活動の内容を参考にするなどして、学校だけでなく家庭、医療、福祉等の関係諸機関とも連携しながら、個別の指導計画等を作成し、必要な配慮を記載し、翌年度の担任等に引き継ぐことなどが必要である。

（2）指導の流れ（PDCA）を踏まえた授業改善

個に応じた指導に視点を当てると、「実態把握から、目標設定、指導計

画の作成、指導の展開、評価、見直し、引継ぎ」までの指導の流れ（PDCA）
がある。

1）Plan（計画）
- 実態把握…担任による気付き、保護者や他教職員からの情報提供、チェックリストや心理検査等によるアセスメント、多面的な情報収集と分析
- 目標の設定…学期ごとの短期目標や、それ以上の長期目標の設定
- 指導計画の作成…学習や生活面での具体的な目標と手立ての設定

2）Do（実施）
- 指導の展開…指導計画に基づく実践、集団と個別の配慮

3）Check（評価）
- 評価…短期目標、長期目標に基づく評価

4）Action（改善）
- 指導計画の見直し…目標や手立ての見直し、1年間のまとめ
- 引継ぎ…次年度担当者への引継ぎ

（3）授業における発達障害等のある児童生徒への支援

1）授業改善の視点、配慮点、手立て

　表1は、授業における発達障害等のある児童生徒への支援例を「授業改善の視点、配慮点、手立て」の内容で整理したものである。

表1　授業における発達障害等のある児童生徒への支援例

視点	配慮点	手立て
集中・持続	学習環境の調整	・整理箱等を活用して、机や椅子の周りの整理整頓をする ・机上には必要な物以外は置かない ・前面の黒板や周辺の掲示物を少なくして刺激を減らす ・掲示物を掲示する位置や大きさを工夫し見やすくする ・座席は教師や安心できる友だちの近くにする
	待つ姿勢	・発言の際、サインを決める ・必要に応じて、視線を合わせる ・準備の時間を十分に設ける ・前もって予告をしておく
	授業の導入の工夫	・始まりの合図をしっかりとする ・絵や写真等を用いて、興味を引く導入を工夫する ・活動できるゲームを取り入れる
	授業の展開の工夫	・授業のめあてをしっかり示す ・導入・展開・まとめの流れを明確にする ・授業の山場を作る、必要な振り返りをする ・静、動、静の流れを作る ・書く時間、読む時間等、活動の時間を明確化する ・机間指導の時間を多く設定し、個別に対応する ・話題にメリハリをつけ、生徒が退屈しない授業を心掛ける

視点	配慮点	手立て
集中・持続	学習課題を達成するための工夫	・ノートをとる時間を十分に確保する ・板書と同じワークシートを用意する ・問題数、問題と問題の間に空白をとる、解答欄を枠囲みする ・自由に活動できる時間を少し入れる ・シールやポイントなどで児童生徒に分かりやすい評価をする
指示理解	指示の工夫	・指示や発問は短く、簡潔に言う ・質問や指示の言葉を精選する ・一つの課題に対して一つの指示を提示する ・いつまでに、何を、どのように行うのかを明確に示す ・一度で理解できない場合は指示をくり返す ・全体指示の後で、個別的に指示する ・机間指導の際、側にいき質問しやすい雰囲気をつくる ・「〜するな」ではなく「〜しよう」という表現の仕方にする ・色別にしたプリントで、課題を混同しないようにする ・計算方法等は、言語化やパターン化して伝える
	聞く姿勢づくり	・言葉かけとともに、必ず集中したことを確認してから指示を出す ・全体への指示とともに、個別に視線を合わす、言葉かけをする、机や体に触れる ・注目させたいときは、声のトーンを変えたり間を置いたりする ・注目する際のきっかけの言葉や音で合図をする
	見通しをもつ	・授業の流れを板書し見通しをもたせる ・授業の全体の流れを示す、順番に内容を示す、結果を示す、途中で振り返る ・授業や活動の流れをつくり提示する ・一つの活動が終了した際には、その工程のカードをとる ・タイムタイマー等を使用する
学習理解	個性を生かす	・興味や関心を示すものを題材に選定する ・得意なものを活かす ・活動時間や学習の作業量を調整する
	教育課程編成、学習形態の工夫	・学校設定科目により、漢字の読み書きや算数・数学の基礎学習を行う ・個別、少人数学習、グループ、一斉指導、課題別、習熟度別など活動の形態を工夫し児童生徒の学習ペースに合わせながら授業を進める ・ペア学習、グループ学習により、子ども同士が教え合う機会を多く設定する ・学習支援員等とのチームティーチングによる指導の形態を工夫する ・教育支援サポーターの活用により、昼休みや放課後に個別に補習を行う
	個別の配慮や支援	・個別の指導計画等を活用し机間指導、適切な言葉かけ、評価に生かす ・チームティーチングの協力指導体制を整える ・個別に指導する時間を確保する ・課題別のプリント等を準備する ・補助的代替え手段として電卓、電子辞書、パソコン等を活用する ・障害の特性や状況に応じた支援方法を工夫する ・観察シートなどに、個々の学習課題への対応の記録をとる
	板書の工夫	・文字の大きさ、量を調整する ・重要箇所は色チョークで強調する ・ノートに写す箇所を枠囲いする ・教科書の〇ページ、プリント〇番と板書する ・板書をしているときは説明しない ・授業時間中は板書を消さない ・授業に関係のない板書はしない
	ノートテイク	・ノートをとる時間を十分に確保する ・板書と同じワークシートを用意する

視点	配慮点	手立て
学習理解	教材教具、支援機器の工夫	・個々のつまずきを想定し課題解決ができるような教材を準備する ・個々が選択したり具体的に操作したりできる教材や場を設ける ・実物見本を活用する ・児童生徒が興味のもてる教材を用意する ・ICT（タブレット等）を積極的に活用する ・イラストや写真、フラッシュカード等で視覚化する ・写真、絵、映像、文字の拡大、マス目用紙など視覚優位の教材を用いる ・効果音、漢字の語呂合わせ、絵描き歌、替え歌等聴覚優位の教材を用いる
	プリント	・個々のレベルに応じたプリントを用意する ・文字を拡大する、フォントを変える ・漢字にふりがなをふる ・行間をあけ読みやすくする ・完結型の穴埋めプリントを用意する
	学習の準備や習得	・予定表を用いて学習の見通しをもつ ・漢字にふりがなをふる、文節ごとに線を引く、事前に練習するなどについて、保護者と連携して進める ・写真や道具を用いて、学習の手がかりや思考の広がりを活用する ・学習の補助的手段としてICTを活用する ・家庭学習の分量を調整する
社会性	学習ルール	・学級のルールを目につくところに掲示する ・サインや約束事を決める ・シールや頑張り表等を活用する ・全体の場での叱責は避けて、個別に対応する ・適切な行動や発言をほめる ・注意を引くための行動や不適切な行動には反応しない
	児童生徒との関わり	・スモールステップによる課題で達成感をもたせる ・児童生徒の積極的な参加はその場でほめる ・失敗や間違いをおそれないように、質問しやすい雰囲気づくりをする ・自信がもてる問いかけの方法を工夫する
	グループ活動の活性化	・人間関係を考慮したグループ編成とする ・ワーキングシートを工夫し個々の考える力、聞く力、話す力を高める ・グループディスカッションの目的・内容・方法を明確に示す ・考える時間を確保しグループ別の話し合いのまとめと発表する機会を設ける ・個人→ペア→少人数→グループ→全体の話し合いから発表へ繋げる ・ICTを活用して時間短縮に努める
	認め合いの場	・相手の話を聞こうとする姿勢、きちんと聞く姿勢をもつ ・グループディスカッションの場での意見交換を活用する ・相互評価、自己評価を取り入れる

出典：長野県教育委員会（2018）「教育課程編成・学習指導の基本」より
　　　配慮事項の一部は、筆者が加筆

2　個々の状況に応じた指導の充実

　表1に挙げた一般的な支援とともに、個々の状況に応じた指導を充実するためには、表2の事例のように、個別の指導計画を作成し一人一人の障害の特性や状況に配慮しながら授業を実施することが期待される。

表2　指導事例（課題に応じた手立て）

【文字が乱れてプリントやノートの枠に文字が収まらない】
・プリントの枠を大きくしたり、テストの解答用紙の枠を大きくしたりする ・ノートを2〜3行ずつ使う ・聞く時間と書く時間を分けて、書く時間を保障する
【書くスピードが遅く、板書を写しきれない】
・作業が止まっているときには声掛けをし、確認する ・「これだけは書こう」と量を減らして提示する ・板書よりプリント類を多くする ・板書の内容を穴埋め式のプリントなどにして用意する ・あらかじめ問題文などをタックシールに印刷して配布し、ノートに貼付させる ・話を聞く時間と書く時間とに分けて、書く時間を長めに確保する ・板書する時間をまとめて設定したり、要点をしぼった板書をしたりする ・○○文字から○○という文字まで、色チョークの文字で板書すべき箇所を具体的に示す ・絵や図を用い、視覚的にも認識しやすいようにする ・字の大きさに配慮しポイントとなる箇所には、色を付けるようにする ・ノートやプリントに書けるよう黒板と書く位置が一致する線を引く、枠で囲むなどして強調する ・ノートの書きこむところに指を置かせる ・教科書の該当するページや手順などの指示内容を板書しておく ・黒板でなく教科書や副教材を見て書くことも認める
【発表や説明のための文章を自分で構成できない】
・自分の身近な話題などからテーマを決めて100字日記に取り組む ・「はじめ、なか、おわり」の項目を提示し毎時間段階的に取り組む ・空欄を含んだ例文を用意し、記入できるようにする ・文章だけではなく、図（チャート）で説明することを表現させる
【語句の読みや意味理解に困難をもつ。考査問題を読むことが困難で、解答に至らない】
・電子辞書使用を許可する ・板書やテストの問題用紙などの漢字にふりがなを付ける ・考査問題用紙を拡大する
【行を飛ばすなどの読みの難しさがある】
・指でなぞって読む方法や、紙で他の部分を隠す方法を示す
【授業の流れについていけない。集中が途切れる】
・授業の最初に黒板の一定の箇所に本時の学習内容や目標を提示する ・活動項目をカードにして、活動の初めに黒板に貼る ・連絡は口で伝えるとともに紙に文字で記入するなど見て分かるようにする ・視覚的な絵カード等も併用できるときは使用する ・本人が「視覚情報を優先してほしい」理由を話す機会を設け、周囲の理解が進むように働きかける
【一斉指導で、音声言語による指示や説明が理解できない】
・教卓の前付近に座席を定め、教員がさりげなく個別の言葉掛けができるようにする ・机間巡視を行い具体的で、明確な指示をする
【話す声の大きさのコントロールが難しい】
・声のものさしの図を示し、声の大きさのレベルを示す

【アルファベットや単語の綴り、意味が習得できない】
・テストの際には辞書の持ち込みを許可する
・テストの際には文字フォントを大きくする

【椅子に座らない、隣の者と話すなど授業に集中して取り組めない】
・できるような質問やできたことへの賞賛で意欲づけを行う

【授業でどこを学習しているか分からなくなり、「どこ？」「何ページ？」と尋ねてくる】
・授業を始める際に、黒板の隅に本時の始まりのページを書いて示す

【授業中に関係のない話をする、集中している時間が短い、発問に対する答えが合わない】
・グループワークを取り入れる
・具体物の操作や絵や写真などの視覚情報を活用し黒板に貼る作業を児童生徒が行う

【思いついたことを衝動的に発言したり、指示が終わる前に作業に取りかかったりする】
・事前に「５分間説明を聞いて10分間作業をする」と伝え、見通しをもって取り組むようにする

【時間を守れず掃除の時間になっても遊んでいる】
・キッチンタイマーを休み時間等に持たせ、その音で次の行動への意識をもたせる

【思い通りにならないと大声をあげたり、奇抜な行動をとったりする】
・言い分を最後まで聞き気持ちを整理する。誤解や表現のまずさについては丁寧に取り上げる

【授業中は理解できているが、定期テストで集中できず間違いが多い】
数学：問題用紙と解答用紙に分けない。問題の次に解答欄を設ける
国語：問題用紙と解答用紙を分けない。問題文はページをまたがないようにする
　　　解答欄にも指示語や傍線だけでなく、文中の語句を書く

【他人の気持ちが分からず場の空気が読めない。タメ口で思ったことをすぐに口にする】
・あらかじめ下書きしてから、話すようにさせる
・他人の批評に関わることは話さないように約束する
・職員室に入るときのノックやドアの開け方、HR・名前・用事を言うなどのリハーサルをする

【何気ない一言で、場の雰囲気を悪くしたり、人に不快な思いをさせたりしてしまう】
・攻撃的になる前に、話しに来るということを約束させる。独り言を言い始めたら注意して見ておき、個別に落ち着ける場所で話を聞くようにする
・他生徒との交流を図り不適切な発言が見られたときは、適宜指導する

【他の友達とほとんど話さない。本人なりのこだわりがある】
・筆談を認める、メールや身体表現など、さまざまな意思表出の方法を増やす
・座席は本人の意向をくみ安心できる場所にする
・無理して参加させず、別の活動に取り組めるようにする
・不参加のときは内容を後で伝えることと、毎回参加の有無を確認する
・気持ちを聴き、教員とペアになったり一人での参加を認めたりする
・初めての活動では、事前にスケジュール・手順書・説明文を作成し、説明する
・参加できそうな科目を自分で選ばせて、参加することを促す

【周りがざわついてくるとストレスが溜まり、呼吸が粗くなり突然手を挙げ突飛なことを発言する】
・ストレス状況であることを言葉で知らせ、担任がレベルチェックする
・タイムアウトをするように話し、教室から離れることを許し落ち着いたら戻ってくるように促す
・昼休みに図書館を利用させるなど、ストレスの対処法を個人指導する

【いつまでに、どの課題を終わらせるか、整理できず課題をため込んでしまう】
・終わらせる課題と締切日を表にして優先順位を示し、終了したものから×印を付ける
・連絡帳を用いて、学校行事や登校時間の変更、準備物を記録する
・連絡用黒板に１日の流れを明記する
・前もって準備をするように、個別の時間割を渡し準備の時間を記載する

【プリントの整理整頓ができず、プリントをなくす】
・プリントを整理する時間をとる
・手順書で、プリントに穴を開けてファイルに綴じる方法を示し綴じるように声をかける

【配布物をすぐになくすため、提出物を出せず何度も注意を受ける】
• クリアファイルを用意し、配布物は必ずそこに入れるように指導する
• 教科の背表紙をつけたファスナー付きファイルを使用し、教科ごとに必要なものをファイルに入れる
• 本人に持ち物メモを渡し、保護者にも事前に準備物の連絡を行う
【分からないことがあっても他人に聞くことができない。理解が不十分なまま放置する】
• 放課後の学習会で教師が指導するとともに、級友にも指導してもらい教え合う学習活動を組織する

出典：文献欄の各自治体作成の支援例を参考にして筆者が作成

3　授業づくりの支援チェック表（試案）

　次の表3は、ユニバーサルデザインによる授業づくりにおける担任の支援チェック表（試案）である。さまざまな教育的ニーズのある児童生徒に対する支援例として活用することができよう。

表3　主体的に学ぶための支援チェック表（試案）

Ⅰ　授業での全体への配慮
1　授業開始前の準備
□授業開始前までの準備をする
• 授業開始前に、次の授業で必要なものを黒板に表示して伝える。
• 次の授業の教科書、ノート、ファイル、学習用具を準備する。
• 授業開始の3分前にタイマーが鳴るよう設定する。
2　授業の流れや時間配分
□授業の基本となる流れや時間配分を定める
• 「導入－展開－まとめ」のように、教科に応じた一定の流れで授業を進める。
• 適切な学習活動の時間配分にする。
• はじまりと終わりを明確にする。
3　授業の導入
情報が多すぎると、大切なことが分からなくなってしまうため、1時間の授業で何を教えるか、そのねらいや活動内容を焦点化し絞り込むことによって、授業構成をシンプルにする。
□本時のねらいや活動を絞り、何を学ぶのかを明確にする（課題の明確化、焦点化）
• 本時のめあて（目標）、学習や活動の手順等を板書したり、カード等で視覚的に提示したりして、課題を明確にして伝える。
□見通しをもたせる
• 導入で、黒板や電子黒板を用いて前時の学習のポイントを提示し振り返る。
• 導入で、課題を明確にして視覚的にしっかりと伝えることで、興味・関心、意欲や集中を高める。
• 学習の流れをホワイトボード等で示したり、学習の進度を「今ここカード」等で示したりする。
• 課題に取り組みやすいように、これまでの学習や生活との関連事項を示し、興味・関心を高める。
4　授業の展開
授業では、教師が児童生徒に学習内容等の説明や指示をする場面が多くある。教師の話し方、黒板の使い方、教材の提示、電子黒板等のICT活用等によって児童生徒へ分かりやすく伝える工夫を凝らすことで、学習展開を工夫する。

□授業のねらいや内容に応じた学習の進め方（個人の活動、ペアワーク、グループ討議、教材提示）
- 導入・展開・深化・まとめの時間配分と活動のバランスを考慮する。
- 教師からの説明を聞くだけでなく、個人の活動、ペア学習、グループ学習、一斉学習等の効果的な学習形態によって、考えを伝え合ったり、教え合ったり、発表したりすることによって、全員が活動し学び合える場とする。
- 学習内容や学習の形態に応じて、時間配分を適切に行い主体的な学びを進める。
- 活動内容に応じて緩急をつけた展開をする。（授業のリズム）
- 友達との教え合いや答え合わせ等を行うことができる時間をしっかり設ける。
- 視覚的に捉えたり、操作的・体験的な学習活動を行ったりして、より理解を深める。
- ネームプレートを用いて、個々の考えを黒板に整理して示す。
- タイマーの合図等で活動開始・終了し、次の活動へ気持ちを切り替えさせる。

□学習の形態
- 個人の活動では、板書や課題と向き合わせ、思考を整理させる。
- 困ったとき、教師に支援を求める手立てを準備し支援を求めやすくする。
- ペアワークでは、二人で意見を出し合い、互いの考えに気付かせる。
- グループ討議では、複数人で意見を共有し意見をまとめさせる。
- 話し合ったことを視覚的に共有できるように、発表ボード等を活用する。
- 友達の話を聞くときは、最後まで聞かせる。

□学習への意欲を高め学ぶ意識をひきつける（見通しをもたせる、集中の持続）
- 一斉音読やフラッシュカード等により、集中力を高める。
- 個々に応じた学習内容の提示や選択をして、適切な課題の難易度とする。
- 集中力を高めるために、気分や活動を切りかえたりする活動を取り入れたり、授業展開にメリハリをつけたりする。
- タイマーを活用したり、終了時刻を表示したりして、児童生徒にとって活動時間の区切りを分かりやすくする。
- 活動内容が分かりやすくなるように、1単位時間での学習活動の流れを図示したものの横に磁石を貼り、学習活動に応じてそれを動かす。

□分かる説明、発問、指示をする（具体的な言葉、明確な指示）
- 発達段階に合わせた端的な言葉で行動を促したり、尋ねたりする。
- 話し始める前にタイミング、立つ位置、前置き、注目することを促す等をしてから話す。
- 活動の途中で指示を出す必要があるときは、活動を止めて注意を引き付けてから説明をする。
- 十分に聞こえる声の大きさ、話す速さや間、抑揚に気を付けて、分かりやすい発問や指示をする。

□内容を整理して話す
- 1回の指示で一つの内容（一指示一活動）を心掛ける。
- 話す内容の要点をおさえ、短い言葉で、はっきり語尾まで言い切って、端的な説明をする。
- 結論や要点を最初に話し、説明を後から加える。
- 「いつ、どこで、誰が」等を使いながら話す。
- 「1つ目は、2つ目は」等のように、冒頭に数字を示しながら、内容を整理して話す。
- 「大事なことを言います」、「これから3つのことについて説明します」、「－をしましょう」、「質問は最後に聞きます」等と、前置きをしてから話す。
- 指示・発問・説明では、「まず～、その次は～」等、前置きをして指示をする。
- 指示語や曖昧な言葉や表現を避けて、具体的な表現を使って説明や指示をする。
- 「これ、それ、あれ、どれ」等の抽象的な表現を避け、具体的に指示をする。
- 児童生徒の得意なことを活かせるように、全体への発問や指示、個別の声掛けや確認をする。

□見える・残る指示
- 聴覚情報以外の情報も併用して、説明や指示をする。
- 言葉だけの説明ではなく、具体物、図や写真、OKサイン、アイコンタクト、サイレントサイン、ヘルプカード、演じる等の視覚的な手がかりで示す。
- ICT機器を活用し説明する内容を分かりやすくする。

□肯定的な言葉で行動を促す（働きかけ）
- 「やってみよう、できそうだ」という気持ちがもてるような言葉掛けをする。

□学習や活動への意欲を持続するほめ方
- 頑張りを認め、「いいね」「よくできたね」等の肯定的な言葉をかける
- 認める機会を設けて、その場でできているときに認めてほめる。
- 結果だけでなく過程を認めてほめる。

□教材、題材の内容
- 児童・生徒にとって扱いやすい教材や教具を用いる。
- 課題解決の支援に効果的な教材や教具を用いる。
- 出題の意図が全員に同じように伝わるよう、見やすく答えやすくする。

- 授業や学習活動のねらいを達成するために、スモールステップ化した教材・教具を取り入れて、学習内容を分かりやすくする。

□教材・教具の準備
- 予想される困りやつまずきに対応するための教材・教具を数パターン準備する。
- 児童生徒の発達段階に応じて、材料、道具、用具を準備する。
- 児童生徒の実態に合わせた基礎、応用、発展に結び付くような教材を準備する。
- 学習で使うプリントやワークシートは、読みやすく書きやすいようなものを準備する。

□学習課題、題材、教材の提示（提示物、具体物、ICT活用、視覚等の感覚への支援）
- 分かりやすく進んで取り組めるような具体的な課題を例示することで、解決の手がかりをもたせる。
- 興味・関心や習熟度等に合わせた活動や課題を複数用意し、選択できるようにする。
- 1つの課題が終わった後、次にする課題を準備する。
- 課題の手順、作業の終了、約束事、必要な道具等について、文字や絵等で提示する。
- 課題の手順表を作成し、児童生徒が適宜確認したり振り返ったりできるようにする。
- 機器や提示物等のねらいや効果を明確にして使用することで、興味・関心をもたせたり理解を促したりする。
- 写真・絵・動画等の視覚（映像等）、触覚（実物等）、具体物等の教材を用いて、提示する内容をより分かりやすくする。
- 実験等の手順を提示する。
- 定型文、定型文に合う例文、単語語句の選択肢を提示する。
- 発音しにくい英単語に片仮名で発音を表記した語句リストを準備する。
- 要点やキーワードに下線を引いたり枠で囲んだりする。
- 図や絵をマーカーで結ぶ等しながら、語句や数字の関係性を捉えさせる。
- 電子黒板等のICTを活用して、キーワード、図、写真等を提示する。
- グラフ等にアニメーションを取り入れ、その推移を視覚的に捉えさせる。

□板書、ノート、ファイルの仕方（見やすさ、学習の流れ、文字の大きさや色）
- 授業の内容や流れが分かるように板書する。
- 児童生徒のさまざまな意見やその関係性が見えるように板書する。
- 日付や学習する教科書等のページ数を板書する。
- ワークシートと同じものを提示するなどして、ノートやワークシートとの関連を図り板書する。
- スピード、タイミング、間等に留意してノートに取りやすい板書をする。
- 板書の様式を決めておく（例：簡潔な語句、丁寧な文字、太さ、行間、配置、チョークの色づかい、左から右に書く、めあてやまとめを書く箇所を決めておく、キーワードや大切なところが分かるように赤や黄等のチョークの色を変える、アンダーラインや重要語句を囲むチョークの色を使い分ける、ラインや囲みをする、線・矢印・記号の活用、後ろの児童生徒からも見えるような文字の大きさ、書き間違いやすい漢字は大きく、チョークの色を多用しすぎない、色が示す意味の理解）
- 文章問題とともに、図や挿絵を提示する。
- 図や絵を結ぶ等しながら、語句や数字の関係性を捉えさせる。
- 授業用と掲用用の小黒板を使い分ける。
- 学習したことや考えを記録するために、ノートの取り方やファイルの整理の仕方を指導する。

□机間指導
- 学習活動に困難さを示しているときには、具体的な言葉掛けをして活動を促す。
- 支援が必要な児童生徒を中心に机間指導し教員に支援を求めやすくする。
- 課題や指導に対して理解の状況を把握する。

□復習する機会を設ける（反復、スパイラル化）
- 教科の系統性の視点から、前の段階では理解が十分でなかったことや、理解はしたけれども再確認を行う必要のあることについて、復習する機会を設ける。
※教科教育の内容はスパイラル（反復）構造となっており、ある段階で学んだことは、次の発展した段階で再び必要となる。

□他の機会や生活で活用する（適用化、機能化）
- 学んだことを別の課題に適用したり、実生活で活用したりする。
※学んだことを机上の理解だけにとどめず、別の課題に適用してみたり、生活の中で機能させてみたりすることで、学習の成果を積み上げる。

□学習評価
- がんばりカード、自己評価カード等を用いて、頑張ったことの積み重ねが児童生徒に見えるような評価をする。
- 児童生徒同士の思考を学習内容に結び付ける。
- 授業で児童生徒の理解をこまめに確認する。
- 授業の最後に「分かった」という実感をもたせる。

5　授業のまとめ

□学習や活動の振り返りを工夫する
- 黒板や電子黒板を用いて、本時の学習のポイントを示しながら振り返る。
- 授業の最後に1時間で学習した内容を振り返ることで、学習内容を整理し再確認する。
- 授業の終わりに、次時の学習内容について伝えることで、本時の学習を繋げる。
- 児童生徒が振り返りカードに記入することで、自身の活動への取組を振り返る。
- 「分かった」「できた」という満足感や達成感をもたせる活動を取り入れて、振り返る。
- 「○○がよかった」「○○をしたほうがよい」等、児童生徒に伝わる評価をする。
- 児童生徒同士がよいところを認め合える場をつくり、相互評価をする機会を設ける。
- 教師がスモールステップの目標設定、できたかどうかが分かる具体的な目標、どうしたら上手くいくのかを考える等して、学習課題を明確にしてその成果を振り返る。

Ⅱ　授業での学び方の違いへの配慮

1　個人差に応じた支援

□情報を共有する
- 全体指導で理解や活動が難しいときは、選択できる課題やヒントカード等で参加を促す。
- 理解がゆっくりしている場合は、他の児童生徒の意見を聞きながら理解を進める場を設ける。
- 理解が早い場合は、他の児童生徒へ自分の意見をまとめて伝える場を設ける。

□指導内容・方法をスモールステップ化する
- 達成までのプロセスに細やかな段階を設けることで、児童生徒が目標に到達しやすくする。
- 用意されたステップを使ったり、使わなかったりしてよいという選択の余地を設ける。

□視覚・聴覚等の感覚を活用した支援をする
- 情報を「見える化」して、情報の理解や伝達をスムーズにする。
- 言葉だけの説明ではなく、図示する、イメージを伝える、身体を動かす等の非言語的な伝達方法を取り入れ理解を深める。

□学習理解の状況を把握する
- 話の内容やポイントが理解できているかを、個別に尋ねて確認する。
- 説明の内容をまとめたメモを渡す。

□学びやすいワークシートにする
- 複数のプリントやワークシート、ヒントカード、チャレンジ課題等を用意する、課題が早く終わった者には次の課題を用意する等して、個々が力を発揮して課題を行いやすいようにする。
- 教科ごとにワークシートの様式を統一する。
- 穴埋め式のワークシートを準備し、書き込む。
- 書き込む箇所に番号を振る。
- 授業でのキーワードをワークシートに挙げておく。
- 話し合う際のテーマをワークシートに提示しておく。
- 文章の構成を分けたワークシートを準備する。
- 定型文や語句の選択肢を提示する。
- 発音しにくい英単語に片仮名で発音を表記した語句リストを準備する。
- 本時の学習で用いる定型文や定型文に合う例文や単語を提示する。
- フラッシュカードを使って提示する。

2　個々の学習の困難さの状況に応じた支援

個々の学習の困難さの状況に応じて、動作化、具体物の活用、視覚や聴覚情報の提示、ICT活用等、学び方の違いへの個別の支援を準備する。

□読むことが苦手な児童生徒の場合
- 漢字のふりがなや英単語の読み方を書く。
- 次時に学習する箇所を知らせ、家庭で音読を練習する。
- 問題文を読み聞かせて、内容を伝える。
- 提示する文章の字間や行間を広くする。
- 文字のポイントを大きくしたり、フォントを変えたりする。
- 単語や文節ごとに横線を入れたり、分けて書いたりしたプリントを準備する。
- スリットを開けた厚紙を使ったり、定規や指を当てたりすることで読みやすくする。

□話すことが苦手な児童生徒の場合
- 事前に話す内容を書かせておいたり、本人が答えやすい質問をしたりする。
- 話す内容をノートやワークシートに事前に書いてから発表するようにする。
- PC等を用いて書いて伝える等、話して伝える以外の方法で伝えることができるようにする。

□注意の持続が難しい児童生徒の場合
• カーテンや間仕切り等で刺激を遮る。
• 教師の近くや落ち着いた児童生徒の隣にする等、座席の位置を工夫する。
• 活動することや持ってくる物等を書いたメモを渡す。
• 説明や指示をする前に、名前を呼んだり言葉掛けをしたりして注意を引き付ける。
• 取り組む課題を易しいものから難しいものへと、段階を踏めるよう工夫する。
• 望ましい行動や発言に対して称賛する。
• 書き写す見本となるように、板書する内容を事前にプリントで渡す。
• 見る箇所が分かるように、具体的に伝えたり、印を付けたりする。

Ⅲ　校内外の支援連携

□保護者等との連携
• 当該児童生徒及び保護者等の相談を適宜行う。
• 個別の教育支援計画や個別の支援計画を基に相談を適宜行う。
• 特別支援教育コーディネーター、スクールカウンセラー等と連携し相談を適宜行う。
□教員間の情報交換、相談
• つまずきのある児童生徒の様子や関わり方等について、教師間で情報交換をする。
• 個別の教育支援計画や個別の指導計画の作成に協力し合う。
• 学年会や校内委員会等で、適宜、支援会議を行う。
□専門機関等との連携
• 発達支援センター等、外部の専門機関と連携する。
• 域内の特別支援学校のセンター的機能を活用する。
• 教育委員会等の関係機関と連携し必要な相談をする。

出典：文献欄の各自治体作成の支援例を参考にして筆者が作成

〇自立活動との関連を図る

　通常の学級に在籍する発達障害等のある児童生徒に対する適切な指導や必要な支援を充実するために、特別支援学校学習指導要領に示してある自立活動の指導との関連を図る必要がある。

　自立活動の指導は、小・中学校学習指導要領には示されていない。しかし、特別支援学級の特別な教育課程を編成する場合や、通級による指導における指導内容・方法を構成する際には、自立活動6区分27項目との関連を図るとともに、個別の指導計画を作成し適切な指導目標を設定したり指導内容・方法を検討したりすることとなる。したがって、通常の学級においても、特別な教育的ニーズのある児童生徒に対しては、個別の指導計画内容を作成し児童生徒の学習や生活の「課題」に対する「指導上の工夫の意図」を明確にして、具体的な「手立て」を検討・実施することが求められる。その際、発達障害のある児童生徒の障害特性や学習の状況に応じるためには、自立活動の指導との関連を図ることが重要である。

　具体的な個別の指導計画の作成・活用については、本書の「第7章　自立活動の指導」を参照のこと。

4　通常の学級の担任に求められる専門性

　小・中学校通常の学級には、障害のある児童生徒を含む多様な教育的ニーズのある児童生徒が在籍している。そのため障害の有無に関わらず、児童生徒一人一人の教育的ニーズに応じた教育を実践していかなければならない。このことについて「共生社会の形成に向けたインクルーシブ教育システム構築のための特別支援教育の推進（報告）」では、通常の学級担任に求められる専門性として「すべての教員は、特別支援教育に関する一定の知識・技能を有していることが求められる。特に発達障害に関する一定の知識・技能は、発達障害の可能性のある児童生徒の多くが通常の学級に在籍していることから必須である。」と述べている。インクルーシブ教育システム構築のためには、通常の学級の担任は、障害特性や学習の状況などの多様な教育的ニーズのある児童生徒への理解を一層進める必要がある。そして、学級経営、教室環境の整備、授業づくり、生徒指導などにおいて、個々の実態把握から必要な個別の教育支援計画や個別の指導計画を作成し個に応じた指導を充実するという特別支援教育の手法を生かして、適切な指導や必要な支援を充実することが求められている。

　特に、学習指導要領では、各教科において発達障害等のある児童生徒に対する学習指導上の配慮例が具体的に示された。次の**表4**は小学校国語科における発達障害等のある児童への学習指導上の配慮例である。児童が表す困難さに対する指導上の意図を明確にして必要な手立てを講じることが示してある。さらに、これらの支援や配慮を、個別の指導計画の作成や学習指導案に反映し活用することで、教科指導を充実していくことが通常の学級の担任に、新しく期待されている点である。

表4　小学校国語科における発達障害等のある児童への学習指導上の配慮例

「困難さ、指導上の工夫の意図、手立て」と学習指導案の各項目との関連	学習指導上の配慮点と学習指導案の各項目との関連付け
「困難さ」と「学習課題の設定」等との関連	○文章を目で追いながら音読することが難しい場合 ※学習指導案の「児童の実態、児童観」等の記述と関連付ける
「指導上の工夫の意図」と「指導目標の設定」等との関連	○自分がどこを読むのかが分かるようにする ※学習指導案の「個別指導や少人数指導の指導目標、単元の一部授業の指導目標」等の記述と関連付ける
「手立て」と「指導法の工夫」等との関連	○教科書の文を指等で押さえながら読むよう促す ○教科書の必要な箇所を拡大コピーして行間を空ける ○語のまとまりや区切りが分かるように分かち書きをする ○読む部分だけが見える自助具（スリット等）を活用する等 ※学習指導案の「教材観、教材・教具の活用、指導の配慮、指導上の工夫」等の記述と関連付ける

※印は、教科ごとの配慮例と学習指導案の項目と関連付ける

第10章

特別支援学校の学習指導案
作成と学習評価の実際

本章では、学習指導案の作成及び学習評価について理解を深める。

◆ **Keywords** ◆

①授業改善　②学習指導案の作成
③肢体不自由特別支援学校学習指導案
④知的障害特別支援学校学習指導案　⑤学習評価

1　学習指導案と授業

　授業計画（Plan）の段階では、学習指導案の作成が重要である。学習指導案を作成するということは、児童生徒一人一人の指導目標を明確にするとともに、それを達成するために授業をどのような指導内容でどのような指導方法で進めるのかについて、具体的に検討するということである。そのためには、児童生徒の実態を踏まえて、児童が興味・関心を抱いたり、すすんで学ぼうとしたりすることができるような学習内容（活動）となっているか、個々の障害特性や状態等に応じた指導上の工夫や教室環境が整えてあるか、教科の評価規準に基づいて個々の学習の習得状況を適切に評価することができるか、などを十分に検討しなければならない。

　このように作成された学習指導案は、チームティーチング（複数の教師による指導体制）における指導の指針ともなる。したがって、それぞれの教師がチームティーチングの良さを積極的に活かしながら、児童生徒にとって「分かる授業」とはどのような授業を行うことなのか、またどのような指導内容を設定し指導法を工夫すればよいのかについて、実践的に深めていかなければならない。

2　授業改善の意義

　学習指導要領では、学校評価と教育課程とを結び付けたカリキュラム・マネジメントを通して、開かれた教育課程に向けてより豊かな教育内容・方法を充実することが新しく示された。このカリキュラム・マネジメントについては、①教科等横断的な視点で各教科の指導内容との関連をみること、②計画・実施・評価・改善の一連の流れを PDCA マネジメントサイクルでみること、③外部人材を教育活動に活用することの3点が新しい視点として示された。

　一方、教育課程の基盤である授業については、「主体的・対話的な深い

170

学び」に向けた授業改善の方向が新しく示された。この授業改善において
は、授業を単元のまとまりとして構成する連続体として受け止め、そして
単元全体の流れを追いながら授業を改善していくということが求められて
いる。つまり、カリキュラム・マネジメントと授業改善とを組み合わせる
ことによって、中・長期的な視点による授業改善を推進していくことが、
これからの学校教育において期待されているといえよう。

　各校においては、授業を担当する教師自身が自らを律しながら、より良
い授業を実践的に追求していくという授業実践の主体者としての授業改善
が一層求められている。

3　授業の構想

　次に、授業を構想するポイントについて述べる。

（1）指導観をもつ

- 単元（題材）観では、年間指導計画を踏まえて、本時で何を目的にどの
  ような内容を教えるかについて述べる。
- 児童生徒観では、どのような実態なのか、学習課題をどのように捉えて
  設定するのか、主体性を育てるための指導法の工夫などを述べる。
- 教材観では、どのような題材や教材・教具を活用して教えるのかについ
  て述べる。

（2）授業の導入・展開・まとめを考える

- 一方的な教え込みの授業ではなく、児童生徒の主体的な学びを育む内容
  の構成、接し方、発問、教材提示、学習評価などを考慮する。
- 個別の指導計画を参照しながら、授業のねらい、指導内容や指導方法、
  教材・教具の活用、授業の展開や学習評価について、個に応じた指導を
  充実する。

（3）授業のPDCA（計画・実施・評価・改善）による授業改善

- 実施した授業をPDCAサイクルに基づいて適切に評価するとともに、
  その授業評価を生かして再構成した指導内容・方法とする。

（4）学習指導案作成の留意点

- 国の関係法令、学習指導要領、教育委員会の教育目標等に基づく。

- 学校教育目標、学校経営計画、学部・学年・学級の教育目標を踏まえる。
- 保護者や地域の願いを踏まえた目標設定をする。
- 個別の教育支援計画や個別の指導計画との関連を図る。
- 各教科等の年間指導計画、単元計画、週ごとの指導計画を参照する。
- 児童生徒の実態（障害の特性等）、学習課題の焦点化、自立活動の6区分、自立し社会参加する力を育成するキャリア教育の視点との関連性を考慮する。
- チームティーチングにおけるそれぞれの教師の役割や、連携・協力態勢について学習指導案に示す。

4 学習指導案の作成

次に、一般的な学習指導案の作成について述べる。

学習指導案の記入例

1 単元（題材）名（科目名、教科書、副教材等）

2 単元（題材）の目標

学習指導要領に基づき、3つの資質能力を育成する観点で具体的に記述する。児童生徒に身に付けさせたい力を具体的に記述する。「〜する」、「〜することができる」など、児童生徒の主体的な学びを進める立場で記述する。

3 単元（題材）の評価規準

ア 知識及び技能	イ 思考力・判断力・表現力	ウ 主体的に学習に取り組む態度
①○○について○○を理解している。 ②○○の技能を身に付けている。	①○○について考えたことを表現している。 ②○○を判断し行動している。	①すすんで○○しようとしている。 ②○○を生かそうとしている。

4 指導観

（1）単元（題材）観
- 学習指導要領における位置付けや、重点を置く指導事項等を記述する。

（2）児童生徒観
- 本単元（題材）の学習内容に関する基礎的な既習事項の定着状況や学習上の課題を記述する。

（3）教材観
- 授業で扱う資料や、教材・教具、地域人材、学習環境などの活用について記述する。

5 年間指導計画における位置付け
- 本単元（題材）の学習内容に関連する前後の学習内容を記述する。

6　単元（題材）の指導計画と評価計画（○時間扱い）

- 評価規準を3つの資質能力を育む観点ごとに、学習活動に即して具体的に記述する。
- 1単位時間の中で、1～2項目の評価となるよう目標を焦点化する。
- 教師による観察を中心とした授業評価と、ワークシート、ノート、作品等による授業後の評価を適切に組み合わせる。

	ねらい	学習内容 （活動）	学習活動に即した具体的な評価規準 （評価方法）
第○時	（略）	（略）	・ウ－①　○○について関心をもち、意欲的に○○しようとしている。（調べたり発表したりする様子の観察）
第○時 （本時）	（略）	（略）	・イ－①　○○について資料を収集し、○○してまとめ、その内容を説明している。（ノート記述の観察）

7　指導にあたって

- 指導上の工夫や改善点を記述する。授業形態の工夫（一斉指導、個別指導、少人数指導、グループ学習等）、TTによる指導、指導方法の工夫　（示範、板書、発問、教材・教具、体験学習、問題解決学習等）

8　本時（全○時間中の第○時間目）

（1）本時の目標

- 単元（題材）の目標と合わせて、障害のある児童生徒一人一人の主体的な学びを進める視点で、指導内容・方法を明示する。

（2）展開　　　　　　　　　※児童生徒の主体的な活動を促す視点で作成する

時間	学習内容（活動）	指導上の留意点	評価規準（評価方法）
導入○分	・既習事項を確認し、本時のねらいを把握する。 ・学習の進め方を知り、学習への見通しをもつ。	・本時の目標と関連づけて、何を学習するのか、そのための学習方法を個別やグループごとに明示する。 ・言葉や文字で示すとともに、絵カードなどを用いて視覚支援をする。 ・個々の学習課題と目的を明確にする。「○○を示して、□□についての課題意識をもたせる」など。	

時間	学習内容（活動）	指導上の留意点	評価規準（評価方法）
展開○分	• 児童生徒が主体的に学ぶという視点で、学習活動の流れと指導内容・方法とを明確に記述する。 • 例えば「○○について考える」、「○○について気付いたことを意見交換する」、「意見交換を基にして、自分の考えをまとめる」、「まとめた考えを発表する」。	• 本時の目標や学習課題を達成するための具体的な指導法を記述する。 • 障害特性や状況に応じた健康面への配慮や個別対応を記述する。 • 行動や答えを予想して、発問、教材提示、接し方等を記載する。 • TTの授業では、それぞれの教師の役割を明確にする。 • 主体的な学びを進めるために、「○○が十分でない児童生徒に対し個別、小集団Gで指導する」、「○○と□□を関連付けて考える時間を十分に設ける」、「意見交換をする際の視点を○○とし、その方法を□□とする」などを明示する。 • 学習のねらいに即して、個々のまとめを価値付ける。	• 身に付けさせたい力を、どの学習場面で、児童生徒の姿から把握するのか示す。 • 効果的・効率的な評価を進めるために評価を焦点化して記述する。イ－①（ノート記述の確認）
まとめ○分	• 学習内容を振り返る。 • 次時学習への見通しをもつ。	• 本時のねらいの達成に向けた実現状況を確認する。 • 次時の学習活動を提示し学習への期待と見通しをもたせる。	

（3） 板書計画（指導場面の配置図）
• 1単位時間の学習の流れが分かるように、内容を整理して記述する。
• 単元（題材）名、本時のねらい等を記述する。
• 視覚的な提示を工夫する。
• 指導場面の流れ、TTによる指導体制、配置を図式化する。

（4） 授業実施の評価
1）目標について
• 教科・科目等の目標、単元の目標、本時の目標との一貫性をもたせていたか。本時の指導に指導観を生かしていたか。
2）展開について
• 学習活動が、本時の目標を達成するための学習活動となっていたか。児童生徒の主体的な活動を取り入れていたか。時間の配分は適切であったか。
3）学習活動に即した評価について
• 指導上の配慮事項を踏まえて、本時の目標と評価項目との内容が一致していたか。障害のある児童生徒の学習意欲を高める学習内容の構成が適切であったか。発問、板書、資料提示などの指導法の工夫をしていたか。

（5）授業計画の評価
• 個別の指導計画に記載された個に応じた指導内容・方法を、学習指導案に反映して実施していたか。

5　学習指導案の実際

　次に、肢体不自由特別支援学校小学部（知的代替教育課程：鈴木くるみ教諭作成）と、知的障害特別支援学校小学部における学習指導案（東京家政学院大学児童学科教育実習生作成）を紹介する。特に教職課程の学生にとって教育実習中の学習指導案作成は、時間を要するため、参考としていただきたい。なお、紹介する学習指導案は、筆者が一部加筆している。

（1）肢体不自由特別支援学校小学部「国語科・算数科」学習指導案

　知的障害を併せ有する児童の教育課程において、「カレーライスをつくろう」という活動を通して、国語と算数の学習を進めている事例である。

1　単元名　「カレーライスをつくろう」
2　単元の目標
• 写真を手掛かりにして、ものの違いや同一性に気付き具体物を選択する。
• 期待感をもって、自ら返答をする。
3　単元（題材）の評価規準

ア　知識・技能	イ　思考・判断・表現	ウ　主体的に学習に取り組む態度
①提示されたヒントを見て、ものの違いや同一性に気付く。 ②具体物を持ったり、触れたりしながら、自ら操作する。	①提示されたものと同じ具体物を選択しようとする。 ②教師の働き掛けに応じて、身体の動きや発声等で表現しようとする。	①提示されたものを見たり、教師の方を見て話を聞いたりする。 ②自分の顔写真が提示されることに期待感をもって、自ら返答をする。

4　指導観
（1）単元観
　本単元は、特別支援学校小学部学習指導要領（平成30（2018）年3月告示）知的障害教育国語科、算数科1段階の目標と内容を基に構成した。また、自立活動の「人間関係の形成（1）他者とのかかわりの基礎に関すること」、「身体の動き（1）姿勢と運動・動作の基本的技能に関すること」と関連付けて指導する。
　本単元「カレーライスをつくろう」は、カレーの材料である玉ねぎ、人参、じゃがいもの実物の形や色と、提示された絵カードとの同一や相違に気付くことを

重点として構成した。これまで実物の野菜を用いて、ものの「ある、なし」の理解を深めてきたので、本単元では、認識している野菜の色や形に着目し提示された絵カードと対応させることによって、同じものを探し出す力を育む。また、提示された野菜を注視する、買い物学習で必要な野菜を選ぶ、教師の言葉掛けに対して指差しなどで応じる、人との関わりの中で自らの意思を伝えたり思いを表現したりする力も、同時に培いたい。

（2）児童観

　本グループは、知的障害を併せ有する児童の教育課程に在籍する低学年の児童4名（男児2名、女児2名である。児童の実態は、生活に身近な言葉でのやりとりができる、言葉掛けにサインで応じることができる、発話はないがサインやジェスチャーで教師からの問いかけに答えようとする、教師からの言葉掛けに身体の動きで意思表示をしようとする状況である。また、手遊びや絵本の読み聞かせなどでは、教師の働きかけに注目する児童もいるが、多くの児童は事物に注視をして学習に臨む場合が少ない。

　したがって、教師が意図的に児童の注視を促すために、授業の始めに呼名をきめ細かくしたり、友だちの活動に必要に応じて介入する工夫をしたりすることで、教師と児童や児童同士の関わりを少しずつ促していく。また、児童の多くは姿勢の保持が難しい状況なので、首の角度を直したり、指差しで前方を示したりするなどの支援を行う。さらに、少人数で前に出て活動する際は、あらかじめ順番を固定しておくことで児童が見通しをもてるようにする。そして、児童が「できた」ときは、即時評価しできたことを児童が分かり達成感をもつようにする。

（3）　教材観

　本単元「カレーライスをつくろう」の中で使うさまざまな野菜が絵本の話の中に出てくる。絵本の読み聞かせの中で、絵本の野菜の名前と買い物をする具体物の野菜とを一致させて、買い物学習に結び付けるとともに、絵本への興味・関心を広げたい。

5　主な活動内容とねらい

（1）　集団学習

〈名前呼び〉
　導入では、教師の呼名に対して発声や身振りで児童が返事をするという「名前呼び」を設定している。名前を呼ばれているのは自分だということが分かり、自分なりの方法で応じることは、さまざまな場面での表出の力を広げることに繋がるため、1学期から継続して名前呼びを実施してきた。児童の目の前に写真を提示し目を合わせながら呼名を行うことで、発声やタッチなどを用いて児童ができる方法で、返事をすることを待つ。
　児童はこの名前呼びを行うことによって、国語・算数の授業が始まることへの認識がもてるようになってきた。さらに、友だちの写真にも注目するようになり、欠席した友だちにも気付くようになってきた。この名前呼びは、朝の会などでも行っているが、国語・算数では、自分の名前が呼ばれたことをしっかりと意識して聞くことや、教師の呼名による呼びかけに自らの表現で応えることを重視し、自ら表出するコミュニケーション力の育成に重点を置いて指導をする。

〈読み聞かせ〉

　児童の見る力、聞く力に合わせて、「おかいものなんだっけ？」「カレーライス」の絵本の読み聞かせを行う。「おかいものなんだっけ？」は、登場人物が母親に頼まれたものを購入する内容である。絵本の読み聞かせを通して、買い物とは何かについて児童の考えをふくらませる。「カレーライス」では、カレーライスができる手順をストーリーとしており、調理の擬音が効果的に用いられているため、調理することの臨場感を盛り上げてくれる。児童が次の展開を期待しながら、絵本を見たり、読み聞かせを聞いたりする力を培っていく。

〈同一識別〉

　買い物学習では、カレーライスの材料となる野菜を購入する。買い物かごに「玉ねぎ」、「にんじん」、「じゃがいも」の写真カードを入れて、提示した写真カードと同じ野菜を選択する。形や色など、ものの違いや同一に気付くことができることをねらう。また、2人ずつ前に出て行うことで協力して買い物をする力を育む。そして、児童の実態に応じて学習課題を変えることによって、児童の「できた」という達成感を味わえるようにする。

〈手遊び（模倣）〉

　模範となる児童の身体の動きを見ながら、教師と一緒に手遊びを行う。児童の模倣する力には差異があるため、教師と関わりながら意欲をもって模倣することができるように、児童ができる環境づくりをする。また、一人でできる動きを促し、児童が主体的に模倣する体験を積み重ねることによって、達成感を得ることができるようにする。

（2）個別学習

　個別学習では、児童の学習の状況に応じて、設定された課題を一定時間集中して取り組む。認知の力や、集中して学習する力を伸ばすことをねらいとして、個々に応じた学習課題を設定する。

6　年間指導計画

　国語・算数は週〇時間設定し各授業では、集団学習と個別学習を設けている。年間指導計画では、前半にパネルシアターや絵本に興味をもち、集中して見開きする力をつけること、発声や動作、表情で模倣する力を育てることを目標とする。また年間を通して、身近にあるものの違いや同一に気付き、見分けたり分類したりする力を育てる。

実施期間	単元名	主な学習内容
5月〜7月	みて、きいて、まねてみよう	・教師のよむ絵本やパネルシアターを見たり聞いたりする ・粗大模倣を取り入れた活動 ・絵カードや具体物など、見分けたり見比べたりする活動
9月〜12月	みて、きいて、つたえよう	・教師のよむ絵本やパネルシアターを見たり聞いたりする ・人小や長短などの概念理解を促す ・発声や身体の動きなど、できる方法で教師へ伝える活動
1月〜3月	つたえよう、自分でやってみよう	・発声や動作など、自分のできる方法で教師に伝え、やりとりする ・絵カードや具体物を、自分で選択して学習を進める活動

　前回の「やきいもをしよう」の単元では、パネルシアターを見ながら、本物のさつまいもを引っ張ったり、ケースからぬいたりした。本時では、選んだ具体物をかごに入れることに重点を置いた活動をする。

7 単元（題材）の指導計画（〇時間扱い）

時	ねらい	学習内容（活動）	評価規準（評価方法）
第1次〇時間	・提示されたものを見たり、教師の方を見て話を聞いたりしようとしている。 ・課題に正答することで自信をもったり、野菜の名前を覚えたりする。	〇名前呼び 〇絵本「おかいものなんだっけ？」の読み聞かせ 〇「カレーライスをつくろう」 ・カレーに入れる野菜を選び、鍋に入れる。	イ－②、ウ－② ウ－① （観察：視線、表情、身体の動き） ア－② （観察：視線、表情、身体の動き）
第2次〇時間	・教師に注目して、提示されたものを見たり、話を聞いたりしようとしている。 ・ヒントの写真カードを見て、同じ野菜を選択する。	〇名前呼び 〇絵本「カレーライス」の読みきかせ 〇「カレーライスをつくろう」 ・カレーに入れる野菜を選び、かごに入れる。	イ－②、ウ－② ウ－① ア－①、イ－① （観察：視線、表情、身体の動き）
第3次〇時間（本時〇時間目）	・教師に注目して、期待感をもちながら、提示されたものを見たり、話を聞いたりしようとしている。 ・かごをもち、ヒントの写真カードを見て、同じ野菜を選び、レジにもっていこうとする。 ・友だちの動きを見ながら、教師と手遊びをする。	〇名前呼び 〇絵本「カレーライス」の読みきかせ 〇「カレーライスをつくろう」 ・八百屋さんに行き、野菜を買うことができる。	イ－②、ウ－② ウ－① ア－①・②、イ－①、イ－② （観察：視線、表情、身体の動き）

8 配置図 （略）

9 指導上の工夫点

〇指導法の工夫

・授業の挨拶では、授業の始めと終わりを意識できるようにきめ細かな言葉掛けをする。

・活動に見通しをもてるように、絵カードを用いて授業の流れと学習内容を提示する。

・活動の流れが理解しやすいように、毎時間、同じ導線を整えて行う。

〇学習環境の工夫

・不要なものや気が散るものは片付けて、活動に集中できるようにする。

・必要な言葉掛けに絞って、伝えることで MT や授業に集中できるようにする。

〇感染症防止のため、机・椅子等の消毒を徹底する。

10 本時の展開（集団学習）

時間	学習内容（活動）	指導上の留意点	評価規準（評価方法）
導入（〇分）	〇はじまりのあいさつ ・教師の言葉に合わせて、学習に向かう姿勢を整える。 ・本時の学習内容を知る。	・前方のT1への注目を促す。 ・見通しをもてるように、学習内容を提示する。 ・児童の首の角度を直し姿勢を保持する。 ・前方を指し示し集中させる。	

時間	学習内容（活動）	指導上の留意点	評価規準（評価方法）
展開 （○分）	○名前呼び ・名前を呼ばれたら、自分ができる方法で返事をする。	・児童と目を合わせてから名前を呼び、返事ができたらほめる。	イ－②、ウ－①、② （観察：視線、表情、身体の動き）
	○読み聞かせ 「カレーライス」の絵本 ・教師の読み聞かせを注目してみたり、一緒に身体を動かしたりする。	・絵本が見える場所に、児童がいるかどうか確認する。 ・絵本に集中できるよう、余分な言葉掛けはしない。 ・児童Aに眼鏡をかける。	
	○「カレーライスをつくろう」 ①お買い物 ・お店に入ってかごをもつ。 ・かごに野菜を入れて、同じ野菜を選ぶ。 ・児童Aは３択、B・Cは２択、Dは１択で、買い物をする。 ・レジに野菜をもっていき、正しく野菜を選べたかどうかを確認する。 ・袋に入れてもらい、受け取る。 ②買った野菜を鍋に入れる。 ・袋から出して、順番に鍋に入れる。 ○模倣 「カレーライスの手遊び」 ・手本の児童は前に出る。 ・できたカレーを見て、匂いをかぐ。	・全員が注目していることを確認してから始める。 ・児童が楽しみながら学習できるような雰囲気をつくる。 ・児童がかごに入れやすい位置に合わせて教材を提示する。 ・レジで「お願いします。」、「ありがとうございます。」を伝える。 ・鍋に野菜が入る様子を見たり、鍋に入る音を聞いたりして楽しめるようにする。 ・児童が期待感をもてるように、１、２、３と数えてから、カレーの匂いをかぐようにする。	ア－①②、イ－① （観察：視線、表情、身体の動き）
まとめ （○分）	○全体学習終わりの挨拶 ・姿勢を正して挨拶をする。	・前方のＴ１への注目を促す。 ・全体学習の終わりを意識する。	

個別学習（○分）

児童	学習内容（活動）	指導上の留意点	評価
A児	○線引き ・始点の○から終点の○まで、まっすぐ線を引く。	・始点と終点が分かるように、始めの○と終わりの○をつなぐ前に、指先でなぞる。 ・よだれで紙が濡れることを気にするので、ホワイトボードを使う。	・始点と終点の○をまっすぐに線でつなぐことができる。
	○丸の色塗り ・丸の中を塗りつぶす。	・塗りやすい大きさの丸にする。視線で捉えやすい位置に、青色ペンで丸を書き、書きやすい場所にホワイトボードを提示する。	・丸を注視しその中にペンを持っていくことができる。
	○日常生活の用具を知る ・時計、テレビ、スプーン、歯ブラシなど日常生活で使用している名称を理解する。	・カードを２択で提示する。 ・児童の眼振が安定するところにカードを提示する。	・提示されたカードを見て正しい方を選ぶことができる。

（2）知的障害特別支援学校　小学部　国語・算数科　学習指導案

　次に、自閉症児を対象とした障害特性に応じた発声や空間認知、個別学習の内容を紹介する。

1　単元（題材）
　「長ーい声を出そう」「うえにのせて」
2　題材の目標
（1）発声の練習で、息を長く伸ばして声を出したり、口形をまねたりすることができる。
（2）「うえ」、「した」の指示カードを見たり言葉を聞いたりして、カードや物を所定の場所に置くことができる。
（3）パネルシアターを見て楽しむことができる。
3　単元（題材）の評価規準

ア　知識・技能	イ　思考・判断・表現	ウ　主体的に学習に取り組む態度
①どのタイミングで声を出すか、長く伸ばすかが分かる。 ②「うえ」「した」の言葉や矢印の提示について意味が分かる。また、指さしやマークが分かる。	①メジャーが伸びるのを見て声を長く伸ばそうとできる。 ②矢印や「うえ」「した」の指示を見たり聞いたりして、カードや箱を所定の位置に置くことができる。	①教材に注目することができる。 ②順番になったら、前に出ることができる。 ③できたら、教師に「できました」と報告することができる。

4　単元について
（1）題材観
　本題材は、特別支援学校学習指導要領における国語科第1段階「（2）内容「思考力、判断力、表現力等」　A聞くこと・話すこと　イ身近な人からの話し掛けに注目したり、応じて答えたりすること。　C　読むこと　ウ絵や矢印などの記号で表された意味に応じ、行動すること。」に基づき学習内容を設定した。本学年の国語・算数は、週4時間行っている。前半に、全体での集団学習、後半に個別での学習に取り組んでいる。

　これまでの学習で、1学期は、手遊びで教師の動きを模倣する学習や、見る聞く教材で、話を聞いたり教材に注目したりする姿勢を身に付けてきた。そして2学期は、色（赤、緑、青、黄色）や形（○、△、□）を弁別する学習に意欲的に取り組むことができるようになり、身近なものの名前（食べ物、動物、乗り物）の学習で言葉に触れる学習に取り組むことができた。

　本題材では、言語発達の基礎である息を長く伸ばして発声する練習と、日常的に触れることの多い「上」「下」の言葉について気付いたり、深められたりすることを期待して設定した。子どもたちになじみのある「ぞうくんのさんぽ」にちなんだキャラクターを用いてクイズ形式で出題し、問題に応じて子どもが行動できるように配慮している。
（2）児童観
　本学級は、自閉症または発達障害の診断をされた児童5名で構成されてい

る。言語発達の面では、それぞれの児童が、喃語、語頭の 1 音のヒントがあれば「できました」、「ください」などの発語ができる、1 語で要求ができる、2 語文で要求ができる、3 語文以上で会話ができる状況である。

（3）教材観

　発声の練習では、声を伸ばすとメジャーが伸びるという方法で児童に長さを視覚的に提示した。この指導法の意図することを児童が理解し、メジャーが伸びていく様子を見ながら、自ら声を長く出そうという気持ちが生まれてきた。また、「うえ」「した」の学習では、はじめに「かめくんのさんぽ」をモチーフとしたパネルシアターを演じ、かめが動物の上を通ったり下を通ったりする様子を提示する。その際「うえ」「した」の言葉も添えて提示しながら演じる。そして、児童が、同じキャラクターのかめやぞうなどの動物を使い、矢印や言葉を見たり聞いたりして上や下に気付いて置くというクイズに繋がるようにしている。

　授業では、これまでホワイトボード面で上下の学習を行ってきたので、立体物を使って「うえ」にのせる学習を進めていく。

5　年間指導計画における位置づけ

　以下、国語・算数科の年間指導計画における学級目標である。

（1）絵本などに興味・関心をもち、読み聞かせを楽しむ力を付ける。

（2）教師からの話しかけを理解し、表情、身振り、音声、簡単な言葉で伝える
　　力を付ける。

（3）身近なものの名称を理解し、文字や数字などに興味・関心をもつ。

4月○時間	まねっこしよう 見てみよう 聞いてみよう	○教師の身振りや声を見たり聞いたりする ○教師の手遊びを見て模倣することができる ○パネルシアターや拡大絵本に注目する ・身振り、発声、簡単な言葉を模倣してやり取りをする ・絵本・パネルシアターの絵や言葉への興味・関心をもつ
5月○時間	名前を知ろう ①まねっこしよう	○身体部位を動かす模倣遊び等で、教師の身振りをまねたり、歌詞を意識して手や足を動かしたりする ○教師や友だちと一緒に、絵本、パネルシアターを見る ・身振り、発声、簡単な言葉を模倣し、簡単なやり取りをする ・絵本・パネルシアター・紙芝居の絵や言葉を見て同じ物を選ぶ
6・7月○時間	名前を知ろう ②まねっこしよう	○顔や口を動かす遊びで、教師の動きをまねる ○教師や友だちと一緒に、絵本、紙芝居、パネルシアター等を見る ○登場人物や繰り返し登場する物や言葉を見たり、聞いたり、演じたりする ・教師の手本に注目し、口形や舌を意識して動かす ・簡単な話の展開を理解し、絵と言葉を結び付ける ・絵本・パネルシアター・紙芝居に絵や言葉への興味・関心をもつ、注目する、見る、模倣する ○おはなし会に参加し、友だちと一緒に絵本を見る
9月〜11月○時間	なかまあつめ をしよう	○食べ物や動物などの身近なものをカテゴリーに分ける、色、形、大小別に仲間集めをする ○教師や友だちと一緒に絵本やパネルシアター等を見る ・教師の身振りをまねて、身体部位の名称に関心をもつ ・食べ物と動物のカテゴリーに分類する ・身近な物の名称に関心をもち、言葉やジェスチャーで表現する ・教師の声に応じて長く発声する

12〜3月〇時間	数を知ろう	○1〜3の具体物を数える ○1〜10までの数を、教師と一緒に唱える ・数や数字の興味・関心をもち、操作する ・身近なものの配列を理解する ・数順が分かり、数唱ができる ・1対1対応を意識したり、理解したりする

6　単元（題材）の指導計画（16時間扱い）

時	目標	学習内容（活動）	評価規準 （評価方法）
導入	◎長く声を出そう。 ◎お話をきこう ・パネルシアターを見て、登場するかめが動物のどこを通るのか注目することができる。	○提示された順番で前に出て、歌に合わせて「おーい」と声を出す。 ・発声の手本を見る。 ・声の長さに合わせてメジャーが伸びるのを見て声を出す。 ○「かめくんのさんぽ」のパネルシアターを見聞きし、かめが動物の「うえ」や「した」を行くのに注目する。 ・パネルシアターを見る。「うえ」か「した」か、かめくんが通るのを注目する。	ア－① イ－① ウ－①② 【観察】 即時評価する
展開	◎「うえ」かな「した」かな ・矢印や言葉を見たり聞いたりして、カードや箱を所定の場所に置くことができる。	○「うえ」かな「した」かな ・提示された順番で前に出る。 ・矢印や指差しの指示を見たり聞いたりして、絵カードや箱を置く。	ア－② イ－② ウ－①②③ 【観察】 即時評価する

7　配置図（略）

8　指導上の工夫点

【集団学習】

・授業内容の説明で、スケジュールを提示し、どこまで取り組めば終わりなのか見通しをもちやすくする。

・毎回の学習活動の始めに教師がお手本を示し、児童が理解しやすいようなやり方を説明する。

・順番表を提示し、児童が順番を見て分かるように提示し、自分の番になったら自発的に前に出られるようにする。

・児童の活動ができたら即時評価をするとともに、言葉だけでなく視覚的に（花丸などで）ほめるようにすることで、達成感をもたせる。

・ホワイトボードには、不要な視覚刺激が入らないように必要な課題だけを提示する。

・授業の最後には、「おたのしみの時間」を設けて、学習へのモチベーションを高めるようにする。

【個別学習】

・課題が1つ終わるごとに、「できました」の報告を教師に伝えられるように、適宜促す。

・活動を3段ボックスに分けておくことで、学習の終わりを分かりやすくし、学習全体の見通しをもてるようにする。

・児童と教師間でやり取りをしながら行う学習内容を取り入れて、児童が意欲的に活動に取り組めるようにする。

9　本時（全○時間の第○時間目）

（1）本時の目標
・歌に合わせて、声を長く出すことができる。
・指示された立体物の箱を「うえ」にのせることができる。

（2）本時の展開
①集団学習

展開	○学習活動（内容）	指導上の留意点	評価規準 （評価方法）
導入 ○分	○始めの挨拶 ・姿勢を正し、T1に注目して始めの挨拶をする。 ○学習内容の確認 ・カードを見て、本時の内容を知る。 ○おーい（発声練習） ・T1の手本に注目する。 ・T1の歌に合わせて「おーい」と声を出す。	・「足はトン、背中はピッ」と声をかけ、姿勢よく着席できるように促し、挨拶をする。 ・全員が見やすい位置でカードを指差しながら読む。 ・T1が手本を示す。これから何を行うか分かりやすく提示する。 ・声の長さに合わせてメジャーを伸ばし、声を長く出そうとする意欲を促す。	ア−① イ−① ウ−①② 【観察】 即時評価する
展開 ○分	○パネルシアター ・「かめくんのさんぽ」のパネルシアターを見て、登場するかめがどこを通るのか注視する。 ・かめが通る場所を見て、「うえ」について学ぶ。 ○うえにのせて ・自分の順番になったら自発的に前へ出る。 ・積む箱を、T1の言葉やイラストで、自分で選ぶ。 ・T1の「上にのせる」の指示でイラストのついた箱をのせる。 ○お楽しみご褒美課題 ・パネルシアター「おじいさんと10ぴきのおばけ」を、注目して見る。	・始める前に歌を歌い、これから始まるパネルシアターに期待感を持てるようにする。 ・「うえ」を指で差して示して強調し、意識できるよう促す。 ・順番表を提示し、前に出る順番を視覚的に分かりやすく提示する。 ・最初に手本を見せ、これからやることの見通しをもてるようにする。 ・指定された箱を選ぶことが難しい児童には指差しをして促す。 ・順番が最後の児童も選べるように箱を1つ多く用意する。 ・「できました」と子どもが報告したらすぐに丸や花丸で示し、称賛する。 ・始める前に歌を歌い、これから始まるパネルシアターに期待感を持てるようにする。	ア−② ウ−①②③ 【観察】 即時評価する
まとめ ○分	○終わりの挨拶 ・課題が全部終わったことを示し、頑張ったことをほめる。 ・姿勢を正しT1に注目して終わりの挨拶をする。	・「足はトン、背中はピッ」と声をかけ、姿勢よく着席できるように促し、挨拶をする。	ウ−①② （観察）

②個別学習　A児（自閉症）への個別指導

学習内容（活動）	指導上の留意点
①写真の線結び課題（鉛筆の持ち方や追視の課題） ・同じイラストや写真（動物や野菜、果物等）を線で結ぶ。 ②8色丸のカード合わせ ・2色丸のイラストのマッチング。 ・同じものを貼る。 ③洗濯ばさみの色合わせ（手指の操作性） ・指で数を表したイラストの指先に洗濯ばさみをはさむ。 ④12種のマーク合わせ ・3色、12種マークのマッチング。 ⑤サイドリリースバックル（手指の操作性） ・何回かつけたり外したりする練習を行う。 ⑥4×4の色と形のマトリックス（縦と横を追視する課題） ・4色、4種類のイラストのマッチング。 ※課題が終わるごとに「できました」の報告をする。	・同じものでも違うイラストはマッチングが難しい場合があるので、イラストは何か確認しながら行う。 ・できたら丸を付け、即時評価を行う。 ・できたら児童と一緒に数えながら確認をする。 ・マッチングが苦手な図形があるので、児童と確認しながら行う。 ・何回か行い、できたことを確認する。 ・上から順番に進めるよう声をかける。ものでも違うイラストはマッチングが難しい場合があるのでイラストは何か確認しながら行う。 ※課題の量及び内容は、その日の児童の過重負担にならないように設定する。

※授業の流れを絵カードで示すことで、活動への見通しをもつ

6　学習評価、授業評価

「特別支援学校小学部・中学部学習評価参考資料」文部科学省（令和2（2020）年4月）を基に、新しい学習評価の概要を述べる。

学習評価は、学校における教育活動に関し、児童生徒の学習状況を評価するものである。各教科等の評価は、学習状況を分析的に捉える「観点別学習状況の評価」とこれらを総括的に捉える「評定」の両方について実施する。また、観点別学習状況の評価や評定に示しきれない児童生徒一人一人のよい点や可能性及び進歩の状況については、「個人内評価」として実施する。

観点別学習状況の評価は、学校における児童生徒の学習状況を、複数の観点から、それぞれの観点ごとに分析する評価のことをいい、学習指導要領に定める目標に準拠した評価として実施する。したがって、学校において目標に準拠した観点別学習状況の評価を行うに当たっては、観点ごとに評価規準を定める必要がある。この評価規準とは、観点別学習状況の評価を的確に行うため、学習指導要領に示す目標の実現の状況を判断する拠りどころを表現したものである。それは、授業者が各教科等で作成する学習指導案において、育成する3つの資質能力ごとに具体的に示している。

この学習評価を適切に行うことによって、児童生徒が各教科等での学習

で、どの観点で望ましい学習状況が認められたり、課題などが認められたりするのかについて、学習状況を的確に捉えていくことができる。また、学習評価を活用して、児童生徒が自らの学びを振り返り次の学びに向かうことができるように、個に応じた学習や指導の改善にも生かすことができる。なお、知的障害特別支援学校における「観点別学習状況の評価」と、「特定の時点に重きを置いて実施する総括的な評価」は、記述で端的に表すものとされている。

（1）学習評価の充実

　特別支援学校小学部・中学部学習指導要領総則では、以下のように、新たに学習評価の充実について学習評価の目的等が示された。特に、単元や題材など内容や時間のまとまりを見通しながら、児童生徒の主体的・対話的で深い学びの実現に向けた授業改善を行うことと、評価の場面や方法を工夫して学習の過程や成果を評価することを示し、授業の改善と評価の改善を学習評価の両輪として行うことの必要性が明示された。

- 児童又は生徒のよい点や可能性、進歩の状況などを積極的に評価し、学習したことの意義や価値を実感できるようにすること。また、各教科等の目標の実現に向けた学習状況を把握する観点から、単元や題材など内容や時間のまとまりを見通しながら評価の場面や方法を工夫して、学習の過程や成果を評価し、指導の改善や学習意欲の向上を図り、資質・能力の育成に生かすようにすること。
- 各教科等の指導に当たっては、個別の指導計画に基づいて行われた学習状況や結果を適切に評価し、指導目標や指導内容、指導方法の改善に努め、より効果的な指導ができるようにすること。
- 創意工夫の中で学習評価の妥当性や信頼性が高められるよう、組織的かつ計画的な取組を推進するとともに、学年や学校段階を越えて児童又は生徒の学習の成果が円滑に接続されるよう工夫すること。

出典：特別支援学校小学部・中学部学習指導要領第1章総則　第4節　教育課程の実施と学
　　　習評価　3　学習評価の充実　　　　　　　　　　　　　　　※下線は筆者加筆

（2）カリキュラム・マネジメントの一環としての指導と評価

　学校における教育活動は、学習指導要領等に従い児童生徒や地域の実態を踏まえて編成された教育課程と指導計画に基づいた授業（学習指導）として展開されている。また、教育活動の評価は、学校評価を通して児童生

徒の個別の指導計画に基づいて行われた学習状況を評価し、その結果を児童生徒の学習や教師による指導、そして教育課程の改善に生かしつつ組織的、計画的に教育活動の質の向上を図っている。

「学習指導」と「学習評価」は学校教育の根幹であり、教育課程に基づいて組織的、計画的に教育活動の質の向上を図る「カリキュラム・マネジメント」の中核的な役割を担っている。

（3）主体的・対話的で深い学びの視点からの授業改善と評価

指導と評価の一体化を図るためには、児童生徒一人一人の学習の成立を促すための評価という視点を重視する必要がある。そして、教師が自らの指導のねらいに応じて授業での児童生徒の学びを振り返りつつ、学習や指導の改善に生かしていくことが大切である。

学習評価は、「主体的・対話的で深い学び」の視点からの授業改善を通して、各教科等における資質・能力を確実に育成する上で重要な役割を担っている。

（4）評価の観点の整理

学習指導要領においては、全ての教科等の目標及び内容を「知識及び技能」、「思考力、判断力、表現力等」、「学びに向かう力、人間性等」の育成を目指す資質・能力の三つの柱で整理してある。これは、知・徳・体にわたる「生きる力」を児童生徒に育むために「何のために学ぶのか」という各教科等を学ぶ意義を共有しながら、授業の創意工夫や教科書等の教材の改善を引き出していくことができるようにするためである。したがって、知・徳・体のバランスのとれた「生きる力」を育むことを目指すに当たっては、各教科等の指導を通してどのような資質・能力の育成を目指すのかを明確にしながら教育活動の充実を図ること、その際には、児童生徒の障害の状態や特性及び心身の発達の段階等を踏まえ、資質・能力の三つの柱の育成がバランスよく実現できるよう留意する必要がある。

観点別学習状況の評価については、こうした教育目標や内容の整理を踏まえて、小・中・高等部の各教科を通じて、4観点から3観点となった。なお、知的障害特別支援学校における各教科等の評価の観点は、学習指導要領において児童生徒一人一人の学習状況を多角的に評価するため、小・中・高等部の各教科を通じて3観点となった。

※学校教育法第30条第2項
生涯にわたり学習する基盤が培われるよう、基礎的な<u>知識及び技能</u>を習得させるとともに、これらを活用して課題を解決するために必要な<u>思考力、判断力、表現力</u>その他の能力をはぐくみ、<u>主体的に学習に取り組む態度を養う</u>ことに、特に意を用いなければならない。　　　　※下線は筆者加筆

（5）学習指導要領における各教科の学習評価
1）視覚、聴覚、肢体不自由、病弱特別支援学校

　学習指導要領では、視覚、聴覚、肢体不自由、病弱特別支援学校小学部・中学部の各教科の目標、各学年の目標及び内容並びに指導計画の作成と内容の取扱いについては、それぞれ小学校学習指導要領第2章及び中学校学習指導要領第2章に示すものに準ずるものとするとされている。各教科の学習評価においては、平成29（2017）年改訂においても、学習状況を分析的に捉える「観点別学習状況の評価」と、これらを総括的に捉える「評定」の両方について、学習指導要領に定める目標に準拠した評価として実施するものとされた。

　なお、「小学校、中学校、高等学校及び特別支援学校等における児童生徒の学習評価及び指導要録の改善等について（通知）」平成31（2019）年3月29日文部科学省初等中等教育局長通知（以下、改善等通知）では、以下のように示されている。

【小学部児童指導要録】
［各教科の学習の記録］
Ⅰ　観点別学習状況
学習指導要領に示す各教科の目標に照らして、その実現状況を観点ごとに評価し記入する。その際、
　「十分満足できる」状況と判断されるもの：A
　「おおむね満足できる」状況と判断されるもの：B
　「努力を要する」状況と判断されるもの：C
のように区別して評価を記入する。
Ⅱ　評定（第3学年以上）
各教科の評定は、学習指導要領に示す各教科の目標に照らして、その実現状況を、
　「十分満足できる」状況と判断されるもの：3
　「おおむね満足できる」状況と判断されるもの：2
　「努力を要する」状況と判断されるもの：1

のように区別して評価を記入する。

　評定は各教科の学習の状況を総括的に評価するものであり、「観点別学習状況」において掲げられた観点は、分析的な評価を行うものとして、各教科の評定を行う場合において基本的な要素となるものであることに十分留意する。その際、評定の適切な決定方法等については、各学校において定める。

2）知的障害特別支援学校

　平成29（2017）年改訂において、学びの連続性の観点から、知的障害者である児童生徒のための各教科の目標や内容について、小学校等と同様に、育成を目指す資質・能力の三つの柱に基づき整理された。それを踏まえ、各教科の学習評価においては、学習状況を分析的に捉える「観点別学習状況の評価」について、学習指導要領に定める目標に準拠した評価として実施するものとされた。

　改善等通知では、以下のように示されている。

【小学部児童指導要録】［各教科の学習の記録］

　特別支援学校（知的障害）小学部における各教科の学習の記録については、特別支援学校小学部・中学部学習指導要領（平成29（2017）年文部科学省告示第73号）に示す小学部の各教科の目標、内容に照らし、各教科の評価の観点及びその趣旨を踏まえ、<u>具体的に定めた指導内容、実現状況等を箇条書き等により文章で端的に記述する。</u>　　　　　※下線は筆者加筆

　このように、知的障害のある児童生徒に対する各教科の学習評価については、各教科の評価の観点及びその趣旨を踏まえて評価（観点別学習状況の評価）することとなっている。学習状況を分析的に捉える「観点別学習状況の評価」を実施する方向性には違いがない。したがって、知的障害教育においては、特別支援学校学習指導要領に基づき各教科の指導を通して資質・能力の三つの柱の育成がバランスよく実現できるよう留意する必要がある。また、学部段階間及び学校段階間の教育において、知的障害のある児童生徒の学習の成果が円滑に接続されるよう工夫することが重要である。したがって、知的障害特別支援学校においても、特別支援学校学習指導要領に示す目標の実現の状況を判断するために、評価規準を作成することが必要である。

　なお、特別支援学校においては、各教科等の指導に当たって児童生徒一人一人の指導目標、指導内容等を明確にするために、個別の指導計画を作

成することとなる。その際、各学校において定める各教科等の評価規準の内容を、指導目標、指導内容等の設定に活かすことが考えられる。

3）特別支援学校（全障害種）共通

観点別学習状況の評価や評定には示しきれない児童生徒一人一人のよい点や可能性、進歩の状況については、「個人内評価」として実施するものとされている（図1）。

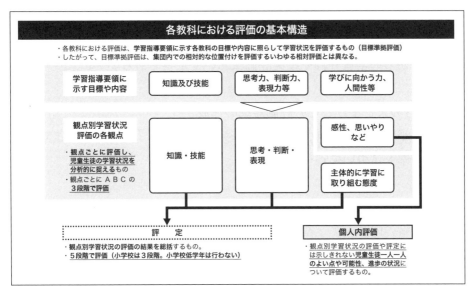

図1 「各教科における評価の基本構造」を踏まえた3観点の評価

出典：「特別支援学校小学部・中学部学習評価参考資料」文部科学省（令和2（2020）年4月）

改善等通知においては、「観点別学習状況の評価になじまず個人内評価の対象となるものについては、児童生徒が学習したことの意義や価値を実感できるよう、日々の教育活動等の中で児童生徒に伝えることが重要であること。特に『学びに向かう力、人間性等』のうち『感性や思いやり』など児童生徒一人一人のよい点や可能性、進歩の状況などを積極的に評価し児童生徒に伝えることが重要であること。」と示されている。

なお、「主体的に学習に取り組む態度」の評価規準は、単元で育成する資質・能力と児童生徒の発達の段階に応じて作成する。しかし、児童生徒の学習状況によっては、児童生徒自ら学習を調整する姿を見取ることが困難なときもあり得る。そのため、粘り強さを発揮してほしい内容や自らの学習の調整が必要となる具体的な学習活動を考慮して、授業を構想することが大切である。そして、自らの学習を調整しようとする側面を適切に評

価する評価規準を設ける必要がある。そのうえで、児童生徒が自分なりに
さまざまな工夫を行おうとしているかどうかを評価することや、他児童生
徒との関係性や対話を通して自らの考えや行動を修正したり、立場を明確
にして話していたりする点を評価するなどして、学習評価の妥当性や信頼
性を高められるような工夫が求められる。

　特に、特別支援学校においては、学習指導案と個別の指導計画との関連
を図り、個々の児童生徒の学習の習熟や達成を適切に学習評価に結び付け
ること、PDCA サイクルを踏まえて授業の指導内容・方法を適切に授業
評価すること、また、知的障害教育においては各教科の段階ごとに示され
た目標や内容を基にして適切な評価規準を設けて学習評価を行うことなど
が、これからの学習評価や授業評価において重要である。

（5）内容のまとまりごとの評価規準の作成

　以下、小学部の生活科、国語科、算数科における「内容のまとまりごと
の評価規準」について述べる。

1）　生活科

例　１段階の内容　ア　基本的生活習慣

【特別支援学校小学部・中学部学習指導要領　生活「１目標」】

　具体的な活動や体験を通して、生活に関わる見方・考え方を生かし、自
立し生活を豊かにしていくための資質・能力を次のとおり育成することを
目指す。

①各教科における「内容のまとまり」と「評価の観点」との関係を確認する。

ア　基本的生活習慣

　食事や用便等の生活習慣に関わる初歩的な学習活動を通して、次の事項
を身に付けることができるよう指導する。

　（ア）簡単な身辺処理に気付き、教師と一緒に行おうとすること。

　（イ）簡単な身辺処理に関する初歩的な知識や技能を身に付けること。

※（イ）の下線箇所は、知識及び技能に関する内容、また（ア）の波線箇
　所は、思考力、判断力、表現力等に関する内容である。

②観点ごとのポイントを踏まえ、「内容のまとまりごとの評価基準」を作
　成する。

学習指導要領の「内容のまとまりごとの評価規準（例）」

○知識・技能

• 簡単な身辺処理に関する初歩的な知識や技能を身に付けている。
○思考・判断・表現
• 簡単な身辺処理に気付き、教師と一緒に行おうとしている。
○主体的に学習に取り組む態度
• 食事や用便等の生活習慣に関わる初歩的な学習活動を通して、自分のことに取り組もうとしたり、生活に生かそうとしたりしている。

2）国語科

学習指導要領の「内容のまとまりごとの評価規準（例）」
例　1段階〔思考力、判断力、表現力等〕「A　聞くこと・話すこと」
ア　教師の話や読み聞かせに応じ、音声を模倣したり、表情や身振り、簡単な話し言葉などで表現したりする活動を通した指導の評価規準の例
○知識・技能
• 言葉のもつ音やリズムに触れたり、言葉が表す事物やイメージに触れたりしている。
○思考・判断・表現
• 「聞くこと・話すこと」において、教師の話や読み聞かせに応じ、音声を模倣したり、表現や身振り、簡単な話し言葉などで表現したりしている。
○主体的に学習に取り組む態度
• 言葉を通じて積極的に人に関わったり、学習の見通しをもって思いをもったりしながら、言葉を使おうとしている。

3）算数科

学習指導要領の「内容のまとまりごとの評価規準（例）」
例　2段階　「B　図形」　ア　ものの分類
○知識・技能
• 色や形、大きさに着目して分類している。
• 身近なものを目的、用途及び機能に着目して分類している。
○思考・判断・表現
• ものを色や形、大きさ、目的、用途及び機能に着目し、共通点や相違点について考えて、分類する方法を日常生活で生かしている。
○主体的に学習に取り組む態度
• ものの分類に関心をもち、算数で学んだことの楽しさやよさを感じながら興味をもって学ぼうとしている。

第11章

特別支援学校（知的障害）の
授業改善の実際

本章では、カリキュラム・マネジメントに着目して、特別支援学校（知的障害）におけるPDCAサイクルを踏まえた授業改善について理解を深める。

1　特別支援学校（知的障害）の授業改善とは

　特別支援学校（知的障害）においては、知的障害のある児童生徒の生きる力を育むとともに教師の実践的指導力や専門性の維持向上のために、授業研究を通した授業改善が推進されている。この授業改善は、一般的に大学等から招聘した講師（以下、講師）を中心に授業観察を行い、研究協議会で授業者が指導・助言を受ける方法がとられている。その他、教員同士が授業を見合ったり、初任者研修等で教育委員会の指導主事からの指導・助言を仰いだりしている。また、校内研修の研究主題に授業改善を据えて、年間を通して継続した研究授業を行いその成果を公開研究会で全国へ発表する学校も増えている。平成29年度全国特別支援学校長会調査研究報告書によると、発達障害児等の教育内容の充実や教育課程の類型化などに関する一定の成果が報告されている。このように授業改善は、各校においてさまざまな方法で精力的に取り組まれている。

　さて、平成29（2017）年4月、特別支援学校小学部・中学部学習指導要領（以下、学習指導要領）が告示された。総則においては、カリキュラム・マネジメントを柱とした主体的・対話的で深い学びの実現に向けた授業改善を推進し学校評価に反映することや、各教科等で習得した概念や考え方を活用し見方・考え方を重視した学習の充実などが、新しく示されたところである。

　このカリキュラム・マネジメントには、社会に開かれた教育課程という理念のもとに、中央教育審議会答申（平成28（2016）年12月）において、「教科等横断的な視点、PDCAサイクルの確立、人的・物的資源等の活用」の3つの側面が示されている。そのため、学校においては、単元や題材などの内容や時間のまとまりを見通して、主体的・対話的で深い学びの実現に向けた授業改善を推進し教育内容を向上することが求められている。これは、授業改善の成果を学校評価に反映することで、教育課程編成や学校教育目標及び学校経営計画の具現化を継続的に推進するという考えに基づ

いた学校改善とも受け止められる。

　このことについて、天笠（2017）は、授業と教育課程編成及び学校改善との関連の視点で、授業改善が学校改善へと繋がり、学校改善が授業改善にフィードバックするという授業改善を基盤として、「教育課程を軸に学校に好循環を生みだす」ことを主張している。特別支援学校（知的障害）においては、知的障害児への指導内容・方法に関するさまざまな授業改善が積み重ねられており、その成果は各校の公開研究会等においても情報発信されている。しかしながら、学習指導要領に示してあるカリキュラム・マネジメントと関連した授業の PDCA を踏まえた授業改善に関する明確な研究情報は少ない。

　ここでは、筆者の東京都特別支援学校知的障害教育外部専門員の経験を基に、カリキュラム・マネジメントの要素の一つである PDCA サイクルに着目して、特別支援学校（知的障害）の授業で、自己診断シート※(試案)を用いた授業者の振返りと講師の指導・助言を加味した双方向性の授業改善について述べる。

※授業の PDCA の流れを踏まえた自己診断シートは、特別支援学校（知的障害）の授業改善に資する項目で構成したチェックシートである。授業者は、自己診断シートで第 1 回目の授業の振返りを行うとともに、講師の指導・助言を加味しながら再構成した授業を検討・実施する。その際、授業者はこのシートを活用して第 2 回目の授業の振返りを行う。これらの取組は、講師からの指導・助言を授業者が受けて終了するというこれまでの一方向性の研究授業から、授業者と講師の双方向性の授業改善の試みともいえよう。

2　特別支援教育における授業改善

　特別支援学校においては、教科指導や自立活動の指導において、外部専門家（臨床心理士、理学療法士、作業療法士、言語聴覚士、医師、看護師等）を導入し、チーム学校として外部専門家と連携した新たな指導体制による指導が進められている。また、チーム学校として心理等の専門職と担任とが連携・協力し、チームアプローチによる指導体制を構築することやスクールクラスターによる地域の専門機関等との連携を推進すること、及びユニバーサルデザインに基づく教育環境の整備や合理的配慮などの新たな取組が進められている。発達障害等のある児童生徒の行動面や心理面の把握、個別の指導計画の作成、指導内容の精選、ICT 機器の活用、合理的配慮に基づく支援、諸検査のアセスメント活用などの教育方法の開発がなされている。

　学習指導要領では、主体的・対話的で深い学びに向けた授業改善の方向が示された。すなわち授業者には、日々の授業を自律的に見つめ直し、知的障害のある児童生徒の主体的・対話的な学びを深めるという新たな教育

的価値を認識して、授業を充実することが求められている。また、授業者は日々の授業を通して、個々の児童生徒の学習の状況や行動の変容を見逃さない確かな省察力を、実践的に磨かなければならない。このことについて、澤井（2017）は、「授業を見るという行為は、言うなれば教師自身の問題解決的な学習」そのものであるとし、重要なのは「授業の根底に流れる法則性や本質を見抜く力」としている。

3　授業の PDCA サイクルが生む効果

カリキュラム・マネジメントを踏まえた授業改善では、「PDCA サイクルを回して授業」を実施し、「授業改善の成果を反映した教育課程を編成」することで、児童生徒の「自立し社会参加するための生きる力」を育成するというプロセスを充実することができる。PDCA サイクルを踏まえた年間の単元計画の流れを、図1に表した。

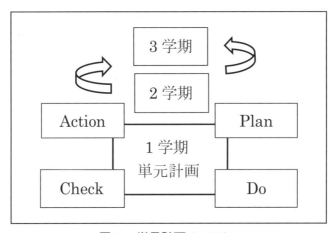

図1　単元計画の PDCA

授業を PDCA サイクルで回すことによって生じる教育的効果について、次の点が挙げられる。

ア．単元計画の段階（P）では、学校教育目標や教育課程編成の重点目標と、授業のねらいとの関連や、教育活動全体における授業間のねらいの繋がりを再確認できる。このことは、教科等横断的な視点で教育活動を見ることに繋がる。

イ．授業展開の段階（D）では、一人一人の学習の習得状況を把握したり、授業内容や指導法の改善を図ったりすることが容易となる。このことは、特別支援教育が大切にしている個に応じた指導の充実に繋がる。

ウ．授業評価・改善の段階（Ｃ・Ａ）では、教育課程編成や教育課程を支える諸条件と結び付けた学校評価や、診断的・形成的・総括的な評価に関わる学習評価の実効性を高めることができる。また、授業評価が学校評価と関連を持つことによって、次年度の教育課程編成や授業計画を改善・充実することができる。このことは、知的障害教育における生活単元学習などの活動内容と学習評価の充実に繋がる。

4　カリキュラム・マネジメントが生む効果

　授業改善を推進することによって生じるカリキュラム・マネジメントの教育的効果には、ア．主体的・対話的な深い学びの推進、イ．教育内容の充実、ウ．校内の組織マネジメント促進の３点が挙げられる。

ア．主体的な学びの過程を実現するための要件として、習得・活用・探究の学習プロセスにおける問題発見・解決を念頭に置いた深い学びや他者との協働や外界との相互作用における対話的な学びの過程の実現及び学習活動を振り返って次に繋げることなどが挙げられる。

イ．教育内容を充実するための方策として授業改善を捉えることができる。授業改善を PDCA サイクルで回して継続して行うことは、個々の児童生徒の学習の習熟を深めるとともに、必然的に教師の実践的指導力や学校の専門性の向上にも繋がる。

ウ．カリキュラム・マネジメントと授業改善及び校内の組織マネジメントを結び付けることによって、学校教育目標と教育課程編成及び授業という学校教育を形作る大きな３要素の関係性を強めることができる。そして、このことが豊かな教育内容の創造に結び付くという考えである。

　学校は、組織体として教育を行う場であるため、授業改善を基盤とした組織マネジメントを構築することが、必然的に学校改善に繋がりより良い教育を形作っていく。このように授業改善を、学校教育目標や学校経営計画の重点目標を継続的に具現化するための方策としても捉えることができる。

5　各教科等を合わせた指導と授業改善

　学習指導要領では、特別支援学校（知的障害）の教育課程は、育成をめざす３つの柱（「知識及び技能」、「思考力、判断力、表現力等」、「学びに向かう力、人間性等」）に基づき各教科の内容が整理された。さらに、中学部に新たに２段階目が設けられ、小学部に外国語の内容が加えられた。

知的障害教育では、「各教科等を合わせた指導」の形態で、各教科に含まれる教科内容を一定の中心的な題材等に有機的に統合して、生活経験を重視した総合的な指導を進めている。一方で、活動優先型となりがちで、子どもにどのような力が身に付いたのか分かりにくい、学習評価が不十分である等の指摘もある。この点について、丹野（2018）は、「知的障害のある児童生徒のための各教科等の内容を相互に関連させて、教科等横断的な視点から、指導計画を創意工夫していくカリキュラム・マネジメントの視点が重要である」と指摘している。また、「教科別の指導や各教科等を合わせた指導など、学習者にとって効果的な教育課程編成を創意工夫していくこと」を主張している。

　知的障害教育における授業改善の方向として、次の3点を挙げる。

ア．各教科の目標や内容と、個別の指導課題とを密接に関連付けながら、教科等横断的な視点で、指導内容を精選・配列し単元計画を作成する。

イ．小学部から中学部、そして高等部への学びの連続性については、小学部3段階、中学部2段階、高等部2段階、計7段階間の系統性を念頭において、個別の指導計画を踏まえた指導目標の設定や指導法の工夫、教材・教具の活用等を考慮する。

ウ．教育活動と自立活動との関連性を強化する。自立活動は、実態把握から指導目標や指導内容の設定において、「指導すべき課題」を明確にすることで、その指導効果が高まる。

　例えば、言語の指導は、自立活動の時間の指導を設定したり、国語等の教科別の指導や各教科等を合わせた指導の中で配慮したりすることで、個に応じた指導を充実できる。その際、指導すべき課題を整理し、指導目標を達成するために必要な6区分27項目を適切に選定して、項目間の関連付けを行い、具体的な指導内容を設定することが重要となる。知的障害教育においては、実態把握から指導内容を設定するまでのプロセスを自立活動の指導と関連させることが、今後の授業改善の鍵となろう。

（1）知的障害児への学習指導の工夫

　知的障害児への学習指導の工夫は、授業改善を通して、「教育課程編成、教科指導、自立活動の指導、指導の形態、個別の教育支援計画や個別の指導計画の作成」などが関連している。

・特別支援学校学習指導要領に基づき、児童生徒の知的発達の段階に合わせた目標や内容を選択し、教科学習の内容を決める。

・特別支援学校学習指導要領に示されている「自立活動」の指導を考慮する。

・学校教育法施行規則第 130 条第 2 項に規定されている各教科等を合わせ
た指導（日常生活の指導、遊びの指導、生活単元学習、作業学習）など
の指導形態を工夫する。

（2）知的障害児の学習上の特性と指導目標の設定

　次の**表1**は、知的障害教育の目標、教育課程編成、自立活動、特別支援
学校学習指導要領解説編に記載してある知的障害児の学習上の特性と、知
的障害児の状況、指導目標・内容・方法、指導上の留意点との関連につい
て、筆者が整理したものである。授業改善で挙がっている学習指導案作成、
児童生徒の指導目標の設定などに活用できよう。

表1　知的障害児の学習上の特性

項目	学習上の特性など
知的障害教育の目標	知的障害のある児童の教育の目標は、一人一人の全人的発達を図り、その可能性を最大限に伸ばすという点では、基本的に小・中学校等と同様である。しかし、知的障害のある児童の障害の特性を考慮すると、「学習上又は生活上の困難を改善・克服し自立を図るために必要な知識、技能、態度及び基本的な習慣を養うこと」に重点が置かれている。
教育課程編成	教育課程は、児童の障害の状態や発達段階を的確に把握し、自立し社会参加するための「生きる力」を具体化するため、必要となる指導内容を授業時数との関連で適切に選択・組織する。そして、実際的・体験的な活動を通して児童が主体的に学習活動に取り組めるよう指導計画を作成する。また、知的障害教育の場合は、教科別の指導（各教科等を合わせた指導、領域別の指導）や自立活動の指導との関連及びキャリア教育の視点で、知的障害児の自立し社会参加する力を育むため、将来の職業生活に必要な基礎的な知識や技術・技能の習得や勤労観・職業観の育成が図られるよう、地域性や社会の変化、産業の動向等を踏まえた創意工夫を凝らした教育課程の編成に努める必要がある。
自立活動	特別支援学校小学部・中学部学習指導要領では、自立活動の内容として「健康の保持」、「心理的な安定」、「人間関係の形成」、「環境の把握」、「身体の動き」及び「コミュニケーション」の6区分 27 項目を設けている。自立活動の内容は、各教科等のようにそのすべてを取り扱うものではない。個々の児童の障害の状態等の的確な把握に基づき、障害による学習上又は生活上の困難を主体的に改善・克服するために必要な項目を選定して取り扱うものである。そのため、児童一人一人の「個別の指導計画」を作成し、それに基づいて指導を展開する必要がある。
知的障害児の状況	・学習によって得た知識・技能が断片的になり、実際の生活の場で応用されにくい。 ・成功経験が少ないことなどにより、主体的に活動に取り組む意欲が十分に育っていない。 ・抽象的な指導内容よりは、実際的・具体的な内容が効果的である。など
指導目標との関連	・望ましい社会参加を目指し日常生活や社会生活に必要な技能や習慣を身に付ける。 ・将来の職業生活に必要な基礎的な知識や技能を育む。 ・規則的でまとまりのある学校生活を送る。 ・生活の課題に沿った多様な生活経験を通して、日々の生活の質を高める。 ・自ら見通しをもって行動できる。 ・できる限り児童の成功経験を豊富にする。
指導内容との関連	・実態等に即した指導内容を選択・組織する。 ・生活に結び付いた実際的で具体的な活動を学習活動の中心に据える。

項目	学習上の特性など
指導方法との関連	• 教材・教具等を工夫する。 • 実際的な状況下で指導する。 • 目的が達成しやすいように段階的な指導をする。 • 日課や学習環境などを分かりやすくする。 • 集団において役割を得られるようにする。
指導上の留意点との関連	• 興味・関心や得意な面を考慮する。 • 自発的・自主的活動を大切にし、主体的活動を促す。 • 発達の不均衡な面や情緒の不安定さなどの課題に応じて指導を徹底する。

6　授業改善シート（試案）の作成と活用

　児童生徒の主体的で対話的な学びを進めるために、まず授業者が主体となって自らの授業の内省を行う必要があることが重要である。研究会の講師の指導・助言に加えて、授業者の授業への振返りを加えることで主体的に自らの授業を見直すという実効性のある「授業の振返りシステム」が構築できる。

　次に述べる自己診断シートの作成・活用や講師と授業者の双方向性のカンファレンスを実施することが有効である。そこでは、児童生徒の心理や行動の側面を十分に把握・理解した指導をすること、指導内容を吟味しスコープとシークエンスを事前に検討した授業展開をすること、障害特性に応じた教材・教具等を作成し活用すること、キャリア教育の視点で発達段階に応じたキャリア発達と指導目標を設定し先を見通した指導をすることなどが、内省の視点として挙げられる。

（1）A特別支援学校における授業観察、指導・助言

　X年X月の間、知的障害教育部門の初任から5年目までの若手教諭13名を対象として、13回の研究授業を実施した。その際、授業者全員に対して、授業の自己診断シートへの記載を依頼した。

（2）自己診断シートの作成

　筆者は、東京都教職員研修センター開発の小学校版自己診断シートを参考にして、特別支援学校（知的障害）で活用できるように、すべての項目を改訂し授業の自己診断シート（試案）を作成した。診断シートの項目は、Plan:学習指導計画（7項目）、児童生徒理解（7項目）、Do:授業展開（6項目）、個に応じた指導（10項目）、教材活用・開発（7項目）、Check・

Action：授業評価・改善（7項目）、総計44項目である（**表2**参照）。

　なお、診断シートの妥当性を確かめるために、A特別支援学校管理職2名と指導教諭1名及び授業者13名に、診断シートを検討していただいた。その結果、一部項目の修正と「アドバイス」と「改善・充実点」を記載する欄を設けて、A4判1枚に記載できるシートとした。

（3）自己診断シートを活用した授業者の内省

　筆者は、A特別支援学校の指導教諭とともに授業観察（50分）とカンファレンス（40分）を実施した。カンファレンスでは、講師である筆者の指導・助言に加えて、授業者の振返りを診断シートに基づき、その場で第1回目の自己診断を実施した。

　その際、筆者から自己診断シートの目的と、PDCAの流れで授業を振り返ることの意義について説明をした。特に、授業改善は、Do（実践）の指導内容・方法だけではなく、Plan（計画）の学校教育目標等との関連や学習指導案の作成などや、Check（評価）の授業評価や学習評価など、そして、Action（改善）の授業改善を学校評価に結び付けることの重要性を説明した。このような講師の指導・助言を受けた後に、授業者は診断シートの項目順に、第1回目の自己評価を行うことで、自らの授業に対する現状と課題の把握に努めた。その後、指導教諭の授業観察の下に、再構成の授業を実施して診断シートに第2回目の自己評価を行い、授業の改善・充実点を明らかにするという流れで自己開発を進めた。診断シートは、このように第2回目の授業研究が終了した後に、授業者が指導教諭へ提出した。

　なお、診断シート項目は、4段階評価（1ほとんどできていない、2あまりできていない、3少しできている、4できている）で、44項目あり、最終的にレーダーチャートに1回目の現状把握と、2回目の自己開発の変化が表される。次の**表2**に、自己診断シートの44項目を示す。

表2　自己診断シートの項目

No.	授業改善の構成要素	自己診断の項目
Plan －学習指導計画		
1	学習指導要領、教育計画	学習指導要領、学校・学部・学級の教育計画（育てる子供像）を踏まえている。
2	個別の指導計画	個別の指導計画の内容を踏まえている。
3	単元目標・評価規準	単元名、単元の目標、単元の評価規準が適切に示してある。
4	単元計画・年間指導計画	単元観、児童観、指導観、単元の指導計画が適切に示してある。
5	本時の計画	本時の目標、準備物、展開（学習内容、支援、評価）が示してある。
6	個別支援、板書、教材、環境	個に応じた支援、板書計画、教材の活用、教室配置が示してある。
7	学習評価	個別の評価の観点が示してある。
Plan －児童生徒理解		
8	学習特性・意欲	児童生徒の学習特性や意欲を把握している。
9	学習の達成度	児童生徒の本時の学習の達成状況を想定している。
10	学習取得の状況	児童生徒のこれまでの学習状況を把握している。
11	行動特徴	児童生徒の反応や変容に気付き、授業に生かしている。
12	受容	児童生徒の発言や行動を共感的に受け止めている。
13	情報収集	児童生徒の様子を他教員や保護者などから、収集して生かしている。
14	個別の指導計画、個別の教育支援計画	個別の指導計画・個別の教育支援計画の内容を生かしている。
Do －授業展開		
15	学習ルール	基本的な学習ルールを定着させている。
16	指示の出し方	的確な指示を出して、集団を動かしている。
17	必要な支援	児童生徒の興味・関心、発言、学習状況に応じて必要な支援をしている。
18	発言の活用	児童生徒の発言を生かし児童生徒間の考えを深めて、授業を行っている。
19	授業のめあて	授業のめあてを把握して、適宜、提示しながら授業を展開している。
20	学習環境の整備	学習にふさわしい、環境づくりを心がけている。
Do －個に応じた指導		
21	導入での学習準備	授業の始めに、学習の準備を児童生徒に指示している。
22	導入での学習のねらい	授業の始めに、学習のねらいを児童生徒に示している。
23	健康・安全への配慮	健康・安全を考慮した指導をしている。
24	主体的な学習	児童生徒の主体的な学習を促す工夫を行っている。
25	教材・教具の活用	教材・教具を効果的に活用している。
26	発問の工夫	理解しやすい発問を工夫している。
27	分かりやすい話し方	分かりやすい言葉掛けや説明をしている。

No.	授業改善の構成要素	自己診断の項目
28	視覚支援、行動促進	学習の理解を促進する視覚支援や行動促進などの必要な支援をしている。
29	絵カード等の提示	効果的な絵カードなどの提示や板書をしている。
30	Ｔ・Ｔの効果	教員間の必要な指示や協力により、Ｔ・Ｔ指導の効果を発揮している。
Do－教材活用・開発		
31	教科指導の専門性	教科等の専門的知識を深めている。
32	ICTの知識・活用	各種スイッチ・ICT活用など幅広い情報を収集している。
33	学習のねらいと教材	学習のねらいを明確に把握して、教材解釈や教材開発をしている。
34	興味・関心を持つ教材	児童生徒に興味・関心を持たせる教材解釈や教材開発をしている。
35	障害特性との関連	障害特性・健康状態・学習課題を考慮し教材解釈や教材開発をしている。
36	日常生活面との関連	日常生活との関連を考慮し教材解釈や教材開発をしている。
37	地域の特色との関連	学校・地域の特色を考慮し教材解釈や教材開発をしている。
Check・Action－授業評価・改善		
38	人権尊重	人権尊重の精神を基盤とした指導をしている。
39	年間指導計画	年間指導計画（時数、指導内容、指導の形態等）を踏まえている。
40	指導内容の精選・指導法	授業のねらいに応じた指導内容の精選や指導法である。
41	安全・障害等への配慮	健康・安全・障害特性・学習習得や課題などを考慮した指導である。
42	一人一人の学習評価	児童生徒の個別の学習評価を行っている。
43	授業の振返りと自己評価	授業計画・展開・評価が適切であったかを振り返っている。
44	授業の振返りと授業改善	振返りを基に改善策を明らかにして、次の授業に生かしている。

　なお、第1回目と第2回目の自己診断結果は、「Ｐ：学習指導計画、児童生徒理解」、「Ｄ：授業展開、個に応じた指導、教材活用・開発」、「Ｃ・Ａ：授業評価・改善」の要素ごとに、得点化しグラフ化した。

【アドバイス】

- 自閉症児は、自ら発信することが苦手な場合が多いので、課題が終わった段階で必要な意思確認をすることも大事である。（略）

- 生徒の反応、表情、発言、返答内容などから学習の習得状況を把握して、生徒の発信している考えや思いを今後の授業に生かしながら指導したらどうか。（略）

【改善・充実点】

- 課題を1つ終えると「もう1回やる？」と聞いて、「休む」を選択した場合には、空いている教卓で座って待つことを取り入れた。まだずっとそこに座っていられる訳ではないが、少しずつ落ち着いて待てるようになってきたので、継続していきたい。

- iPadを活用し、音や光への反応、目と手の協応の程度を確認することで、本児の興味関心を引く教材教具を理解できた。（略）

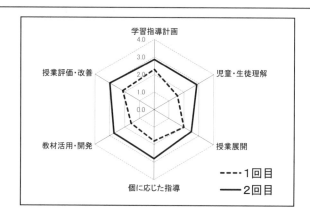

　授業者は、第1回目と第2回目の振返りを行い、レーダーチャートの変化を見ながらD：指導レベルだけでなく、P：計画やC・A改善・評価も視野に入れながら、授業の全体像を意識して改善・充実に努めることができる。なお、レーダーチャートは、見本例である。

（4）自己診断シートの活用結果
　次に、自己診断シートの活用結果について述べる。

1）自己診断シートによる自己診断を、授業者が積極的に受け入れて授業の自己診断を行ったかどうか

　結果は、カンファレンスにおいて、講師が診断シートの趣旨を授業者へ説明し、第1回目の自己評価の際に、授業者全員が記入することができた。診断シートは指導教員が管理するとともに、講師が別紙に記載した指導・助言の内容を指導教諭が整理して、診断シートの「アドバイス」欄へ記載した。

2）講師の指導・助言を授業者が主体的に受け止めて、次回の授業改善に指導・助言を反映したかどうか

　結果は、指導教諭の協力を得ながら、授業者が講師の指導・助言と授業者自身の振返りを活かした再構成の授業を実施し、第2回目の自己診断を

行った。その際、改善・充実点については、授業者が整理して診断シートの「改善・充実点」欄に記載した。

3）第2回目の自己診断結果は、第1回目を上回る結果であったかどうか

　結果は、13名中11名が第1回を上回る自己診断結果となった。1名が一部の項目で第1回目を下回った。他1名が第2回目の診断シートが無記入であった。

7　知的障害児の主体的・対話的で深い学びを引き出す工夫点

　ここでは、授業のPDCAの流れを追いながら、知的障害児の主体的・対話的な深い学びを引き出すための授業の改善・工夫の視点について考えてみたい。授業のPDCAの流れを踏まえて、「指導・助言」と「改善・充実点」について、**表3**と**表4**にそれぞれの内容を整理した。

　これらの記載内容から、知的障害児の主体的・対話的で深い学びを引き出す授業の工夫点を読み取ることができる。

表3　講師の主な指導・助言

PDCA	項目	主な指導・助言
P	授業改善の視点をもった授業計画	• 知的障害児への理解、知的障害児の授業展開、指導計画の立て方、授業内容の設定、教材教具の活用、軽度の知的障害児への指導方法、教科別の指導、高等部2段階の内容、個別の学習課題に応じた学習評価の仕方を工夫する。
	学習指導案の作成	• 自立の観点から、主体的な学びを支援する学習指導案を作成する。 • 学習のねらいと個別の達成度は、個別指導計画の指導目標や手だてと結び付けて、学習指導案を作成する際に想定しておく。
P.D	生活との結び付きを高める	• 生徒の意欲と生活との結び付きを高めることが重要である。食事の材料購入の学習では、何を作るか、材料は何が必要かを生徒が考える。概算で総額を出しておいてから、金額を計算するなど、生徒が考える機会を増やす。
	買い物学習の環境設定	• 買い物の動線を意識して場面を構成する。レジ係、商品係、袋詰め係の場所を定める。 • 係の仕事内容を整理する。客・店員の役割分担を定める。金銭の整理の仕方を考える。先々は、校外での買い物学習も検討する。
	プリント指導	• 時間内に課題ができる生徒もいるので、プリントなどの学習課題を複数用意しておく。
	授業の山場づくり	• 本時のねらいを明確にする。授業内容を精選し授業の山場をどこに置くのかについて、授業構成と指導のめあてを明確にする。
	ワーキングシステムの活用	• 学習スタイルができている生徒については、個別課題を棚に順に入れておき、それを取り出して学習するなどのワーキングシステムの活用を考える。

PDCA	項目	主な指導・助言
P・D D	絵カード等の効果的な提示	• 言葉掛けや効果的な絵カード等の提示の仕方を事前に相談しておく。必要な絵カード等は準備しておく。 • 今日の授業で学ぶことを明確に伝えるために、カードで視覚的に示し全員で確認する。
	自閉症の理解と指導	• 自閉症児は、自ら発信することが苦手な場合が多いので、前もって、対応を授業者と担任が相談しておく。例えば、課題が終わった段階で必要な意思確認をすることも大事である。
D	作文指導	• 作文材料に書いてある内容の重点をマークして柱を作り、生徒が主張したいことや取り上げたいものを明確にする。 • はじめ、なか、おわりの別に作文をする。作文材料から柱の内容を絞り2〜4つ選び追記する。 • 文構成①〜③の順番を考える。例えば、「③」や「②」から始まるとどうなるかなど、相手に伝える文を考えさせる。
	絵本の読み聞かせ	• 目的的な動作を引き出すためには、絵本と生徒の距離をもう少し近づける。 • 読み聞かせでは、生徒への言葉掛けの抑揚や間の取り方などに留意する。
	数学指導	• 文章問題は、計算力とともに、読解力が求められる。距離と道のり、単位の概念の理解が十分ではない。 • 皆で音読をしてから取り組むのも効果的である。 • 測定の際に、生徒の待ち時間が多いので、測定係を決めておく。
	言葉の指導	• クイズ方式の名前探しは、できるだけ言葉を発声させたり、食べる・乗るなどの動作をさせたりすることで、生徒の考えを引き出して理解を確認する。
D C・A	実態把握、学習の習得状況の把握	• 生徒の反応、表情、発言、解答を生かして学習の習得状況を把握し今後の授業に活用する。 • 授業の前後で、生徒の学習習得の状況を確認することが、授業者の自律的な授業改善に結び付く。

表4　授業者の改善・充実点

PDCA	項目	主な改善・充実点
P P・D	個別の指導計画や検査結果を再活用した実態把握	• 以前の個別の指導計画や入学時の検査などから設定すべき指導目標を明確にした。
	チームティーチングの話し合い	• ST の教員とも意見を交換しながら、生徒の学習評価や習熟度を把握した。
	生活単元学習の環境設定	• 買い物学習の流れで教材を配置することで、生徒にとって分かりやすい動きとした。 • レジを用意して、実際に近い形で買い物ができるようにした。
	個別学習の環境設定	• 個別学習では、個々の生徒が集中できるように、机の配置やカーテンを使って集中できるような環境にした。 • 個別学習では、作業内容を容器で区分けすることで、作業がしやすくなった。
	授業の導入・展開・まとめの時間配分	• 授業の時間配分を再検討した。 • 集団指導と個別指導の時間配分を考えて授業をした。
	グループ分けとプリント教材準備	• 2グループに分け、課題のプリントを2種類用意した。

PDCA	項目	主な改善・充実点
P P・D	教材や授業の準備	• 指導教員だけでなく、さまざまな先生から助言をいただき授業準備をした。 • 生徒の知っていることわざを事前に調べるなど教材準備に力を入れた。 • 教材を生徒の理解に合わせて段階的に作成した。 • 新しいパネルシアターを再度作成し、生徒の学習理解を深めた。
D	個に応じた指導	• 支払いの概算を行ってみたが、すぐには難しいので継続指導をしていく。 • 理解が十分でない生徒に対して、十分な例示を行ってから取り組むようにした。
	ICT 活用による指導の個別化	• ICT を活用し主体的に取り組める環境をつくった。 • iPad を活用して、音や光への反応や目と手の協応の程度を確認することで、生徒の興味・関心を引く教材教具を知ることができた。
	学習目標の提示	• まず学習目標を全員に提示し生徒の様子を確認してから授業を始めた。
	自閉症児の指導	• 自閉症児には、適宜、言葉掛けをして本人の考えや安定した行動を引き出すようにした。
	作文指導	• はじめ、なか、おわりと、作文の柱を絞ることで、題材に応じた表現がしやすくなった。 • 作文の構成メモを改善することで、生徒が自分の力で作文を構成することができるようにした。
	プリント指導	• 学習状況に合わせて複数のプリントを用意した。 • 必要なときにプリントを使用し学習をまとめた。 • プリントの答え合わせは、皆で音読した。
	生徒が自分で考える機会を設定	• 生徒が自分の力で考える場面をつくった。 • 身近なカレーを題材にして、材料にどのような物が必要か話し合った。
	待ち時間を減らして学習意欲を引き出す	• 生徒に役割を与えることで、待ち時間を少なくして学習意欲を引き出した。
	絵本の読み聞かせ	• 読み聞かせでは、口を大きく開けて口形を見せながら声を出させた。
C・A	授業の振返り	• 授業を振り返ることにより、次の授業へ見通しがもてるようになった。

　講師の指導・助言の中から、授業者が再構成の授業で必要なものを取捨選択し授業改善に結び付けていることが分かる。講師と授業者とのカンファレンスにおいて、自己診断シート 44 項目を押さえながら授業者との意見交換を行ったり、授業者が自己診断シートを活用して授業の振返りを行ったりすることによって、D：指導レベルだけの授業改善に終始することはなかった。

　授業者は、D：指導レベルと前後のP：計画レベルやC・A：評価・改善レベルとの関連を意識して、幅広い視点で授業を捉えて授業改善を行うことができた。このことは、授業のPDCAを踏まえた自己診断シートを

用いて授業研究を行ったことによる大きな成果として挙げられよう。

8 授業を PDCA の流れで振り返る効果

　次に、授業者側の視点で、授業の振返りについて考えてみたい。授業者が、講師の指導・助言を加味しながら、自らの授業を PDCA の流れで振り返る効果として、次の3点がある。

ア．授業者の授業の振返りの重要性である。講師による指導助言のすべてが、次回の授業改善に結び付くことはあり得ない。それは、授業が継続的なものであり、1回ごとに障害のある児童生徒の学習の状況に応じたものとして構成し展開するためである。授業者には、単元を臨機応変に展開する力や、チームティーチングの指導体制の中で計画的・組織的に実践する指導力が求められる。それを形作るのは、授業者の授業評価に基づいたより良い授業を目指すという教師としてのプロ意識が根底にある。授業者による自律的な授業の振返りをシステム化するということは、この教師のプロ意識を育むことに他ならない。

イ．自己診断シートを活用することで、授業の全体像を見渡した授業者自身による授業評価が容易となることである。授業を構成する要素は、P（計画）・D（実施）・C（評価）・A（改善）の流れにおいて、相互に密接な関連をもっている。このことは、**表3・表4**に内容を整理したが、明確に区分けすることができないものもある。より良い授業を追求するためには、PDCA サイクルの関連性を踏まえた一連の流れを押さえながら、授業全体をマネジメントするという認識が必要となる。

ウ．カリキュラム・マネジメントの視点で、授業改善の結果を学校評価に反映しながら、教育課程編成や指導体制及び授業展開に結び付けるには、組織的に授業改善の方法をシステム化する必要がある。研究授業後の研究協議会などで大勢を占めるのが、D：指導法に関する内容である。これは、授業観察の際は、授業者の教育実践を中心に観察するために、必然的なものである。また、さまざまな障害のある児童生徒の学習指導においては、教材・教具の活用や指導法は大きな関心事である。しかし、D：指導レベルだけでの協議では、学校全体の教育活動や学校改善には結び付かないことも認識しておく必要があろう。本研究の自己診断シートにおけるP：計画レベルやC・A：評価・改善レベルの各項目を意識しながら、D：教育実践を検討することによって、自らの授業を再構成したり新たに計画を

し直したりするプロセスを経ることで、児童生徒の学びを軸とした授業改善をする力が培われて、ひいては授業成果を教育課程編成や学校評価へと効果的に結び付けることができるのではないだろうか。

9　学校評価と結び付けた授業改善

カリキュラム・マネジメントでは、授業改善を学校評価と結び付けて、教育課程編成に反映し教育内容を充実することが重要である。そのためには、授業改善が一回ごとの授業の指導レベルに終始するだけであってはならない。このことについて、文部科学省初等中等局教育課程課教育課程企画室（2017）は、従来の教育実践や各種研修等における授業改善が、一回一回の授業における指導技術の改善のみに力点が置かれ過ぎる傾向があることを指摘している。

学校組織マネジメントの視点に立ち、学校全体の教育内容の質の向上に寄与するように、授業改善のシステム化を図る必要がある。そのためには、学習指導と教育課程編成との関連を明らかにすることで、授業改善を通した教育内容の改善・充実が容易となる。表 5 に、学習指導面と教育課程編成面ごとに、学習指導要領で示されている内容を踏まえて、PDCA サイクルの流れで授業改善に関わる構成要素を整理した。

自己診断シートを活用した授業改善では、診断シートの 44 項目がそれぞれ関連し合っているため、計画（P）と実践（D）の流れを追いながら適切に評価（C）・改善（A）に結び付けていかなければならない。その結果が学校評価へ反映することで、アクションプラン（A・P）となって次年度計画の実効性を高めることに繋がる。また、学校経営計画の重点目標に、授業改善の成果を学校評価へ反映することを明確に示す必要がある。さらに学校評価の教職員アンケートや児童生徒アンケートを学校運営連絡協議会の提言に活用したり、主体的で対話的な深い学びに向けた授業を工夫したりして、組織的に授業改善を推進することが大切である。授業改善は、どちらかというと、個々の教員の指導力向上ということに目が向きがちであるが、校内研究や学部研究などの集団単位の研究も推進して、学校を挙げて組織的に授業改善を推進するという機運を盛り上げていくことが肝要である。

表5　PDCAサイクルによる授業改善の構成要素

PDCA	学習指導面	教育課程編成面
【Action・plan】Plan	・前年度の授業評価の活用 ・個別の実態把握と諸検査のアセスメント活用 ・個別指導や集団指導での指導目標の設定、指導内容と手立ての改善・充実 ・チームティーチングによる指導体制と役割分担 ・個別の指導計画の充実 ・生活に即した学習の流れや授業計画、環境整備	・前年度の学校評価の活用 ・教科等横断的な視点で、「各教科等を合わせた指導」の指導内容・方法の計画 ・教科別の指導、領域別の指導、各教科等を合わせた指導の授業時数の配置計画 ・教科等の育成を目指す資質・能力である「知識及び技能」、「思考力、判断力、表現力等」、「学びに向かう力、人間性等」の育成計画
Do	・障害の状態や発達段階等を踏まえた個に応じた指導の充実 ・学習の習得状況の把握 ・主体的に学ぶ意欲的な行動を引き出す指導法 ・ICT等を活用した指導の個別化	・言語能力、情報活用能力、問題発見・解決能力等の育成 ・興味・関心や障害特性等を活かした主体的・対話的で深い学びの手立ての工夫 ・授業展開、評価方法の検討
Check	・学習評価（学習習得、行動変容、教科の3観点、言語能力、情報活用能力、問題発見・解決能力等）	・授業評価（主体的・対話的で深い学びの手立ての工夫、教科等横断的視点の指導計画の創意工夫）
Action	・学校運営連絡協議会の評価委員による児童への聞き取り	・研究授業での指導・助言の活用 ・授業の自己評価、再授業の構成
【Action・plan】	【次年度計画への反映】 ・キャリア発達の視点で、育てる子ども像を検討し実生活に役立つ基礎学力を付ける ・個別の指導計画の指導目標、指導内容・方法の充実 ・校内研究や授業改善で得た知見を指導に活かす	【次年度計画への反映】 ・学校経営計画や学校教育目標の重点目標の検討 ・学校運営連絡協議会提言の活用 ・次年度の教育課程届出の検討 ・個別の指導計画、個別の教育支援計画の内容充実 ・単元計画の期間や時数の再構成

　授業改善のシステム化は、授業改善のPDCAの流れを確立することが基本である。少なくとも、指導レベルだけの改善・充実だけでは、学校改善に寄与する効果的な授業改善とは言い難いことは明白である。

10　自律的な授業改善に向けて

　授業者による自律的な授業改善を進めるために、まずPDCAのマネジメントサイクルを踏まえた授業改善の効果について検討した。次に、授業者による主体的な振返りを促す自己診断シートの作成と診断シートを活用した授業改善のカンファレンスの持ち方を実践的に明らかにした。

　今回の対象は、知的障害教育に携わる初任者及び若手教員である。教員のキャリアプランによる職層ごとのねらいでは、まずは、「自分の指導の問題点に気付くことができる」レベルに該当するのではないだろうか。こ

のレベルは、「授業者が授業実施の主体者として、責任をもって自らの指導の良い点と問題点に気付き、次回に向けてより良い授業を追及すること」をねらったものであり、自律的な授業改善の主体者としての若手教員の実践的指導力が期待される。

　多くの学校において、日々の授業研究を通して若手教員の実践的指導力を育成している。木内（1977）は、授業研究が、「教師の主体性によってなされている場合は、それなりの意義もあり効果も期待できる」と主張している。子どもにとってどのような授業がより良い授業なのか、教師としての気付きが重要である。

（1）自律的な授業改善

　特別支援学校（知的障害）における自律的な授業改善の視点は次のように整理できる。

ア．複数の教師によるチームティーチングの指導体制においては、一部の教員やメインティーチャーに依存した指導に偏りがちである。複数の授業担当者間でそれぞれの役割に応じて、自らの授業を自律的に改善・充実していくという意識をもつこと。

イ．PDCAのマネジメントサイクルを踏まえた授業計画・実施・評価・改善の流れに基づき、それぞれの段階における授業評価を、今回紹介した自己評価シートを活用するなどして、学校評価に反映する実効性ある授業改善とすること。

ウ．特別支援学校（知的障害）においては、中・長期的な期間で単元学習を組む場合が多く、授業のPDCAを踏まえた授業評価の工夫が必要である。特に、単元学習においては、活動のPDCAを意識して、適宜、必要な振返りを行い持続した授業改善を推進すること。

エ．生活単元学習では、学習評価では診断的評価・形成的評価・総括的評価を適宜行うこと。そのためには、授業の再構成指導案を作成するなどして、各教科のねらいと個々の児童生徒の指導目標と活動とを関連させながら、適宜、指導内容・方法を改善した授業を実施すること。

（2）授業改善のカリキュラム・マネジメント

　授業改善の目的は、大きく二つ挙げられる。一つは、教師の実践的指導力を向上させ学校の専門性を向上させることである。もう一つは、授業改善を通して教育課程の教育内容・方法をより豊かなものとすることである。これは、学校の教育課程を継続的に改善することを通して「教育活動の質

の向上」を図ることに繋がる。したがって、特別支援学校（知的障害）に
おいては、組織的、計画的に授業者の自律的な授業改善を推進するために、
今日的なカリキュラム・マネジメントの視点で、校内の授業改善体制を構
築する必要がある。

　その際、授業改善を児童生徒に対する指導方法レベルで終わらせるので
はなく、授業のPDCAを踏まえてそれぞれの流れの中での改善・充実を
行うとともに、教員の人材育成（OJT）と結び付けて実践的な指導力の育
成や特別支援学校としての専門性を維持向上していくことが期待される。
そのためには、学校の組織マネジメントを管理職だけでなく担任も学級経
営や分掌を通して、十分に意識しながら教育活動を推進していく必要があ
る。

　たとえば、次のような研究協議会の持ち方の工夫・改善も考えられよう。
　一つは、学習指導案に授業を見る視点や指導・助言をしてほしいことを
記載しておくなどのいわゆる事前協議を補完する工夫を凝らすこと。二つ
は、協議会で出るさまざまな意見を板書するなどして協議内容を整理し改
善・充実の方向付けをすること。三つは、参加者が班別に分かれて意見交
換をするなどのワークショップ型を検討すること。その他、保護者の授業
参観や研究会への参加の推奨なども考えられる。

　今日の学校教育では、学習指導要領の趣旨を踏まえて授業改善と学校評
価とを関連させて、学校経営計画や学校教育目標の具現化を図る学校組織
マネジメントが求められている。このことに関連して、筆者が校長職とし
て実践した授業改善に関する3例を紹介する。

ア．学校経営計画に授業改善を明記し重点目標を基に「授業改善推進プラ
　　ン」を作成し学校全体で授業改善に取り組む。

イ．「学校経営計画PDCA一覧表」を作成し学校経営計画の重点項目に授
　　業改善を位置付けて、プロセス評価（3回）を実施することで学校評価
　　と関連付けて授業改善を推進する。

ウ．若手教員と中堅・ベテラン教員のペアによる「全員参加のOJT」を
　　実施し授業改善を日常業務の改善と捉え職場内研修を推進する。

　これらの事例で共通していえることは、授業者がPDCAサイクルを踏
まえて、自律的・継続的に授業改善に取り組むということを、学校全体で
いかに組織的・計画的にマネジメントするかである。この点が、カリキュ
ラム・マネジメントを進める上での鍵となろう。

第12章

校内支援体制の実際
―小学校の支援例―

　本章では、インクルーシブ教育システムにおいては、特別支援教育の視点で学級経営や教育相談を行うことが重要であり、特別支援教育に関する校内委員会の組織運営と教育相談について理解を深める。

1　校内委員会

（1）校内委員会の設置と役割

　校内委員会の設置については、新規委員会を立ち上げたり、従来の校内組織に校内委員会の機能を持たせたり、既存組織の整理統合などが考えられる。「特別支援教育の推進について」［平成 19（2007）年 4 月初等中等教育局長通知］において、校長のリーダーシップの下、全校的な支援体制を確立し、発達障害を含む障害のある幼児児童生徒の実態把握や支援方策の検討等を行うため、校内に特別支援教育に関する委員会を設置することとし校長、教頭、特別支援教育コーディネーター、教務主任、生徒指導主事、通級指導教室担当教員、特別支援学級教員、養護教諭、対象の幼児児童生徒の学級担任、学年主任、その他必要と思われる者などで構成することが示された。

　校内委員会の役割については、文部科学省「小・中学校における LD（学習障害）、ADHD（注意欠陥／多動性障害）、高機能自閉症の児童生徒への教育支援体制の整備のためのガイドライン（試案）」［平成 16（2004）年 1 月］では、「学習面や生活面で特別な教育的支援が必要な児童生徒に早期に気付く、実態把握を行い、学級担任の指導への支援方策を具体化する、保護者や関係機関と連携して個別の教育支援計画や個別の指導計画を作成する、全教職員の共通理解を図るための校内研修を推進する、保護者相談の窓口となる」などが示されている。**表 1** に、校内支援における担任、学年会、校内委員会、研修会の役割とその内容を整理した。

表1　校内支援の役割

役　割	内　容
担任	○保護者 •当該保護者との話し合いをもつ、個別の教育支援計画・個別の指導計画へ意見を反映する。 ○担任 •学校生活上の気付きを記録する、支援の状況を記録に整理しておく。 •生活面や学習面での課題を整理し個別の教育支援計画・個別の指導計画を作成する。 •保護者の要望を聞き取る、学年会におけるケース会議の資料作成をする。 ○特別支援教育コーディネーター等との連絡を密にとる。
学年会	○当該児童に関する情報交換と共通理解をする。 •学年体制における支援内容・方法について検討する。 •校内委員会で検討するケースであるかどうかを選択する。
校内委員会	○担任からの情報提供 •担任として把握している状況をまとめて情報提供する、個別の指導計画に記載して情報提供をする。 ○状況把握と支援内容・方法 •校内体制における支援内容・方法について検討する。 ○保護者支援 •管理職、特別支援教育コーディネーター、担任等が連携して必要な支援について当該保護者へ報告・相談をする。
校内研修会	○発達障害の理解と支援、個別の教育支援計画・個別の指導計画の作成・活用、保護者支援などについて研修する。

（2）校内委員会の運営

　次に、多様な教育課題に応じる校内委員会の運営を考えてみたい。チーム学校として、地域や専門家と連携した校内支援の一連の流れを構築する必要がある。その際、カリキュラム・マネジメントと校内支援を関連させてPDCAサイクルを踏まえた流れを作り、その成果を学校評価に反映させることが重要となる。表2に、学習指導要領で新しく示されたカリキュラム・マネジメントの視点で、PDCA（Plan－Do－Check－Action）サイクルを踏まえた校内支援の流れを整理した。特に、P：個別の教育支援計画、個別の指導計画を作成する⇔D：チームによる支援を実践する⇔C・A：チームによる支援を評価・改善するという流れを踏まえて、指導・支援を進めていく校内委員会の運営が重要となる。

表2　PDCA による校内支援の流れ

支援の流れ	支援内容	支援方法
チームによる支援の要請に応える	校内支援委員会で支援の必要性を検討	担任や保護者から相談や要望を受けた場合、校内委員会でチームによる支援が必要かどうかを、委員会メンバーで検討する
アセスメントを実施する	ケース会議の実施、支援の目的・方法の検討	ケース会議を実施し当該児童生徒に関する情報を収集・分析し目標や方法の方向を検討する
P：個別の教育支援計画、個別の指導計画を作成する	アセスメントに基づき問題解決に向けた支援計画を作成	アセスメントに基づき支援計画を作成し、短期、中・長期の方策を具体的に検討する
D：チームによる支援を実践する	定期的なケース会議の実施	特別支援教育コーディネーターを中心とした指導の経過報告、効果的な支援方法を検討する
C・A：チームによる支援を評価・改善する	支援の振り返りと具体的な改善策の提案	個別の教育支援計画や個別の指導計画及びチーム支援の見直しをする
チームによる支援を終結する	目標達成の判断	支援目標の達成について評価し、継続か終結かを判断する。進学先等への引継ぎ資料を用意する

2　教育相談

　学習指導要領では、障害のある児童生徒の調和的な発達を支える指導の基盤として、まず、日々の学級経営を基盤とすること。次に、主に集団の場面で必要な指導や援助を行うガイダンスを充実すること。そして、児童生徒の多様な実態を踏まえ、一人一人が抱える課題に個別に対応した指導を行うカウンセリングを推進することが示されている。さらに、学習指導要領解説では、ガイダンスは、児童生徒の障害の状態や特性及び心身の発達の段階等や教育活動の特性を踏まえて、あらかじめ適切な時期や機会を設定し「主に集団の場面で必要な指導や援助を行う」ものとしている。また、カウンセリングは、個々の児童生徒が抱える課題を受け止めながら、その解決に向けて「主に個別の会話・面談や言葉掛けを通して指導や援助を行う」ものとしている。ガイダンスを集団の場における指導や援助とし、カウンセリングを個別の会話や言葉掛け、そして面談の場における指導や援助として区分けしている。そして、この双方を関連させながら、児童生徒の発達を支援することが重要であるとしている。学習指導要領では、教育相談を教育課程の編成・実施の重要な基盤として捉えているのである。

　したがって、担任にはガイダンスやカウンセリングを行いながら児童生徒の発達支援を充実していくという新たな学級経営力が求められているといえよう。次に、学校教育の場でのガイダンスとカウンセリングの考え方について探る。

（1）ガイダンス

　表3に、特別支援学校学習指導要領解説を基にして、学校教育における
ガイダンスの意味とねらい及び配慮事項を整理した。

表3　ガイダンスの内容

1．ガイダンスの充実を図る意味
• すべての児童生徒が学級や学校の生活により良く適応し、豊かな人間関係の中で有意義な生活を築くようにする • 選択や決定、主体的な活動に関して適切な指導・援助を与えることによって、現在及び将来の生き方を考え行動する態度や能力を育てる

2．ガイダンスの具体的なねらい
• 学習活動など学校生活への適応、好ましい人間関係の形成、学業や進路等における選択、自己の生き方などに関わり、よりよく適応し、主体的な選択やよりよい自己決定ができるようにする • 一人一人の児童生徒に関し、学校や学級の生活によりよく適応させ、これから取り組むことになる諸活動に対して主体的な活動への意欲をもたせる • 自己実現に関わって必要とされる資質や能力、態度を身に付けるようにする • 共に学び、活動することを通して、存在感や自己実現の喜びの感じられる生活を築かせる中でよりよい発達を促す

3．ガイダンスの充実に向けた配慮事項
• 単なる事前の説明や資料配布に限定されるものではなく、適切な情報提供や案内・説明、活動体験、各種の援助・相談活動などを進めていく • 入学時、新学期開始時期において、教師と児童生徒及び児童生徒相互の好ましい人間関係が生まれるように配慮する • 学校や学部、学級における諸活動や集団の意義、内容などを十分に理解し、自発的によりよい生活に取り組むことができるよう創意工夫する • 新たな学習や各種の学習活動の開始時期などでは、これから始まる学習に対し積極的な意欲をもち、主体的に活動に取り組むことができるよう配慮する • 進路選択について自己理解を深め、自己の将来の生き方を考え、卒業後の進路を主体的に選択し、さらに積極的にその後の生活において自己実現を図ろうとする態度を育てるよう配慮する

（2）カウンセリング

　表4に、特別支援学校学習指導要領解説を基にして、学校教育における
カウンセリングの実施に向けた考えとねらい及び指導上の工夫を整理し
た。

表4　カウンセリングの内容

1．カウンセリングの実施に向けた考え
• さまざまな生徒指導上の課題等が早期化しているため、中学部からではなく小学部高学年からの対応が必要である • 小学部の低学年、中学年、高学年の発達の段階に応じて、それぞれの特長を生かした指導の工夫を行う • 知的障害のある児童生徒の場合、低学年、中学年、高学年の発達の段階の特長を生かした指導の工夫だけではなく、知的障害の状態を踏まえた効果的な指導が求められる

2．カウンセリングのねらい
• 本人や保護者などに教育上の望ましい在り方に関する助言を行い、悩みや困難の解決を援助し、児童生徒の発達に即して、好ましい人間関係を育て、生活によりよく適応させ、人格の成長への援助を図る

3．カウンセリングの実施に向けた指導上の工夫
• 個々の多様な実態や抱える課題やその背景などを把握する、早期発見・早期対応に留意する、スクールカウンセラー等の活用や関係機関等との連携などに配慮する
• 低学年では、行ってよいことと悪いこととの区別がしっかりと自覚でき、社会生活上のきまりが確実に身に付くよう繰り返し指導するなどの指導上の工夫を行う
• 中学年では、自分を内省できる力を身に付け、自分の特徴を自覚し、そのよいところを伸ばそうとする意識を高められるよう指導するなどの指導上の工夫を行う
• 高学年では、児童の自律的な傾向を適切に育てるように配慮する

（3）学級経営に求められるガイダンス・カウンセリング

　表3、表4のガイダンスとカウンセリングの内容は、これまでも学校教育においては、担任の学級経営の一環として行われてきた。たとえば、全校集会、児童生徒理解、生徒指導などの場で実践されている。しかし、インクルーシブ教育システムの構築に向けた特別支援教育の視点で見ると、本人や保護者との合理的配慮や基礎的環境整備に関する合意形成のときや、発達障害児への専門的な指導・支援などの際には、特別支援教育コーディネーターだけでなく学級担任にもガイダンスやカウンセリングの力が求められる。

　さらに、校内支援体制を整備しその支援機能を充実するためには、学級担任のみならず教育相談担当教師など他の教師がスクールカウンセラーやスクールソーシャルワーカー等の専門スタッフ等と連携・分担し、発達支援センター等の外部専門機関との連携を密に取りながら、特別支援教育を必要としている児童生徒等への必要な指導・支援を充実していくことが求められる。このように、「チーム学校」として特別支援教育に関する校内支援体制を整備したり、その適切な運営を行ったりすることは、今日的な課題でもある。

　加えて、小学校学習指導要領解説総則編では、学校は当該児童や保護者と話し合うなどして「児童理解・教育支援シート」等を作成することが望ましいとされている。このことについては、平成29（2017）年12月22日、中央教育審議会で「新しい時代の教育に向けた持続可能な学校指導・運営体制の構築のための学校における働き方改革に関する総合的な方策について（中間まとめ）」が取りまとめられた。この中間まとめでは、日本語能力に応じた指導が必要であり、かつ不登校であるなど児童生徒が複数の課題を抱えており、個々の課題に応じたそれぞれの支援計画の作成が求めら

れている場合は、一つの支援計画でまとめて作成すべきであることが提言された。そして、「学校における働き方改革に関する緊急対策の策定並びに学校における業務改善及び勤務時間管理等に係る取組の徹底について（通知）（３）学校が作成する計画等及び学校の組織運営に関する見直しについて」では、「各教科等の指導計画や、支援が必要な児童生徒のための個別の指導計画・教育支援計画等の有効な活用を図るためにも、計画の内容や学校の実情に応じて複数の教師が協力して作成し共有化するなどの取組を推進すること」としている。また、同通知（別添）「学校における働き方改革に関する緊急対策　２．学校が作成する計画等・組織運営に関する見直し」では、「児童生徒ごとに作成される計画については、学校や児童生徒の状況等に応じて複数の計画を１つにまとめて作成することで、業務の適正化を図り、効果的な指導につなげられるよう、必要な支援計画のひな型を示し、教育委員会等の検討を促す。」としている。このような経過の中、現在、各校で作成されている諸支援計画が、どのように一元化されるかについては今後の動向を見ていくことになろう。

3　学級担任による支援状況

　担任や教科指導担当教員による合理的配慮は、児童生徒一人一人の教育的ニーズに応じて必要とされる個別の配慮として日々の指導の中で位置付くものである。そのため、学級担任制である小学校においては、担任による学級経営が特別支援教育の基盤となる。このことについて、関田（2019）は、合理的配慮を成立させるためには、学級づくりが鍵であるとして「個別支援をする前に、その個別支援をしても問題にならないような学級づくり」が行われている必要性を主張している。この考え方に基づくと、担任による学級づくりという土台ができていて、その上で授業がユニバーサルデザイン化されていることによって、一人一人に対する個別支援が生きてくるという学級経営を基盤とした特別支援教育の教育方法が見えてくる。

（１）アンケート調査
１）目的
　小学校教員の特別な支援を必要とする児童に対する取組と困難を感じる点についての状況を把握する。
２）調査項目の内容
　「特別な支援を必要とする児童に対して、学級経営や学習指導、生活指

導等において、どのような取組を行っていますか。」、「特別な支援を行う際に、困難に感じる点はありますか。」の2点について自由記述。

3）方法

X年X月、A市立B小学校教員を対象に、留め置き法によるアンケート調査を実施した。調査期間は14日間。

4）対象

B小学校の全教職員（支援員・相談員を含む）15名。

（2）結果と分析

対象の15名全員から回答を得た。回答者の内訳は、次の通りである。

①特別支援学級担任：3名（有効回答数3名、無効回答数0、教職経験年数：5年、9年、33年）

②通常の学級担任：9名（有効回答数9名、無効回答数0、教職経験年数：初任、3年、4年、5年、6年、10年、12年、13年、32年）

③担任以外の学習支援員・相談員：3名（有効回答数3名、無効回答数0、経験年数：7年、11年、37年）

（3）特別な支援を必要とする児童に対する取組

次の**表5**に、特別な支援を必要とする児童に対する取組に関する回答内容を、「学習指導・生活指導、学級経営、特別活動、校内支援、保護者や関係機関との連携」ごとに、筆者が意味内容別に整理した。なお、表中の（　）には、筆者の外部専門家としてのコーディネーター経験を踏まえて説明を加筆した。

1）学習指導・生活指導

特別支援学級担任からは、指導のねらいに関する「学習意欲を高め学力を向上させる、体験的で総合的な活動を行う、繰り返し学習で基礎基本を定着する、自立した生活を目指して社会性を育てる」ことや、教材・教具に関する「教材・教具の開発、効果的な利用、通常の学級担任への紹介」が記述されていた。また、通常の学級担任からは、指導法に関する「指導を短く具体的にする、視覚支援をする、個別に声かけを行う、柔軟に対応する」ことや、学習評価に関する「数値で評価できるようにする」が記述されていた。この他、担任以外の職員である支援員や相談員からは、指導法に関する「本人の特性に応じた対応をする、視覚的な構造化をする、その場ですぐに対応する」が記述されていた。

表 5　特別な支援を必要とする児童に対する取組

	特別支援学級担任 （有効回答数 3）	通常の学級担任 （有効回答数 9）	担任以外の職員 （有効回答数 3）
1. 学習指導・ 生活指導	• 学習意欲を高め学力を向上させる • 体験的で総合的な活動を行う • 繰り返し学習で基礎基本を定着する • 自立した生活を目指し社会性を育てる • 教材・教具を開発する • 教材を揃えて効果的な利用を心掛ける • 教材を通常の学級の先生方へ紹介する	• 指導を短く具体的にする • 視覚支援をする（掲示物の整理、スケジュールの提示、絵カード等の活用） • 個別に声かけを行う（一斉指導の中での個別の配慮） • 柔軟に対応する（障害の状況や学習態度に応じる） • 数値で評価できるようにする（個人内評価で学習の状況を記述する場合が多い）	• 本人の特性に応じた対応をする（障害の程度や状態及び認知の仕方や学習の習熟度など） • 視覚的な構造化をする（写真、絵カード、シンボルマークによる支援、見通しをもたせるためのスケジュールボードの活用など） • その場ですぐに対応する（その時にほめるなど）
2. 学級経営	なし	• 学級規律やルールを明確にする • 難しさに寄り添う気持ちをもつ	なし
3. 特別活動	• 交流及び共同学習を計画的に進める • 通常の学級との交流及び共同学習や地域と連携した教育を推進する	なし	なし
4. 校内支援	• 学校全体での共通理解のもとに子どもの実態に応じて支援する • 関係諸機関と連携する	• 校内で情報を共有する • サポーターをつける	なし
5. 保護者や関 係機関との 連携	• 保護者と協力し学校生活支援シートを作成する	• 保護者と面談をする • 各機関の先生たちと情報交換を行い、通級に繋ぐ	なし

2）学級経営

　通常の学級担任からは、集団指導に関する「学級規律やルールを明確にする、難しさに寄り添う気持ちをもつ」が記述されていた。

3）特別活動

　特別支援学級担任からは、障害の理解啓発に関する「通常の学級との交流及び共同学習を計画的に進める、地域と連携した教育を推進する」が記述されていた。

4）校内支援

　特別支援学級担任からは、共通理解と連携に関する「学校全体での共通理解のもとに子どもの実態に応じて支援する、関係諸機関と連携する」が記述されていた。また、通常の学級担任からは、共通理解に関する「校内

で情報を共有する」ことや、支援体制に関する「サポーターをつける」が記述されていた。

5）保護者や関係機関との連携

特別支援学級担任からは、個別の教育支援計画に関する「保護者と協力し学校生活支援シートを作成する」が記述されていた。また、通常の学級担任からは、教育相談に関する「保護者と面談をする、各機関の先生たちと情報交換を行い、通級に繋ぐ」が記述されていた。

（4）特別な支援を必要とする児童に対する取組で困難を感じる点

次の表6に、特別な支援を必要とする児童に対する取組で困難を感じる点について、回答内容を「学習指導・生活指導、学級経営、特別活動、校内支援、保護者や関係機関との連携」ごとに筆者が意味内容別に整理した。

表6　特別な支援を必要とする児童に対する取組で困難を感じる点

	特別支援学級担任 （有効回答数3）	通常の学級担任 （有効回答数9）	担任以外の職員 （有効回答数3）
1. 学習指導・生活指導	• さまざまな発達段階の児童をグループ指導する際、実態に合った指導をする • 個々の実態が違うため、グループ学習や個別に対応する際の学習課題をどのように組み立てるか • 障害が多様なので、個に応じた指導となると個別の対応が多くなること • 教材開発や研究の時間を作ること	• 全体での指示が通らない • 全体の進みと少数への支援の兼ね合いをとる • 本人の問題意識を把握する • 担任が個別の支援をする • 教材作成の時間を取る	なし
2. 学級経営	• 重度～軽度、知的障害のない児童まで障害幅が広く集団活動が難しい	なし	なし
3. 保護者や関係機関との連携	なし	• 家庭からの協力を得る	• 家庭との意見のすり合わせや方向性の意見のまとめ方 • 一対一対応が難しく、登校しぶり等の二次的障害がある場合

1）学習指導・生活指導

特別支援学級担任からは、指導法に関する「発達段階に応じたグループ

指導、個々の実態に応じたグループ学習、個別に対応する学習課題の設定、多様な障害に応じた個別の対応が多くなること」、通常の学級担任からは、一斉指導に関する「全体での指示が通らない、全体の進みと少数への支援の兼ね合いをとる」ことや、「個々の問題意識の把握や個別の支援」が記述されていた。「教材・教具作成の時間の確保」は両者に共通して記述されていた。

２）学級経営

特別支援学級担任からは、学級の集団活動について「重度〜軽度、知的障害のない児童まで障害幅が広い学級なので集団活動が難しい」と記述されていた。

３）保護者や関係機関との連携

通常の学級担任からは、「家庭からの協力を得る」ことが記述されていた。

（5）分析

表5、表6の調査結果を見ると、特別支援学級担任の場合は、在籍する児童の障害の幅が広いため、集団指導と個別指導において、どのように個に応じた指導を充実していくのかについて触れている記述が多い。一方、通常の学級担任の場合は、学級集団を基盤とした一斉指導の中での個への配慮について触れている記述が多い。次に、これらの記述の傾向について述べる。まず、特別支援学級担任の場合は、障害のある児童の集団と個別の指導の場における指導内容・方法について、担任がさまざまに考慮しているといえよう。さらに、チームティーチング（T・T）における教員の役割分担などにも触れている。

一方、通常の学級担任の場合は、学級集団の中で発達障害等のある児童に対する配慮について考慮しているといえよう。このように、それぞれの担任が置かれた立場や指導の場の違いによって、指導上の考えや関心事は違う。そのため、学校全体で実施されている特別支援教育の視点で考えると、同じ小学校内ではあるが、明らかに指導内容・方法や指導体制が違う中で、それぞれが携わっている教育活動について互いに理解を深めながら、個に応じた指導・支援の工夫や校内委員会の運営について連携体制を醸成していくことの重要性を指摘したい。それでは、校内支援では、どのような点に留意する必要があるのだろうか。校内支援を充実するために必要な要素を以下に挙げる。

ア．学級経営の中での支援・指導に関する配慮（合理的配慮、基礎的環境整備）　イ．障害の幅が広い集団に対する指導内容・方法（個別の教育

支援計画、個別の指導計画）　ウ．集団指導と個別指導の場の設定（学級経営、指導法）　エ．教材作成や開発に充てる時間の確保（校内研修、教材研究）　オ．教育相談の進め方（教育相談体制）　カ．保護者相談の進め方（校内委員会、教育相談体制）

　次に、これらの要素を含めて、特別支援教育に関する校内支援を充実するために必要な視点を考えてみる。

4　学級経営と校内支援体制との関連

　学級経営と特別支援教育に関する校内支援体制との関連について検討する。図1では、「特別支援教育に関する教育課程編成」、「特別支援教育に関する教育相談機能の拡充」、「特別支援学校のセンター的機能の活用」、「特別支援教育に関する教職員研修、保護者研修」の視点で、学級経営を基盤とした校内支援体制を整理した。

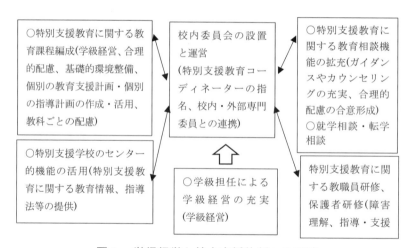

図1　学級経営と校内支援体制との関連

　まず特別支援教育に関する教育課程の編成については、担任の学級経営における合理的配慮や基礎的環境整備及び個別の教育支援計画・個別の指導計画の作成・活用が重要である。次に、合理的配慮の合意形成においては、学級担任が専門家と連携し校内のガイダンスやカウンセリングを充実することにより、特別支援教育に関する教育相談機能を拡充することが必要となる。さらに、市区町村教育委員会の方針を踏まえた就学相談・転学相談の円滑な実施、幼稚園・保育所等との連携が求められる。また、小・中学校等の要請に応じて域内の特別支援学校のセンター的機能を活用した教育

相談や支援・指導の充実が重要となる。

（1）特別支援教育の視点を生かした学級経営

　B小学校のアンケート調査では、特別支援学級と通常の学級担任におい
て、それぞれ児童理解や集団を基盤とした考え方及び個別の課題に視点を
おいた個に応じた指導の実施状況が明らかになった。それぞれ通常の学級
と特別支援学級という教育をする場は違うが、担任としての児童に対する
学習の習熟度や生活力を高める考えに相違はない。したがって、学級経営
においては、個々の障害等の特性に応じた適切な指導や必要な支援を行う
際には、「特別な支援の必要性」への理解を深めるとともに、児童生徒同
士で互いの特徴を認め合い支え合う関係づくりを、学級経営方針として学
級経営案に示し保護者会等で周知することが重要である。また、障害者理
解教育や交流及び共同学習を推進することによって、障害理解を進めると
ともに障害への偏見や差別を解消する必要がある。

　一人一人を温かく包み込む担任の教育愛や、児童が互いの良さを認め合
い高め合う学級づくりが重要である。また、担任自身が支援の必要な児童
への関わり方の手本を示すことが求められる。特に、特別の支援を必要と
する児童に対して行う個別の支援を説明する際は、周囲の児童生徒等に対
して、困難さや苦手さについての理解を求めるだけでなく、当該児童のよ
い面も積極的に伝えていくことで、児童間の理解を深める工夫をしなけれ
ばならない。

（2）担任と特別支援教育コーディネーターとの連携

　学校においては、特別支援教育のコーディネーター的な役割を担う教員
を特別支援教育コーディネーターに指名し、校務分掌に位置付けて、その
役割を校内委員会・校内研修の企画・運営、関係諸機関・学校との連携・
調整、保護者からの相談窓口などとしている。

　発達障害児を担任する教員の不安や指導・支援を適切に支えるためには、
学年会や校内委員会における担任へのサポートや特別支援教育コーディ
ネーターと担任との日常的な連携が欠かせない。特に、発達障害のある児
童生徒一人一人のさまざまなつまずきや学習や生活上の困難の状況と、そ
の原因の理解や指導方針などが適切なものであるかどうかを検討する際に
は、両者の緊密な協力を必要とする。

　また、児童生徒等の実態把握であるアセスメント（見立て）が重要であ
るため、一人一人の実態を把握しその結果を必要な支援や指導へと結び付

けていく必要がある。具体的には、困難な状況の原因や背景について適切に把握をし、PDCAサイクルを踏まえて指導や支援について評価をしていく。

　このような指導・支援に関する相談の流れにおいて、学級担任の果たす役割や特別支援教育コーディネーターとの連携は、非常に重要なものといえよう。新小・中学校学習指導要領においては、特別支援学級に在籍する児童生徒及び通級による指導を受ける全ての児童生徒に対して、個別の教育支援計画や個別の指導計画を作成し活用することが示された。これらの計画を作成する際は、多面的なアセスメントを実施しながら、児童生徒等の将来も見据えながら必要な支援や指導を考えていくことになる。そのためアセスメントでは、発達障害を含む何らかの障害の可能性、精神的な疾患や心理的な問題の可能性、家庭の養育環境や校内での人間関係などの環境的な要因などを見立てることになる。また、教育相談におけるガイダンスやカウンセリングでは、児童生徒の抱える問題に対する専門家からの見立てや、そのための支援や指導に向けた地域資源の導入と連携（スクールクラスター）について、見通しや支援・指導の流れを組織的に計画することが一層必要となる。これからのインクルーシブ教育システムの構築に向けて、特別支援教育コーディネーターや校内委員会及び担任の学級経営力がますます重要となろう。

（3）特別支援教育コーディネーターに求められる心理教育的援助サービスに関する資質・能力

　今日的なインクルーシブ教育システムの構築においては、障害の有無に関係なく、さまざまな教育的支援を必要とする児童生徒等に対するきめ細かな支援が求められている。たとえば、特別支援教育、外国に繋がる児童生徒の日本語指導、不登校対策、児童虐待、貧困などの社会的養護を必要とする児童生徒等への対処が挙げられよう。校内委員会等を通して、これらの特別な支援を必要とする児童生徒等の指導・支援や保護者相談などについて対処していくことが推察される。校内委員会の果たす意義や役割は、一層拡充されていくのではないだろうか。

　また、特別支援教育コーディネーターには、校内委員会の運営に関する中心的な役割を果たすために、心理教育的援助サービスを行う力が求められている。そのためには、学級経営を担っている担任との連携を進めるとともに、校内支援の体制整備においては、チーム学校として、校内の関係者と地域や専門家との有機的な繋がりを持たせなければならない。このこ

とについて、石隈（2017）は、児童の学習面、心理・社会面、進路面、健康面などの問題状況を適切に把握し教育的な援助における判断のための資料を作成する心理教育的アセスメントを行うのは、児童の学級担任や保護者を含む援助チームであることが望ましいと述べている。

　表7は、特別支援教育コーディネーターがコンサルタントとしての役割を果たすために求められる資質や技能について、まとめたものである。なお、表中の「○」の内容は、国立特別支援教育総合研究所HP「教育相談情報提供システム特別支援教育コーディネーターの役割2（特別支援学校）」を参考にした。また、表中の（例）は、筆者の外部専門家としてのコーディネーター経験を踏まえて記した。

表7　特別支援教育コーディネーターに求められる心理教育的援助サービス

	心理教育的援助サービスの内容
コーディネーション	○児童生徒等一人一人の教育的ニーズと校内外の資源を結び付けるために、校内外の人的資源をリサーチしたり支援体制を積極的に活用したりする （例）学校経営計画に基づき相談支援の手続きや流れを検討するとともに、個別の教育支援計画や個別の指導計画に基づき個々の教育的ニーズに応じた関係機関との連携、指導法、合理的配慮について提示する
コンサルテーション	○支援を必要とする児童生徒等、保護者、担任に対するアドバイスや指導法を提案したり助言したりする （例）ケースに基づき個別の教育支援計画等に基づき、必要な支援内容・方法について具体的な提案をする
ファシリテーション	○校内の組織体制作りに際し学校の方針を踏まえて、必要な連絡調整を行ったり教職員の協力体制のもと指導や支援の取組を促進したりする （例）通常の学級や特別支援学級及び学年間の連絡調整を行い、指導・支援を推進する
ネットワーキング	○地域支援に関するネットワークを構築し地域の専門機関との連携を推進する （例）ケースに応じて外部専門機関や外部専門家との連携を図り必要な支援・指導法等に関する情報を担任へ提供する
カウンセリング	○保護者や児童生徒等の諸問題への気付き、初期の情緒的な混乱、教員の心理的な負担等に対応するために、保護者や担任に対する相談の窓口的役割を担う （例）相談体制を把握し学級・学年間や分掌との調整、保護者や担任からの相談窓口としての役割を果たす
アセスメント	○行動観察、諸検査、面接結果を活用して、児童生徒の状況や取り巻く教育環境に関する実態把握と、具体的な支援方法を組み立てる （例）特別支援教育コーディネーター、専門家、担任や教科担当者同士で相談して、具体的な実態把握の方法や指導・支援に関する具体的な方法を提供する

　特別支援教育コーディネーターに求められる心理教育的援助サービスの視点で支援を整理してみたが、特別支援教育コーディネーターが単独でさまざまなことを行うことは現実的に難しい。チーム学校として、地域や専門家と連携した心理教育的援助サービスに関するコンサルテーションの流

れを築く必要がある。このことについて、石隈（2004）は、学校における
コンサルテーションを「異なった専門性や役割をもつ者同士が子どもの問
題状況について検討し今後の援助のあり方について話し合うプロセス」と
定義し、その中核となるものは心理教育的援助サービスであると述べてい
る。

　また、特別支援教育コーディネーターの役割については、中央教育審議
会答申では、校内における取組だけでなく、小学校や中学校等に在籍する
児童生徒に対する巡回による指導を行ったり、特別支援学校の教師の専門
性を活用しながら教育相談を行ったりするなど、域内の教育資源の組み合
わせ（スクールクラスター）の中で、コーディネーターとしての機能を発
揮していくことが述べてある。インクルーシブ教育システムの構築に向け
て、これからの特別支援教育コーディネーターの果たす役割は、障害児の
みならず多様な状況に置かれた児童生徒等を対象とするため、その専門性
の一層の向上が求められよう。

5　合理的配慮と校内支援

　次に、合理的配慮や基礎的環境整備を視野に入れた校内支援の方法につ
いて検討する。文部科学省（2012）は、「合理的配慮」の決定方法として、
まず対象児の状態把握を行い、これを踏まえた設置者、学校と本人及び保
護者による合意形成を図った上での合理的配慮の決定と提供が望ましいと
している。したがって、これからのインクルーシブ教育における校内支援
の体制整備においては、特別な教育支援を必要とする児童生徒等の状態把
握と合意形成に着目した教育相談や支援を進めることが重要となろう。そ
のため、次の**表8**は、特別な教育的支援を必要とする児童生徒等の状態把
握から合理的配慮の合意形成までのプロセスに視点を当てて、筆者の外部
専門家としてのコーディネーター経験を踏まえて支援に必要な内容を整理
した。

表8　特別な教育的支援を必要とする児童生徒等への支援

```
【特別な教育的支援を必要とする児童生徒等への支援】
状態把握～合意形成までのプロセス
以下の1～5の取組は、相互に関連しながら循環するプロセスである
 1　状態把握
  ・気付きの共有（担任、保護者等）⇔情報収集（観察、検査、面接）⇔相談（本人・保護者）
  ・観察、検査、面接による客観的な状態把握
 2　校内委員会
  ・校内委員会⇔ケース会議⇔コーディネーター会議
 3　個別の教育支援計画、個別の指導計画の作成
  ・指導目標の設定、指導場面、指導内容・方法の検討
 4　支援の実施
  ・通常の学級⇔特別支援学級⇔通級指導教室
  ・T・Tによる指導、少人数指導、個別指導、取り出しによる指導
 5　合意形成
  ・相談・実施・評価・改善
```

　校内支援は、通常の学級担任、特別支援学級担任、通級指導教室担任、教務主任等が、それぞれ特別支援教育コーディネーターの役目を担い組織的な支援を進めることによって、対象児と保護者への支援及び担任間での相互支援を高めることができる。特別支援教育に関する校内支援は、教育活動と関連している。そのため、表8の1～5の項目は、一方向性で一過性のものではなく、双方向性で中・長期的な循環型の支援であるといえよう。

　次の表9に、児童生徒等の状態把握と合意形成に至るまでの保護者や教職員による支援に視点を当てて、筆者の外部専門家としてのコーディネーター経験を踏まえて主な内容を整理した。表8の特別な教育的支援を必要とする児童生徒等への支援とともに、表9の保護者や教職員への支援と関連づけながら、校内の支援体制を整備していくことで、より効果的な実効性のある特別支援教育の相談支援体制を整備することができる。

表9　保護者や教職員への支援

```
【保護者や教職員への支援】
児童生徒等の状態把握と合意形成に至るまでの保護者や教職員への支援
以下の1～3の取組は、相互に関連しながら循環するプロセスである
【保護者への支援】
1　多様な相談窓口の設定
　•特別支援教育コーディネーター、担任、養護教諭、管理職
2　専門家との相談の場の設定
　•医師、臨床心理士、発達支援センター等との連携
3　障害理解啓発の場の設定
　•交流及び共同学習等の理解啓発、障害理解の研修会開催
【教職員への支援】
1　専門家との連携
　•巡回相談による専門家からの助言
　•ケース会議における専門家からの助言
2　専門性の向上
　•研修会、事例研究、授業研究
3　特別支援学校のセンター的機能の活用
　•特別支援教育の専門的情報や障害特性や指導法に関する情報提供、個別の教育支援計
　　画や個別の指導計画の作成など
```

　合理的配慮の合意形成の基盤となるのは、相談活動である。相談内容は、諸検査や学習支援を勧める、支援を受ける方法を検討する、支援に対する評価を行うなどがある。相談を円滑に行うため、まず全体保護者会等で、校内の相談支援体制の流れを保護者へ十分に周知する必要がある。そして、校内委員会を構成するメンバーである特別支援教育コーディネーターと通常の学級担任、特別支援学級担任、通級指導教室担任、教務主任等を有機的に機能させながら、組織的に相談を進めることによって、その効果が期待できるものとなろう。

　今後、学校教育の中でますます進展するインクルーシブ教育の視点で、校内委員会の運営を考えてみると、これまで障害のある児童生徒等を主な対象として運営してきた校内委員会から、不登校児への対応、外国籍の児童生徒等に対する日本語教育、貧困や被虐待児に対する社会的養護などの教育課題を抱える児童生徒等も対象として加えながら、校内委員会の意義や運営方法などの在り方を転換していく必要があろう。チーム学校として地域や専門家と連携をしながら、校内委員会等で教育相談機能を拡充させて多様な教育的ニーズに応えていく運営を推進していくことが期待される。

【参考文献】
- 阿部敬信（2015）保育所における個別の指導計画による保育実践の効果第２報－組織的な PDCA マネジメントサイクルによる活用－．日本保育学会第68回大会発表要旨集 ID19020.
- 阿部敬信（2016）保育所における個別の指導計画による保育実践の効果第３報－保育士に対する５年間の作成と活用を振り返る質問紙調査をとおして－．日本保育学会第69回大会発表要旨集，p.651
- 阿部利彦（2017）通常学級のユニバーサルデザインスタートダッシュＱ＆Ａ 55．東洋館出版社
- 天笠茂（2017）教育課程を軸に学校に好循環を生む．初等教育資料６月号，pp.70－73
- 石隈利紀（2004）学校心理士によるコンサルテーションの方法．石隈利紀・緒方明子他編，学校心理士認定運営機構監修，学校心理士による心理教育的援助サービス．北大路書房，pp.74－77
- 石隈利紀（2017）学校心理学ガイドブック．風間書房，pp.8－11
- 大塚玲（2009）小学校における校内支援体制の構築と特別支援教育コーディネーターの役割．静岡大学教育学部研究報告，pp.109－122
- 菊地一文（2018）特別な教育的ニーズに応じた指導及び支援の充実に向けて．特別支援教育研究 No.735，pp.7－8
- 久保山茂樹（2019）個の教育的ニーズを尊重することが共生社会の担い手を育むことにつながる．総合教育技術2019年１月号，pp.12－15
- 小坂みゆき・姉崎弘（2011）小学校における「個別の教育支援計画」及び「個別の指導計画」の作成・策定と活用－有機的な支援の連携をめざして－．三重大学教育学研究紀要第62巻，pp.153－159
- 笹森洋樹（2010）小・中学校等における発達障害のある子どもへの教科教育等の支援に関する研究」国立特別支援教育総合研究所，pp.46－66，68－127
- 澤井陽介（2017）授業の見方．東洋館出版社，p.11
- 杉野学（2015）特別支援学校における学校の組織マネジメントの実際．ジアース教育新社，pp.96－138
- 杉野学（共著）飯野順子編（2008）障害の重い子どもの授業づくりPart 2．ジアース教育新社，pp.282－297
- 関田聖和（2019）教員一人ひとりが専門性を高め子どもの実態に応じた学級づくりをする．総合教育技術2019年１月号，pp.16－19
- 全国特別支援学校長会（2018）平成28年度研究集録　平成29年度全国特別支援学校長会調査研究報告書．うるる BPO，p.199
- 添島康夫（2016）発達障害のある子の「育ちの力」を引き出す150のサポート術．明治図書，p.108
- 丹野哲也（2018）知的障害教育における「育成を目指す資質・能力．特別支援教育研究３月号，p.7
- 東京都教職員研修センター（2018）特別支援教育研修テキスト　全ての学校における特別支援教育の推進
- 中央教育審議会（2012）共生社会の形成に向けたインクルーシブ教育システム構築のための特別支援教育の推進（報告）
- 中央教育審議会（2012）「資料１ 特別支援教育の在り方に関する特別委員会報告、障害のある子どもが十分に教育を受けられるための合理的配慮及びその基礎となる環境整備」
- 中央教育審議会（2016）幼稚園、小学校、中学校、高等学校及び特別支援学校の学習指導要領等の改善及び必要な方策等について（答申）補足資料
- 東京都教育委員会（2012）「個別の教育支援計画」による支援の実際
- 東京都教育委員会（2016）障害者差別解消法ハンドブック　都立学校版
- 東京都教職員研修センター（2018）特別支援教育研修テキスト　全ての学校における特別支援教育の推進
- 木内清（1977）授業の質を高める要件．明治図書出版，pp.111－115
- 内閣府（2018）障害者白書（2018年版）
- 橋本創一（2018）学校教育相談と発達障害児支援に関する実践と研究．日本学校心理士会年報第11号，pp.35－36
- 八王子市教育委員会（2017）八王子市特別支援教育ハンドブック
- 日野市公立小中学校全教師・教育委員会 with 小貫悟（2010）通常の学級での特別支援教育のスタンダード．東京書籍
- 平澤紀子・山根正夫・北九州市保育士会（2005）保育士のための気になる行動から読み解く子ども支援ガイド．学苑社
- 藤原義博・平澤紀子（2011）教師のための気になる・困った行動から読み解く子ども支援ガイド．学苑社
- 堀部要子（2018）校内支援システムの構築と合理的配慮の提供．特別支援教育研究 No.735，pp.12－15
- 三宅康勝・横川真二・吉利宗久（2016）小・中学校におけるコーディネーターの職務と校内体制．岡山大学教育実践総合センター紀要第８巻，pp.117－126
- 守巧（2016）気になる子とともに育つクラス運営・保育のポイント．中央法規出版
- 文部科学省（2007）特別支援教育の推進について（通知）（19文科初第125号）
- 文部科学省（2004）小・中学校における LD（学習障害）、ADHD（注意欠陥／多動性障害）、高機能自閉症の児童生徒への教育支援体制の整備のためのガイドライン（試案）
- 文部科学省（2010）生徒指導提要
- 文部科学省（2013）教育支援資料
- 文部科学省（2017）発達障害を含む障害のある幼児児童生徒に対する教育支援体制整備ガイドライン
- 文部科学省（2018）学習者用デジタル教科書の効果的な活用の在り方等に関するガイドライン
- 文部科学省（2018）学校における働き方改革に関する緊急対策の策定並びに学校における業務改善及び勤務時間管理等に係る取組の徹底について（通知）

- 文部科学省（2019）幼児理解に基づいた評価（平成31年3月）
- 文部科学省（2020）特別支援学校小学部・中学部学習評価参考資料（2020年4月）
- 文部科学省　新しい時代の特別支援教育の在り方に関する有識者会議（2019）日本の特別支援教育の状況について
- 文部科学省初等中等教育局教育課程課教育課程企画室（2017）新学習指導要領における総則のポイント．中等教育資料8月号，pp.11-15
- 文部科学省・厚生労働省（2008）障害のある子どものための地域における相談支援体制整備ガイドライン（平成20年3月）
- 山中ともえ（2014）通級による指導．大南英明監修、東洋館出版社，pp.17-81
- 横倉久（2017）新学習指導要領の今後の展開に向けて．特別支援教育研究8月号，pp.2-4

【参考サイト】
- 青森県総合学校教育センターホームページ（2017）授業のUDユニバーサルデザインの視点を取り入れた授業づくり
http://www.edu-c.pref.aomori.jp/?action=multidatabase_action_main_filedownload&download_flag=1&upload_id=10908&metadata_id=521（2021年5月閲覧）
- 大分県教育センターホームページ（2016）ユニバーサルデザイン7つの視点
https://www.pref.oita.jp/uploaded/attachment/2012558.pdf（2021年5月閲覧）
- 岡山県教育委員会ホームページ　幼稚園・保育所等の個別支援シート
https://www.pref.okayama.jp/site/16/detail-9562.html（2021年1月25日閲覧）
- 神奈川県立総合教育センター（2018）教育のユニバーサルデザイン～小中一貫教育（小中連携）の視点から～
https://kjd.edu-ctr.pref.kanagawa.jp/kankoubutu/download/h29kankoubutu.html#29009（2021年5月閲覧）
- 神奈川県聴覚障害者福祉センターホームページ
http://www.kanagawa-wad.jp/faq02.html（2021年1月25日閲覧）
- 教職員支援機構　アクティブ・ラーニング授業実践事例
http://www.nits.go.jp/jisedai/achievement/jirei/pictogram.html（2021年1月25日閲覧）
- 国立特別支援教育総合研究所ホームページ　障害のある子どもの教育の広場
http://www.nise.go.jp/cms/13.html
- 国立特別支援教育総合研究所ホームページ　Ⅵ．高等学校における特別な支援が必要な生徒への指導・支援の在り方　4．指導・支援（笹森洋樹）
https://www.nise.go.jp/cms/resources/content/9719/seiika4_6.pdf#search（2019年5月12日閲覧）
- 国立特別支援教育総合研究所ホームページ　教育相談情報提供システム特別支援教育コーディネーターの役割2（特別支援学校）
http://forum.nise.go.jp/soudan-db/htdocs/index.php?page_id=58（2019年3月4日閲覧）
- 埼玉県（2018）埼玉県幼稚園教育課程編成要領（平成30年3月）
https://www.pref.saitama.lg.jp/f2214/mebae02/henseiyouryou/documents/10no2-4.pdf（2020年1月閲覧）
- 視覚障害リハビリテーション協会ホームページ
https://www.jarvi.org/about_visually_impaired/（2021年1月25日閲覧）
- 千葉県教育委員会ホームページ（2019）　合理的配慮事例集～小中学校の通常の学級に在籍する発達障害の可能性のある児童生徒の事例を中心に～
https://www.pref.chiba.lg.jp/kyouiku/shien/tokubetsushien/gouritekihairyojireishuu.html（2021年5月閲覧）
- 東京都教育委員会　東京都教職員研修センターホームページ　「授業力」診断シート活用資料集
http://www.kyoiku-kensyu.metro.tokyo.jp/08ojt/jyugyo_shindan_sheet/index.html（2018年3月17日閲覧）
- 長野県教育委員会ホームページ　教育課程編成・学習指導の基本
https://www.pref.nagano.lg.jp/kyoiku/kyogaku/goannai/soshiki/documents/01kyouikukatei.pdf（2021年5月閲覧）
- 兵庫県教育委員会ホームページ（2015）　授業のユニバーサルデザイン化ハンドブック
https://www.hyogo-c.ed.jp/~sho-bo/jugyoujunnbi/kyouzai/H2804ud.pdf（2021年5月閲覧）
- 文部科学省ホームページ（2020）幼稚園における障害のある幼児の受け入れや指導に関する調査研究
https://www.mext.go.jp/a_menu/shotou/youchien/1218189.htm（2020年1月閲覧）
- 文部科学省ホームページ（2017）平成27年度特別支援学校のセンター的機能の取組に関する状況調査について
http://www.mext.go.jp/a_menu/shotou/tokubetu/material/_icsFiles/afieldfile/2017/03/14/1383107.pdf（2019年2月15日閲覧）
- 文部科学省ホームページ（2017）チームとしての学校の在り方と今後の改善方策について（答申）
http://www.mext.go.jp/b_menu/shingi/chukyo/chukyo0/toushin/attach/1366271.htm（2019年1月9日閲覧）
- 文部科学省ホームページ　「発達障害」の用語の使用について
https://www.mext.go.jp/a_menu/shotou/tokubetu/main/002.htm（2021年5月閲覧）
- 山形県教育センターホームページ（2013）UDの7つの視点を取り入れた授業づくり
http://www.yamagata-c.ed.jp/（2021年5月閲覧）
- Suggested Citation:CAST (2011). Universal Design for Learning Guidelines version 2.0.Wakefield, MA: Author.
日本語版翻訳：金子晴恵・バーンズ亀山静子「学びのユニバーサルデザイン（UDL）ガイドライン全文」
http://udlguidelines.cast.org/binaries/content/assets/udlguidelines/udlg-v2-0/udlg-fulltext-v2-0-japanese.pdf（2021年5月閲覧）

杉野　学（すぎの　まなぶ）

1955 年生まれ
東京家政学院大学教授
2015 年明星大学教育学部特任准教授を経て 2016 年より現職

〈経歴等〉
　上越教育大学大学院学校教育研究科障害児教育専攻修士課程修了　教育学修士
　東京都教育委員会指導主事（都立教育研究所心身障害教育担当統括指導主事、教育庁指導部主任指導主事、学務部主任指導主事、東京都教職員研修センター現職研修課課長、東京都西部学校経営支援センター副参事）
　東京都立特別支援学校教諭（３校）、副校長（１校）、校長（４校）
　日本特殊教育学会、日本学校心理士会（学校心理士）、現代児童学研究会

〈著書等〉
- 特別支援学校における学校組織マネジメントの実際－組織的な特別支援教育の推進－、単著、平成 27 年 11 月、ジアース教育新社、260 頁
- 発達障害の理解と指導、杉野学・梅田真理・柳瀬洋美編著、平成 30 年 3 月、大学図書出版、第 1 章 20 頁執筆
- 特別支援教育の基礎、杉野学・長沼俊夫・徳永亜希雄編著、平成 30 年 3 月、大学図書出版、第 1 章 20 頁、第 5 章 15 頁、第 16 章 6 頁執筆
- 特別支援教育概論、杉野学編著、平成 31 年 3 月、大学図書出版、第 1 章 10 頁、第 2 章 10 頁、第 12 章 10 頁執筆
- 特別支援教育論、単著、平成 31 年 3 月、大学図書出版、166 頁
- エピソードでひもとく知的障害児の理解と支援、単著、令和 2 年 3 月、大学図書出版、191 頁
- はじめて学ぶ知的障害児の理解と指導、杉野学・上田征三編著、令和 2 年 5 月、大学図書出版、第 1 章 14 頁執筆
- 肢体不自由教育におけるキャリア教育のカリキュラム・マネジメントの方法に関する考察、単著、平成 29 年 8 月、東京家政学院大学紀要第 57 号、20 頁
- 日本語指導のカリキュラム・マネジメントに関する考察、単著、平成 30 年 1 月、現代児童学研究会研究紀要第 1 号、20 頁
- 学級担任による貧困の問題を抱える子どもへの教育的配慮に関する考察、単著、平成 30 年 3 月、東京家政学院大学第 4 回教師教育研究会、6 頁
- 特別支援学校（知的障害）の授業改善の方法に関する考察、単著、平成 30 年 8 月、東京家政学院大学紀要第 58 号、17 頁
- カリキュラム・マネジメントと関連付けた授業改善の方法に関する研究、単著、令和元年 6 月、現代児童学研究会研究紀要第 2 号、19 頁
- 小学校の特別支援教育体制に関する考察、単著、令和元年 8 月、東京家政学院大学紀要第 59 号、21 頁
- 発達障害児への合理的配慮に基づく支援に関する一考察、単著、令和 2 年 8 月、東京家政学院大学紀要第 60 号、20 頁
- 合理的配慮に基づく HR 指導に関する一考察、単著、令和 3 年 3 月、東京都高等学校特別活動研究会紀要第 56 号、21 頁

〈社会貢献等〉
- 全国特別支援学校長会理事、全国特別支援教育推進連盟理事
- 東京オリンピック・パラリンピック教育有識者会議委員（文部科学省）、東京オリンピック・パラリンピック競技大会組織委員会文化・教育委員会委員、オリンピック・パラリンピック教育に関する指導参考資料（映像教材等）作成委員（文部科学省）
- 東京都育成会編集委員
- 明星大学、東京工芸大学、明海大学の非常勤講師、TAC 教員講座講師
- 学校運営連絡協議会
- 東京都特別支援学校知的障害教育外部専門員
- 市民後見人

共に学ぶ特別支援教育の基礎と実践

令和3年8月18日　初版第1刷発行

著　　杉野　学

発行人　加藤　勝博

発行所　株式会社ジアース教育新社

〒101-0054 東京都千代田区神田錦町1丁目23
宗保第2ビル5F
TEL 03-5282-7183　FAX 03-5282-7892
URL https://www.kyoikushinsha.co.jp

表紙デザイン　土屋図形株式会社
印刷・製本　株式会社創新社
ISBN 978-4-86371-591-2
Printed in Japan